gelesen 1996

Das Bilderlexikon der

Uniformen

Das Bilderlexikon der

Uniformen

Von 1700 bis zur Gegenwart

Ingrid T. Schick

Südwest Verlag München

Titel der englischen Originalausgabe: BATTLEDRESS
Übersetzung der original englischen Beiträge: Dr. Hansheinz Werner
Redaktion: Ingrid T. Schick und Wilhelm v. Halem

Vorsatz:

Prinz Eugène de Beauharnais, Vizekönig von Italien, und in hohem Ansehen bei seinen Truppen stehend, hier im Kampf mit Engländern.

Vorhergehende Seiten:

Die Schlacht bei Chiari 1703, Gemälde von Dismar Daegen.

ISBN 3 517 00574 6
Umschlaggestaltung: Manfred Metzger, München
Druck: Fakenham Press Limited, Fakenham, Norfolk

Inhalt

Vorwort

ALUN CHALFONT

Jede längere und eingehendere Beschäftigung mit der Militärgeschichte führt früher oder später auch zu einer Berührung mit einem ihrer farbenfrohesten Aspekte, der Uniformierung des Soldaten in ihrer Entwicklung durch die Jahrhunderte. So wie sich militärische Technologie und Taktik im Lauf der Zeiten gewandelt haben, wurde auch die militärische Bekleidung einer Entwicklung unterworfen, in deren Verlauf die farbenfrohe Eleganz früherer Zeiten der zweckmäßigen und praktischen Unauffälligkeit unserer Tage weichen mußte.

In der Vergangenheit mußte die Uniform einer ganzen Reihe von Aufgaben gerecht werden. Sie hatte den Soldaten vom Bürger abzuheben und trug gerade in dieser Funktion viel dazu bei, die verbreitete Vorstellung von der glanzvollen Erscheinung des Waffenträgers zu bilden und zu erhalten. Dieses Ergebnis wurde noch durch die Tatsache verstärkt, daß die Uniform nicht nur den Soldaten als solchen kenntlich machte, sondern daß sie es darüber hinaus ermöglichte, Angehörige der einen Waffengattung oder Einheit von denen einer anderen zu unterscheiden. In einer Zeit, als die Regimenter noch vom jeweiligen Inhaber auf eigene Kosten aufgestellt, bekleidet und bewaffnet wurden, war es nicht ungewöhnlich, daß die Regimentsinhaber ihren Einheiten eine Uniform vorschrieben, die es an farbenfreudiger Ausstaffierung mit dem bunten Federkleid tropischer Vögel durchaus aufnehmen konnte. Und auch in anderer Beziehung finden sich Anklänge an äußere Erscheinungen, die wir im Tierreich wiederfinden. So ist uns z. B. die Katze, die, angegriffen oder bedroht, ihr Fell sträubt und dadurch größer und mithin gefährlicher erscheint, ein durchaus geläufiges Bild. Wenn man daher in der Vergangenheit der Uniform des Soldaten oftmals einen Zuschnitt und eine Ausstattung gab, die ihn größer und stärker erscheinen ließ – hohe Bärenfellmützen, breite Schulterstücke und schwere Lederstiefel –, so geschah dies durchaus in der Absicht, ihm ein wehrhafteres und furchterregenderes Äußeres zu verleihen.

Neben anderen gewichtigen Gründen waren es diese Besonderheiten des äußerlichen Erscheinungsbildes, die im Lauf der Zeit dazu führten, daß dem Uniformträger innerhalb der Gesellschaft ein besonderer Platz eingeräumt wurde und daß sich vom Militärstand ganz eigenartige Vorstellungen entwickelten. Der englische Schriftsteller Dr. Samuel Johnson hat diese durch Jahrhunderte herrschenden Vorstellungen sehr treffend in der Feststellung zusammengefaßt, daß derjenige, der nie den bunten Rock des Soldaten getragen habe, doch ein gewisses Gefühl der Minderwertigkeit verspüre. Auf leichtere Art brachte Charles Dickens denselben Gedanken zum Ausdruck, wenn er eine seiner Figuren sich äußern läßt: »Wir, Mr. Weller, wir als Männer von Welt wissen, daß eine Uniform nur dann gut ist, wenn sie auch bei der Weiblichkeit Gefallen findet.«

Die in diesen Sätzen zum Ausdruck kommende Einstellung zum Waffenhandwerk ist heute einer sehr viel sachlicheren, aber auch kritischeren Betrachtungsweise gewichen. Es überrascht daher nicht, daß sich auch in der Bekleidung des Waffenträgers jene Einfachheit und Nüchternheit wiederfindet, die dem praktischen und an Zweckmäßigkeitsgesichtspunkten ausgerichteten Denken unserer Tage entspricht. Auf den Schlachtfeldern des 20. Jahrhunderts hat sich gezeigt, daß es weniger wichtig ist, die Angehörigen verschiedener Waffengattungen und Regimenter unterscheidbar zu machen, als zu gewährleisten, daß sich der einzelne Kämpfer seiner Umgebung, sei sie nun Dschungel, Wüste oder einfach Schlamm, möglichst unerkennbar anpassen kann. Günstiges Gewicht und Verwendbarkeit unter den verschiedensten Bedingungen sind zu den wichtigsten Eigenschaften des Kampfanzuges unserer Tage geworden. Es überrascht daher nicht, daß der Soldat von heute im allgemeinen nur wenig Wert darauf legt, die Uniform, die bei fast allen Armeen schmucklos und zweckmäßig geworden ist, außerhalb seiner Dienstzeit anzulegen. Trägt er sie doch, so bleibt er damit in der Masse der Zivilisten so unauffällig wie auf dem Schlachtfeld. Die Tatsache, daß der Waffenträger heute nur noch einen geringen Teil des Ansehens in der Öffentlichkeit genießt, das ihm ehemals entgegengebracht wurde, mag unter anderem darauf beruhen, daß er so viel von seinem früheren äußerlichen Glanz eingebüßt hat. Doch dies gehört in das Reich der Vermutungen.

Das vorliegende Buch beschäftigt sich, indem es den Gegebenheiten folgt und dabei auch Besonderheiten nachgeht, mit der militärischen Uniform und ihrer Entwicklung während der letzten beiden Jahrhunderte. Es verfolgt diese Entwicklung vom Beginn des 18. Jahrhunderts bis hin zu den Heeren des Atomzeitalters und spürt dabei sowohl historische wie psychologische Wurzeln auf. Demjenigen, der sich mit militärhistorischen Sachgebieten beschäftigt, leistet es manche gute Hilfestellung, zumal der Text durch eine Vielzahl von ins einzelne gehende farbige Zeichnungen von Wilhelm von Halem, der sich längere Zeit mit diesem Gebiet beschäftigt hat, belebt wird.

Zu Beginn des Buches verweist uns der Verhaltensforscher und Uniformkundler Otto König in seinem Kapitel anhand zahlreicher Beispiele aus den Anfängen der militärischen Tracht des Mittelalters über die Entstehung der Uniform Ende des 17. Jahrhunderts bis zur Gegenwart auf die mannigfachen biologischen und evolutionären Aspekte in der Entwicklungsgeschichte der Uniformen. Dann führt uns Hans Bleckwenn kenntnisreich durch die Geschichte der Uniform in der ersten Hälfte des 18. Jahrhunderts mit ihren prachtvoll gekleideten ungarischen Husaren und der Potsdamer Garde, von der berichtet wird, daß sie den Befehl, die ihr von allen Regimentern allein verbliebenen weißen Gamaschen vor dem Ausrücken in den Siebenjährigen Krieg schwarz zu färben, schamhaft verschwiegen und wie ein Geheimnis gehütet habe. Daran anschließend beschäftigt sich eine Reihe von hervorragenden Kennern mit den Heeren des amerikanischen Unabhängigkeitskampfes, der im Gefolge der Französischen Revolution ausbrechenden Wirren, des amerikanischen Bürgerkrieges und der großen Auseinandersetzungen im Europa des 19. Jahrhunderts. John Mollo beschreibt die Entstehung der modernen Massenheere zwischen 1815 und 1860 und vermittelt damit ein anschauliches Bild der gewaltigen Umwälzungen dieses Zeitraumes.

Die Uniformentwicklungen des 20. Jahrhunderts werden von Guido Rosignoli, einem Fachmann auf diesem Gebiet, in drei Kapiteln über den Ersten und Zweiten Weltkrieg sowie über die Heere des Atomzeitalters erörtert. Damit spannt sich der Bogen von der spitzen Grenadiermütze des 18. Jahrhunderts, die es dem Soldaten ermöglichte, sein Gewehr schnell über den Rücken zu werfen, um beide Hände für die Handgranate frei zu bekommen, bis hin zu ALICE (All-Purpose Lightweight Individual Carrying Equipment), dem Kampfanzug des amerikanischen Soldaten in Vietnam; eine lange und faszinierende Entwicklung.

Für denjenigen, der sich bereits mit der militärischen Tracht im Lauf der Jahrhunderte beschäftigt hat, mag dieses Buch mit seinen zahlreichen bis ins einzelne gehenden Illustrationen eine anschauliche und wertvolle Ergänzung sein. Es enthält aber auch eine Reihe interessanter Gedanken zur Geschichte der kriegerischen Auseinandersetzungen, von denen hier die Ausführungen Guido Rosignolis am Schluß des letzten Kapitels erwähnt werden sollen.

»Die Zeiten, in denen es der Uniform zur Unterscheidung von Freund und Feind auf dem Schlachtfeld bedurfte, sind längst vergangen; zudem sieht sich der Soldat von heute in vielen Ländern der unerfreulichen und eigentlich unsoldatischen Aufgabe gegenüber, innere Unruhen zu kontrollieren und zu bekämpfen. Es erscheint daher aus heutiger Sicht nicht ausgeschlossen, daß die einheitliche Uniform in Zukunft und wie früher einmal zeremoniellen Ereignissen vorbehalten sein wird, während der Kämpfer sich den Erfordernissen der Lage anpassen und die früher einmal als erstrebenswert angesehene Einheitlichkeit im äußeren Erscheinungsbild aufgeben wird. Damit wäre der ursprünglich zu Beginn der Uniformentwicklung gegebene Zustand wiederhergestellt.«

Oder, wie es Shakespeares Malvolio wahrscheinlich ausgedrückt haben würde – und er hatte wie nur wenige Sinn und Verstand für farbenprächtige Uniformen –, der Strudel der Zeitläufe spült endlich auch den Widerspruch nach oben.

Einführung

UNIFORM ALS BEISPIEL KULTURELLER EVOLUTION

OTTO KÖNIG

Entstehung der Grenadiermütze des friderizianischen Typs.

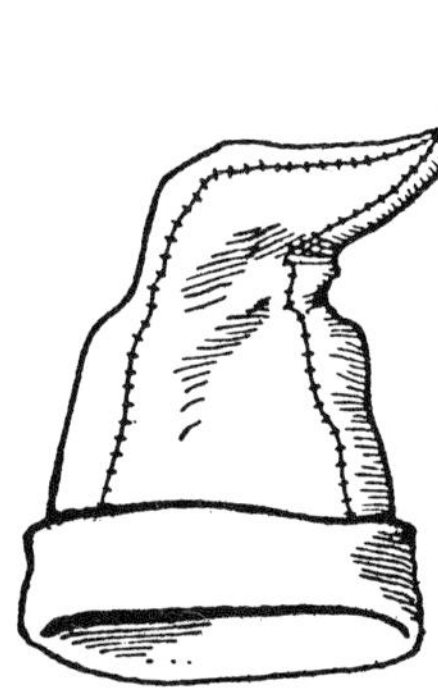

a

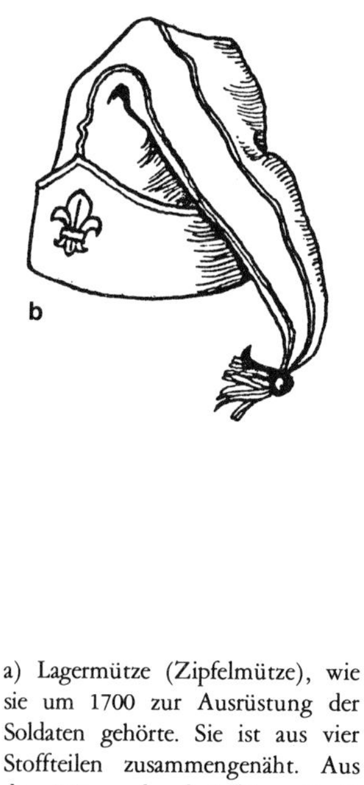

b

a) Lagermütze (Zipfelmütze), wie sie um 1700 zur Ausrüstung der Soldaten gehörte. Sie ist aus vier Stoffteilen zusammengenäht. Aus den Spitzen der dreieckigen Stoffteile und durch deren Vernähung entstand zwanglos eine Quaste. Der untere Rand der Mütze ist des festeren Sitzes wegen umgeschlagen.

b) Militärlagermütze von 1750. Die Nähte wurden mit Stoffstreifen besetzt, die zur Farbe des Mützenbeutels kontrastieren. Der Randaufschlag ist gesondert genäht und vorn über einer Lilie spitz hochgezogen.

Der Mensch als soziales Kleingruppenwesen hat unbestreitbar eine angeborene Tendenz zu gleicher Aufmachung, also zur Zugehörigkeitsdemonstration. Wieweit und in welcher Form diese verwirklicht wird, resultiert, biologisch ausgedrückt, aus der »ökologischen Situation«, in der sich die Gruppe befindet. Ontogenetische Anfänge zeigen sich in unserem europäischen Zivilisationsbereich bei der kleinen jugendlichen Freundesgruppe, deren Mitglieder sich zum Ausgehen gleiche oder zumindest ähnlichfarbige Jacken und Hosen anziehen und damit das innere Gefühl der gemeinsamen Aktion durch äußerliches Signalisieren der Zusammengehörigkeit steigern. Es ist jenes stimulierende »In-Gleichschritt-Fallen«, das hier erlebt wird und das sich in allen Bereichen und Schichten der menschlichen Gesellschaft in unzählbar vielen Varianten beobachten läßt. Die alten bäuerlichen Volkstrachten entsprangen denselben psychologischen Wurzeln und sind den gleichen »ökologischen« Gesetzen unterworfen: Tracht ist eine durch ökologische und soziologische Faktoren weitgehend vereinheitlichte Kleidung, die ihre Träger als Angehörige regionaler oder funktioneller Gruppen charakterisiert.

Manchen Geisteswissenschaftler wird an dieser Definition das Wort »ökologisch« stören. Doch ist der starke Einfluß von Umweltfaktoren, ganz abgesehen von Klima und lokalem Materialangebot, nicht zu leugnen. Da wäre vor allem die Struktur der Landschaft zu beachten. Vergleicht man die Trachten weiter, offener Gebiete mit denen reich strukturierter Landstriche, so zeigt sich im ersten Fall eine relativ geringe Variationsbreite, im zweiten jedoch eine Fülle mannigfacher Formen und Farben. Die Trachten der ungarischen Ebene wirken recht einheitlich, ebenso wie die der Ukrainer oder der Mongolen, der arabischen Steppennomaden oder der Prärie-Indianer. In dem landschaftlich so überreich gegliederten Jugoslawien hingegen variieren die Trachten beinahe von Ort zu Ort. Gleiches gilt für die deutlich unterschiedenen Talschaftstrachten Tirols oder des Kaukasus. Ins Zoologisch-Ökologische übersetzt heißt das: weite, offene Gebiete – wenige Arten, aber viele Individuen; reich strukturierte Gebiete – viele Arten, aber wenige Individuen.

Nicht anders verhält es sich in der Uniformgeschichte. Solange die einzelnen Regimenter von Obristen angeworben und auf eigene Rechnung ausgerüstet wurden, entstand in Anbetracht der recht divergierenden Möglichkeiten und Interessen der Regimentsinhaber keine einheitliche Armeeuniform. Mit der »Verstaatlichung« der Truppen, also mit der Auflösung der Individualstruktur, kam auch die einheitlichere Uniform, zumindest für die in ihrer Funktion sehr homogene Infanterie. Die Kavallerie, der in allen Armeen, vom unmittelbaren Angriff abgesehen, sehr zahlreiche Aufgaben wie Aufklärung, Flanken- und Rükkendeckung, Störung des feindlichen Nachschubs, Nachrichtenüberbringung und Transportbegleitung zufielen, die also einen sehr vielfältig gegliederten Aufgabenbereich hatte, trug die bunten Uniformen viel länger. Ja, die Husaren als vielseitigste, »funktionsstrukturierteste« Reitertruppe behielten bei fast allen Staaten ihre von Regiment zu Regiment stark unterschiedenen Uniformen noch bis zum Ersten Weltkrieg bei. Das gleiche gilt für die russischen Kosaken. Als man in Österreich schon vor 1914 eine allgemeine hechtgraue Uniform einführen wollte, lehnte dies die gesamte Kavallerie ab und blieb bei dem bunten Tuch. In diesem Zusammenhang sei auch erwähnt, daß die Kavallerieregimenter durchweg nur etwa ein Drittel des Mannschaftsstandes von Infanterieregimentern besaßen, also biologisch ausgedrückt, »funktionell vielseitig strukturierte Kleingruppen« darstellten.

Ganz ähnliche Erscheinungen lassen sich auch bei allen Freiwilligentruppen, bei Jägerabteilungen und anderen Spezialtruppen nachweisen. Diese »Gesetzlichkeiten« haben sich bis in die feldgraue Zeit hinein erhalten. Die deutschen Husaren trugen im Ersten Weltkrieg auf ihren einheitlich grauen Uniformen zahlreiche regimentsspezifische Abzeichen, und die Panzertruppen tragen noch heute in sehr vielen Ländern anders geschnittene Uniformen als die übrige Armee. Für Fallschirmjäger und Kommandotruppen mit ihren vielfach bunten Mützen gilt das gleiche.

Im Gegensatz hierzu stehen zwei Waffengattungen, deren Uniformen fast über die ganze Welt sehr einheitlich sind: Marine und Luftwaffe. Die schrankenlose Weite des Raumes, die ursprüngliche Homogenität der Anforderungen bei der Marine führten zwangsläufig auch zu einer weltweit homogenen Bekleidung. Die Arbeit auf einem kleinen Schiff unterscheidet sich nicht so wesentlich von der auf einem großen, etwa im Gegensatz zur stark divergierenden Tätigkeit von Kavallerie und Infanterie. Außerdem tritt ja hier im Aktionsfall fast ausschließlich das Schiff oder bei der Luftwaffe das Flugzeug als erkennbare Einheit in Erscheinung und kaum die Besatzung. Hier fehlt die optische Funktion, wie sie jeder Landeinheit zukommt – folglich unterblieb auch die Ausbildung optisch wirksamer Gruppenmerkmale. Es wäre Luxus gewesen, die Mannschaft jeder Fregatte oder jedes Kreuzers unterschiedlich zu uniformieren wie Husarenregimenter. Schiffe und Flugzeuge können ausfallen, die Mannschaft wird anderswo eingesetzt – gruppenspezifische Uniformen wären dabei nur hinderlich. Wohl aber mußte sich, besonders bei der Marine, in geringerem Maß bei der Luftwaffe, notwendigerweise das individuelle Funktionsabzeichen entwickeln – zur Kenntlichmachung der zur Bedienung verschiedenster Geräte erforderlichen Spezialisten. Der Gegenpol lag einst bei den sich selbst charakterisierenden Einzelkämpfern. Hierher gehören Schild- und Helmzier des mittelalterlichen Ritters, des individuellen Kämpfers par excellence. Wenn die verhältnismäßig kleinen Ritterheere auch in dichter Masse enggeschlossen aufeinanderprallten, so löste sich doch bald alles in Einzelkämpfe auf, bei denen es wichtig war, den persönlichen Gegner mit Sicherheit zu erkennen. Das aber ist eben nur bei einer sehr individuellen Selbstmarkierung des einzelnen möglich. Als auffälliges Pendant zu den Rittern mit ihrem unverwechselbaren Signalschmuck sei der Kampfläufer erwähnt. Die Männchen dieser Vogelart tragen während der Balzzeit farblich stark variierende große Federhalskrausen und »turnieren« auch recht heftig miteinander auf eigenen »Turnierplätzen«. Die gesträubte Federkrause mag den Schnabelhieb des Gegners abfangen, sie dient aber gleichzeitig auch als persönliches Merkmal und ermöglicht ein im Rahmen der Rangordnung zweifellos sehr wichtiges rasches Erkennen.

Mit dem Ende der ritterlichen Kampftaktik endet auch die bunte Helmzier. Sie sinkt zum rein heraldischen Schmuck des Adelswappens ab. Auch die hochspezialisierten Rüstungen bilden sich zurück. Sowie der Ritter die alleinige Wehrfunktion abgibt, fällt die Rüstung dem zu, der seine Kampftaktik übernimmt, nämlich dem Kürassier. Zuerst wird die Fuß- und Beinpanzerung abgelegt, da der besoldete Kürassier neuer Prägung ohne Knappenhilfe auf- und absitzen muß. Dem folgt der Eisenhandschuh der rechten Hand, dessen Fingerglieder sich zu leicht in den Bügeln der neu eingeführten Pistolen verfangen. Nach dem Dreißigjährigen Krieg reduziert sich die Reiterrüstung sehr schnell weiter auf Helm, Brust- und Rückenpanzer. Da zu deren Befestigung die Halsberge nicht mehr benötigt wird, scheidet auch diese aus. Nach den Napoleonischen Kriegen tragen die meisten Kürassierregimenter nur noch den Brustpanzer als den einheitlichen, das Herz (cor, cuore, cœur) schützenden »Küraß«. Schließlich fällt infolge der Verbesserung der Schußwaffen auch dieser letzte Rest alten Rittertums und übernimmt nach 1900 fast ausschließlich Paradefunktion. Am längsten erhalten bleibt die alte Traditionsbezeichnung »Kürassier«. Die Ritterrüstung wurde also nicht einfach »unmodern« und daher abgelegt, sondern sie, die als Trägerin einer lebenswichtigen Schutzfunktion unter Umweltdruck entstand, wurde auch unter Umweltdruck Stück für Stück reduziert.

Die Ritterrüstung hat sich allerdings nicht nur in der geschilderten Form abgewandelt, sie ließ unter dem Einfluß der neuen »ökologischen Situation« vielmehr noch eine zweite, ganz neue Form entstehen. Da Wehrfähigkeit und Adel zusammenhingen, ist der Kampfschutz, die »Wehr« des Ritters, gleichzeitig Würdezeichen. Die Rüstung erfüllt neben ihrer Schutzfunktion also auch Würdefunktion. Mit der Wandlung der Kampftaktik wurde der Ritter nun vom Individualkämpfer

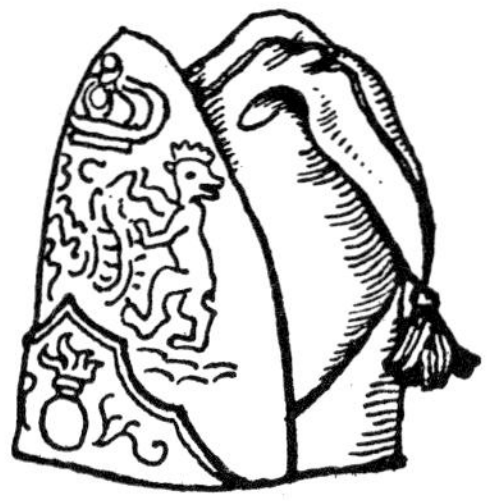

c

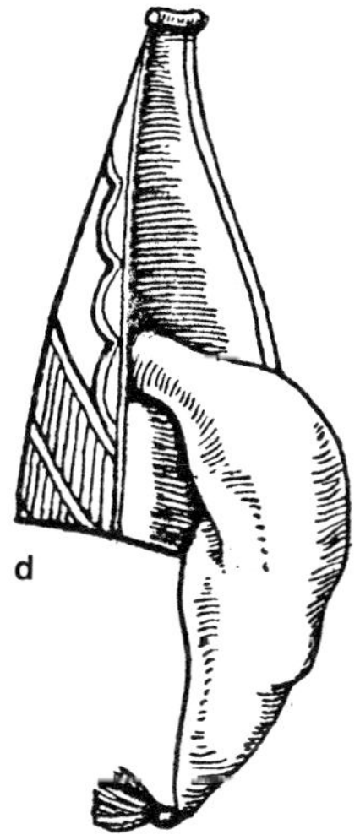

d

c) Brandenburgische Grenadiermütze von 1700. Die alte Zipfelmütze wurde vorn mit einem senkrecht gestellten Blechschirm versehen, der das Wappen trägt und am unteren Randaufschlag befestigt ist.

d) Mütze der brandenburgischen Grenadiergarde um 1700. Der aus dem Randaufschlag herausgewachsene, steife Vorderschild der Mütze ist steil hochgezogen. Der von ihm halb umschlossene bunte Mützenbeutel hängt noch in seiner alten Form herunter.

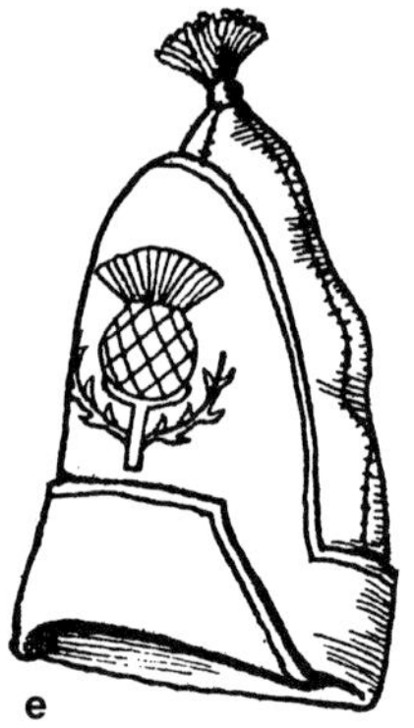
e

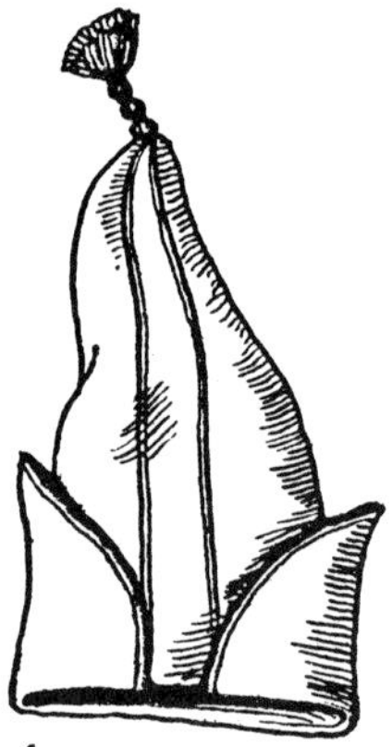
f

e) Englische Grenadiermütze von 1710. Der Mützenbeutel ist am Vorderschild hochgezogen und an ihm befestigt. Die Quaste markiert nun den höchsten Punkt.

f) Russische Grenadiermütze, getragen im Infanterieregiment Kiew nach 1700. Die Entstehung aus der hochgezogenen Zipfelmütze ist klar zu erkennen. Mützenaufschlag und Nähte zeigen schon eine stark ornamentale Linienführung.

zum Truppenführer. Der Adelige vergrößerte sozusagen die Knappenschar, gab Kampffunktionen an sie ab, behielt jedoch das Kommando und benötigte daher ein Kommandoabzeichen. Nichts lag näher, als dieses aus der sich reduzierenden, mehr und mehr funktionslos werdenden Rüstung zu bilden. Bei der Wandlung des Ritters zum Offizier fällt zunächst auf, daß die Reduktion der Rüstung bei ihm viel langsamer vor sich ging als bei der Mannschaft. Schließlich aber trug er sie nur noch symbolischer Form unter Weglassung aller Teile mit Ausnahme der die Schultern und die obere Rücken- und Brustpartie schützenden »Halsberge«, genau jenes Stück, das er früher als erstes hatte anlegen müssen, um die anderen Teile seines Panzers daran zu befestigen. Bei dem fortschreitenden Abbau dieser Halsberge blieb schließlich nur noch der jetzt besonders verzierte vordere Teil übrig, der nun an einer Kette um den Hals getragen wurde. Auch dieser bildete sich noch weiter zurück bis zu einem kleinen Umhänge-Brustschild. Die »Halsberge«, das letzte optisch wirksame und daher als Würdesymbol geeignete Stück der alten Rüstung, wird so zum »Ringkragen«, einem zweckmäßigerweise auf der Brust getragenen Abzeichen der Befehlsfunktion.
Mit der Abgabe der ursprünglich den Oberoffizieren zustehenden, vorwiegend nächtlichen Wachkontrollen und anderer Beaufsichtigungsdienste an Unteroffiziere – kraft seiner Befehlsgewalt entledigte sich der Offizier zuallererst dieser unangenehmen Verrichtungen – sank der ritterliche Rüstungsrest allmählich bis in den Mannschaftsbereich, wo er in der deutschen Wehrmacht zuletzt von der Feldgendarmerie getragen wurde. Im kaiserlichen Österreich fiel er der Polizei zu. Verschiedentlich landete der Ringkragen auch bei Fahnenträgern, die aber selbst Nachfolger der ursprünglich adeligen, also ritterlichen Fahnenjunker waren. Der Vollständigkeit halber sei erwähnt, daß die Engländer offizierliche Ringkrägen schließlich als Zeichen ehrenden Dankes an Indianerhäuptlinge verliehen haben. Verschiedene Stämme stellten sie selbst als Schmuck aus Silber- oder Knochenplatten her. Beide Entwicklungen der Rüstung – die als Schutzorgan wie die als Würdezeichen – durchlaufen somit einen biologisch absolut folgerichtigen und in keiner Phase zur Vergangenheit beziehungslosen Weg. Organ und Funktion halten sich dauernd das Gleichgewicht und evolutionieren gemeinsam unter Umweltdruck. Aus einer weitverbreiteten Ausgangsform – man könnte die Rüstung als »Leitfossil« des Mittelalters bezeichnen – sind als Folge eines grundlegenden Wandels der Umwelt zwei gut angepaßte neue »Arten« entstanden und nach kurzer Blütezeit bis auf kleine Reste wieder »ausgestorben«.
Ein weiteres Beispiel für kulturelle Wandlungsvorgänge ist das Knopfloch. Die in früheren Zeiten sehr langen Ärmel der Männerröcke wurden zur Arbeit hochgeschlagen und mit Knöpfen befestigt. Bei den militärischen Waffenröcken bekamen diese Aufschläge ein buntes Innenfutter, um die einzelnen Regimenter damit zu kennzeichnen. Später trug man die Rockärmel dauernd aufgeschlagen, ließ aber die nun überflüssig gewordenen Knöpfe daran und begann, die bislang nur bunt ausgenähten Knopflöcher mehr und mehr ausgreifend zu umsticken. Gleiches geschah mit den vorderen Rockverschlüssen. Mit Änderungen im Jackenschnitt einhergehend, wurde auf das Zuknöpfen der Röcke vielfach überhaupt verzichtet. Man schuf die nunmehr funktionslosen Knopflöcher nicht ab, sondern ließ sie zu allerlei Ornamenten, vor allem zu blattartigen Gebilden ausufern. Die prachtvolle, brustbedeckende Goldrankenstickerei auf Diplomatenuniformen entstand ebenso aus diesen Knopflöchern wie die Rangabzeichen auf den Kragen deutscher Generäle. Hier handelt es sich sogar um ein echtes »Ehrenknopfloch«, denn im Angedenken an die Tapferkeit des altpreußischen Infanterieregiments Nr. 26 wurde mit Befehl vom 22. 3. 1900 allen deutschen Generälen die Knopflochstickerei dieses Regiments als Kragenabzeichen verliehen. Die heutigen Generäle tragen dieses Rangabzeichen auf dem Rockaufschlag genau dort, wo sich auf vielen Zivilanzügen noch Knopflöcher zum Hineinstecken von Blumen oder Vereinsabzeichen befinden. Und die heute nicht mehr gebrauchten Ärmelknöpfe auf mo-

dernen Sakkos mit ihren oft nur noch »blind« imitierten Knopflöchern sind genau genommen nichts anderes als die bescheidenen Nachfahren einstiger goldgestickter Litzenpracht und nächste Verwandte der militärischen Ärmel- und Kragenlitzen.

Eines der Paradebeispiele für der Stammesentwicklung analoge Wandlungsvorgänge im Uniformbereich bietet jedoch die Geschichte der Grenadiermütze.

Als die Handgranate erfunden wurde und somit auch der Handgranatenwerfer, der »Grenadier«, in Aktion trat, erwies sich der breite Schlapphut bei der weit ausholenden Wurfbewegung als recht hinderlich. Die Grenadiere nahmen daher im Gefecht ihre Hüte ab, hängten sie an die Patronentaschen und setzten die damals ohnedies zur Soldatenausrüstung gehörenden Zipfelmützen auf den Kopf, denn es galt ja, die langen Haare beziehungsweise die Schläfenlocken zusammenzuhalten, damit sie an der brennenden Lunte der Granate nicht Feuer fingen. Anfangs durfte die Zipfelmütze von den Grenadieren nur während des Gefechtes getragen werden, doch war nicht zu verhindern, daß diese Elitesoldaten ihre Position gerade im täglichen Leben auch äußerlich zur Geltung bringen wollten, verlangte doch schon die militärische Dienstvorschrift von ihnen ein besonders martialisches Aussehen:

»Ein Grenadier muß nicht weibisch aussehen, sondern furchtbar, von schwarzbraunem Angesicht, schwarzen Haaren, mit einem starken Knebelbart, nicht leicht lachen oder freundlich tun.«

Die Zipfelmütze aber war im Grund genommen keine Kopfbedeckung, die dieses Aussehen zu heben vermochte. Alsbald erhielten die Grenadiere dekorative Blechschilde oder Pelzverbrämungen daran befestigt, gelegentlich auch beides. Bei den preußisch-friderizianischen Grenadiermützen wurde der Zipfel mit der Quaste auf einen stark überhöhten Blechschild hochgespannt. Die österreichische, wie auch viele andere Armeen, so etwa die Spanier, ließen die Zipfelmütze aus den hoch aufgebauten Pelzverbrämungen als reich verzierten Beutel heraushängen. Bei den Franzosen und Dänen wieder reduzierte sich der Mützenbeutel auf einen kleinen, flachen Tuchkreis im Mützendach. Die gegenwärtigen Fellmützen der englischen Königsgarden sind wohl französischen Ursprungs und zeigen überhaupt keine Stoffteile mehr. In den verschiedenen Staaten wurden Felle von schwarzen Bären, Ziegen und Hunden verwendet, die als besonders langhaarig und zottig die Imponieraufgabe am besten erfüllten. Der Mützenstoff war meist mit bunter Verzierung in Truppenfarbe gehalten, das Blech aus Messing.

Die Zipfelmütze, Ausgangspunkt für diese speziellen Neuschöpfungen, ist eine der ältesten Kopfbedeckungen überhaupt. In ihrer kroatischen, mit aufschlagbarem Rand versehenen und mit Wolfs- oder Fuchspelz besetzten Version wurde sie zur Ausgangsform für den Husarenkolpak. Die Ulanentschapka, die Kosakenmütze, das französische Képi und die ehemalige belgische Lagermütze mit der Quaste am vorderen hochgezogenen Ende stammen ebenfalls von der Zipfelmütze ab. Quaste oder Kreuzornament auf den Dächern von Kopfbedeckungen sind Relikte, die auf Abstammung von der ursprünglichen, aus vier Teilen zusammengenähten Tuchzipfelmütze sehr deutlich hinweisen.

Trug der Grenadier anfangs noch den alten Hut bei Paraden und zum Garnisonsdienst, während die eigentliche, stolz hochgezogene Grenadiermütze nur zur Schlacht aufgesetzt wurde, so änderte sich dies sehr bald, weil der Grenadier seinen besonderen Status eben auch möglichst deutlich hervorgehoben sehen wollte. Als infolgedessen das Tragen der Grenadiermütze auch für gewöhnlichen Dienst angeordnet wurde, entstand jedoch eine Schwierigkeit. Der Grenadier konnte nicht wie andere Soldaten mit ihren leichten Dreispitzhüten zum vorschriftsmäßigen Gruß die Kopfbedeckung abnehmen, war doch seine schwere Mütze mit einem Kinnriemen festgeschnallt. Es kam daher die Weisung, daß Grenadiere nicht durch Abnehmen, sondern nur durch ein symbolisches Anlegen der rechten Hand an ihre Mütze grüßen sollten, während die übrigen Truppen noch immer durch das althergebrachte Hutabnehmen grüßten. Um die Einheitlichkeit wieder herzustellen, wurde

g

h

g) Mütze des »Potsdamschen Rothen Leib-Bataillon Grenadiere Nr. 6« etwa bis 1730. Die Mütze, auch deren Vorderschild, ist ganz aus Stoff gearbeitet, nur die Abzeichen sind aus Metall. Die Stirnklappe des Randaufschlags ist noch deutlich zu erkennen. Die Zipfelmützenquaste wurde zu einem oben aufgesteckten Wollpompon.

h) Preußische Grenadiermütze mit Vorderschild aus Blech. Die aus dem Randaufschlag der Zipfelmütze hervorgegangene Klappe über der Stirn ist hier noch im Metall besonders eingeprägt. Diese Mütze stellt eine Weiterentwicklung des Mützentypus g) dar und wurde in dieser Form ebenfalls vom Grenadier-Regiment Nr. 6 noch unter Friedrich dem Großen getragen.

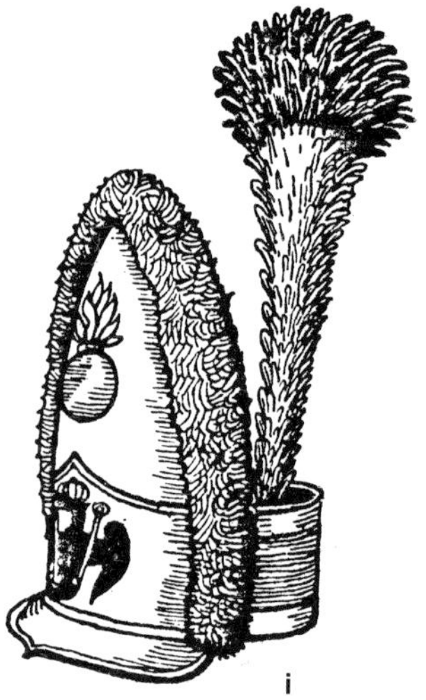

i

i) Preußische Grenadiermütze von 1808. Noch ist der hohe Vorderschild mit der ornamental angedeuteten Stirnklappe vorhanden, der hochgezogene Mützenbeutel mit dem Pompon ist jedoch verschwunden. Augenschirm und Federbusch sind neu hinzugekommen. Der Vorderschild hat, in Anlehnung an die aus Pelz gearbeiteten Grenadiermützen anderer Länder, einen Fellbesatz erhalten.

dann aber der »Grenadiergruß« allgemein eingeführt. So entstand das militärische Salutieren, das weiter bestehen blieb, als die Grenadiermütze wegen Hinderlichkeit beim Vordringen durch Gebüsch und Wald abgeschafft wurde. In einigen Armeen ist es sogar allgemein üblich, auch ohne Kopfbedeckung zu salutieren (Abbildungen a bis i).

Tatsächlich haben wir es bei der Grenadiermütze mit einem der auffälligsten und eindrucksvollsten Entwicklungsbeispiele zu tun, in dem uns viele vom Tierreich her bekannte Abläufe als Analoga vorexerziert werden. Die Mütze entsteht einwandfrei in ökologisch bedingter Zweckmäßigkeit, übernimmt zusätzlich Imponierfunktionen und wird schließlich zum Letalfaktor wie ein zu hoch spezialisiertes und infolge totalen Umweltwandels nicht mehr existenzfähiges Merkmal einer Tierart. Der Riesenhirsch scheiterte an dem allzu mächtig gewordenen Geweih, der Säbelzahntiger an seinen das Fressen behindernden überlangen Eckzähnen. Mit der Grenadiermütze verschwindet als Funktionseinheit auch der Grenadier. Was von ihm bleibt, sind Name und Grußform, nunmehr übertragen auf völlig anders agierende Soldaten.

Die militärische Uniform ist kein in sich geschlossenes Ganzes aus einem Guß, sondern sie ist ein komplexes Gebilde, das sich aus unzähligen Merkmalen aus den verschiedensten Epochen zusammensetzt. Um sie zu verstehen, müssen wir jedes einzelne Detail bis zu seinem historischen Ursprung verfolgen. Gehen wir der Entwicklung der Kokarde nach, stoßen wir auf die alte Hutmasche, die ursprünglich der Abwehr des bösen Blickes diente. Verfolgen wir die Schwalbennester der Militärmusik, finden wir über die flatternden Trompeterärmel zu den mittelalterlichen, zum Herausgreifen geschlitzten Überärmel. Spüren wir der Tellermütze nach, kommen wir zum Tschako der Befreiungskriege; untersuchen wir das Képi, führt uns der Weg zur Zipfelmütze, die lange getragen wurde, bevor die neuzeitliche Uniformierungsgeschichte begann.

So erweist sich denn die Geschichte der Wehrkleidung, und im speziellen Fall die der Uniform, als ideales Forschungsfeld des in Entwicklungs- und Wandlungsgesetzlichkeiten denkenden Ethnologen. Infolge militärisch-bürokratischer Genauigkeit ist unter allen Bekleidungs- und Trachtenerscheinungen die Entwicklung der Uniformen in Akten, Bildern und Originalen am besten dokumentiert. Noch dazu haben wir es hier mit einem verhältnismäßig kurzen, dabei aber sehr intensiven Ablauf zu tun, der von den ersten Anfängen nach dem Dreißigjährigen Krieg bis zur Volluniformierung fast aller europäischen Armeen nach 1700 und weiter über die prunkhafte Blütezeit in der napoleonischen Ära bis zum Ende des bunten Rocks im Ersten Weltkrieg sehr gut verfolgt und bis in kleinste Einzelheiten analysiert werden kann. Fast könnte man sagen: Die Uniformkunde ist das Modell einer Phylogenie ohne »missing links«.

Und gerade der Umstand der Vielseitigkeit ist ja das Faszinierende an dieser Geschichte, die in jedem Teil an die biologischen Lebens- und Wandlungsgesetze unserer Welt gemahnt. Diese Analogie ist nichts Rätselhaftes, sondern logische Quintessenz jener Realität, der zufolge alles höhere tierische Leben von Individuen weitergegeben wird, die aus inneren Antrieben heraus agieren, imponieren, sich durchsetzen, Erfahrungen machen und diese durch Vorbild oder Nachricht überliefern. Ob diese Entwicklung über Jahrhunderttausende hinweg durch Mutation und Selektion erfolgt oder kurzfristig durch Versuch und Irrtum, ob das Resultat genetisch tradiert wird oder durch Verordnungen – die dahinterstehenden Gesetzlichkeiten sind die gleichen.

Die europäischen Erbfolgekriege 1700-1763

HANS BLECKWENN

In der ökonomischen Anspannung des Dreißigjährigen Krieges erweist sich der Nutzen einheitlicher Massenfertigung an Bekleidung und Waffen. Die Uniform als Begriff und Dauererscheinung fand erst Eingang in unser Leben, nachdem eine wesentliche soziale Voraussetzung erfüllt war: der Sieg des nun absoluten Fürsten über die meist adligen Stände seines Landes. Dieser Sieg wird in allen Staaten bezeichnet durch den *miles perpetuus,* das stehende Heer. Es ist Instrument wie Ausdruck fürstlicher Regierungsgewalt, soll also stark und repräsentativ sein. Als bleibende Institution muß und kann es nur aus den Geldern bezahlt werden, die vom Land laufend als Steuern fällig waren oder – bei wirtschaftlich schwachen Staaten – zusätzlich aus Vermietungskontrakten mit reichen Großmächten eingingen. Dies ist der soziologische Hintergrund der stehenden Heere für über ein Jahrhundert; dann erst setzen neue Vorstellungen vom Menschen und später die brutalen Forderungen der Technik auch neue Maßstäbe für das Verhältnis von Staatsgewalt und Wehrwesen.

Die Heere des 18. Jahrhunderts bestehen aus Berufssoldaten; nur sie können die absolute Gewalt des Fürsten garantieren. Freiwillige dafür gibt es nur in ungenügender Anzahl, mit Ausnahme weniger armer, aber relativ stark bevölkerter Landstriche wie etwa Oberhessen und Schweiz. So werden die Heere normalerweise mit mehr oder weniger rüden Pressionen ergänzt, und jeder Staat hat in dieser Beziehung speziellen »Dreck am Stecken«: Am übelsten war Preußen verschrien, denn der Soldatenkönig Friedrich Wilhelm I. (1713 bis 1740) ließ in ganz Europa gewalttätig die großgewachsenen Leute jagen. Eingeklemmt zwischen Armut und politischer Situation erkannte er, daß ein *langes* Vorderladegewehr weiter und sicherer schießt als ein kurzes – aber daß es auch nur von scharf gedrillten Soldaten mit großer Armspannweite schnell genug geladen werden kann. Auf seinem Weg zum schlagkräftigen Heer organisiert er nun – zufällig oder bewußt? – eine wohlfunktionierende staatliche Planwirtschaft, setzt die Leibeigenschaft der Bauern außer Kurs und schafft die Vorstufe der allgemeinen Wehrpflicht:

Die *inländische* Hälfte seiner Armee arbeitet sieben Achtel des Jahres ganz zivil zu Hause, während die andere Hälfte – wenige Freiwillige und viele gepreßte Ausländer – als stehende Kader von Jahr zu Jahr die Rekruten ausbildet; nur zur Exerzierzeit von sechs bis acht Wochen versammelt sich alles, bis zur abschließenden Königsrevue.

In England war die Armee klein, denn nicht umsonst hatte das Parlament einen König geköpft und die folgenden am Absolutismus gehindert; dafür waren dort aber die *Press Gangs* für die Flotte wohl das denkbar Schlimmste. In Rußland hob man grundsätzlich doppelt soviel Rekruten aus, als die Truppe benötigte, denn schon die Versammlungsmärsche fraßen die Hälfte auf. Und im milden Österreich schließlich waren die sanitären Verhältnisse zumal in den Südgarnisonen derart, daß die Armee oft schon im Frieden ganz kriegsmäßige Verlustziffern erreichte; die Dienstvorschriften sprechen dort stets von der Verwertung der Montur Verstorbener, sehr selten von Neufertigungen. Bessere Verhältnisse herrschten in Hannover, dessen kleines Heer nach englischem Muster gut gehalten war, und in Hessen-Kassel, wo unter ärmlichen wirtschaftlichen Verhältnissen die nachgeborenen Söhne gern in jenen Truppen dienten, die ihrer Tüchtigkeit wegen von den Großmächten begehrt waren – Auslandsreisen eingeschlossen! In allen Ländern waren die Verhältnisse bei der Kavallerie sozial besser als bei der Infanterie, wir werden noch sehen weshalb; die technischen Truppen spielten bis zum Siebenjährigen Krieg (1756–1763) noch keine wesentliche Rolle.

Die Schlacht bei Höchstädt am 13. August 1704. Dieser in Den Haag erschienene zeitgenössische Stich von Jean Huchtenberg zeigt die entscheidende Phase der Schlacht gegen fünf Uhr nachmittags. Auf dem linken Donauufer zwischen Blindheim und Unterglauheim – im Hintergrund Höchstädt – wird das französische Zentrum unter dem Ansturm von achtzig Schwadronen der Alliierten, darunter Dänen, Engländer, Hannoveraner, Kaiserliche und Niederländer, trotz verzweifelter Gegenwehr geworfen.

Aus dem Dreißigjährigen Krieg verbleibt in Europas Heeren ein Moment von militärischer Solidarität, die politische Ideen und Grenzen verachtet: für den Offizier ist der Wechsel des Herrn, für die Mannschaft Fahnenflucht von einem Heer zum andern üblich. Diese »Soldaten-Gewerkschaft« tradiert aber auch einen Kodex von Auffassungen, Regeln und Riten, von denen einige noch ritterliche Züge zur Humanisierung des Kriegsstils im 18. Jahrhundert beitragen, von der speziellen Ehrauffassung (Duell) bis zu Verhaltensregeln gegen die Zivilbevölkerung, Verwundete oder Gefangene, die letzten Endes in die Genfer und Haager Konventionen mündeten.

Vor allem aber sind inneres Leben und äußeres Bild der verschiedenen Heere um 1700 noch ähnlich, also vergleichbar, und genereller Betrachtung zugänglich.

Seit die Armbrust (und nicht das Pulver!) die ritterliche Rüstung durchschlug, kehrt die Infanterie als Faktor der Entscheidung aufs Schlachtfeld zurück. Da sie die unbegrenzte technische Möglichkeit der Waffenentwicklung nutzt, überflügelt sie allmählich die an des Pferdes Naturkraft gebundene Reiterei. Wir dürfen deshalb ab 1700 die Infanterie als Hauptwaffengattung in den Vordergrund unserer Betrachtung rücken.

Zur Hochblüte der Uniform folgt ihr Stil genauso der Macht wie die Mode im zivilen Bereich. Da aus dem langen Krieg Frankreich eindeutig als Sieger hervorgegangen war, trug ab 1670 alle Welt den *Justaucorps,* den weitschößigen Leibrock. Er ist ursprünglich französische Bauern-, dann Militärtracht und dringt erst von dort aus ins Zivil. Auch als sich seit 1718 unter preußischem Einfluß die Uniform im Schnitt von der Zivilmode löst, bleibt er Grundlage der Soldatenkleidung und kehrt um so stärker in die Volkstrachten zurück, je breiter sich ein Heer nicht nur aus Söldnern, sondern aus heimischen Mannschaften ergänzt.

Als Uniform bedarf dieser Rock bestimmter farblicher Merkmale. Seine Grundfarbe differenziert die Armeen, ein andersfarbiges Futter bietet sich an, um die Regimenter zu unterscheiden, zumal wenn man Rockteile nach außen umschlägt. Farbsinn und praktische Erwägung reichen sich in dieser Frühzeit ganz selbstverständlich die Hand: Bei textiler Massenware sind die Gewebe noch relativ locker, und es empfiehlt sich, die ganz besonders empfindlichen Kanten durch Umschlagen zu schützen.

So entsteht am Ärmel der Aufschlag, auf der Brust die Rabatte (Revers etc.), am Hals der Kragen; an den zurückgeschlagenen Schößen bleibt schließlich das Wort *Umschlag* selbst hängen, das zunächst all diese durch Umschlagen entstandenen Abzeichen meinen kann; denn das 18. Jahrhundert läßt sich nicht viel von Terminologie beschweren. Zumal der Aufschlag ist variabel, und man geht dazu über, seine einzelnen Formen nach dem Heer zu nennen, das sie erfand oder bevorzugte.

Im Rahmen dieser Formen folgt die militärische Tracht aber auch dann noch allgemein modischen Tendenzen, als sie sich von der Ziviltracht längst abgesetzt hat, etwa durch wechselnde Taillenhöhe und Schoß- oder Ärmelweite; aber auch die Abzeichen passen sich in der Form und Ausstattung dem jeweiligen Geschmack an. Kompliziert wird das Bild dadurch, daß Preußen im Zug seiner Staatsreform 1718 bewußt aus der europäischen Geschmacksentwicklung ausbricht: Scharfe Veränderungen in der Uniform, die bald auch ins preußische Zivil übergreifen, entsprechen neuen ökonomischen und sozialen Vorstellungen, deren Verwirklichung diesen Stil über die Grenzen hinaus auf Jahrzehnte zum – bejahten oder abgelehnten – politischen und moralischen Credo macht.

Noch komplizierter ist das Verhältnis der Uniform zur modischen Farbe. Hier werden enger gezogene Grenzen nur selten im modischen Sinn überschritten, wie etwa beim österreichischen Regiment *de Ligne* : Seine tapferen Wallonen bevorzugen ein ganz auffallendes Rosa der Abzeichen, und jeder kennt sie. Denn generell ist die Farbwahl im militärischen Bereich praktisch bestimmt: Die Schwarzpulverwolken über den Schlachtfeldern fordern leuchtende Farben, um den Standort der Truppen erkennbar zu machen. Nur selten schlagen alte heraldische Momente durch, wie

PREUSSEN

Erstes Bataillon Garde (1806: Rgt. Nr. 15), Unteroffizier der Musketiere 1786

Grenadier-Garde-Bataillon (1806: Rgt. Nr. 6), Grenadier 1745

Erstes Bataillon Garde (1806: Rgt. Nr. 15), Grenadier 1786

Infanterie Rgt. v. Bevern (1806: Rgt. Nr. 7), Grenadier 1757

Infanterie Rgt. Herzog Ferdinand von Braunschweig (1806: Rgt. Nr. 5), Offizier 1757

PREUSSEN

Infanterie Rgt. v. Knobloch (1806: Rgt. Nr. 10), Musketier 1757

Füsilier Rgt. Prinz Heinrich von Preußen (1806: Rgt. Nr. 35), Füsilier 1757

Infanterie Rgt. Forçade de Biaix (1806: Rgt. Nr. 23), Musketier 1756

Füsilier Rgt. Erbprinz von Hessen-Kassel (1806: Rgt. Nr. 48), Füsilier 1757

Infanterie Rgt. Prinz von Preußen (1806: Rgt. Nr. 18), Musketier 1757

PREUSSEN
Husaren Rgt. v. Zieten (1806: Rgt. Nr. 2), Husar 1762

Bosniak 1760

Husaren Rgt. v. Malachowski (1806: Rgt. Nr. 7), Husar im Pelz 1762

Husaren Rgt. v. Kleist (1806: Rgt. Nr. 1), Husar 1762

Husaren Rgt. v. Malachowski (1806: Rgt. Nr. 7), Offizier 1762

PREUSSEN
Dragoner Rgt. Jung v. Platen (1806: Rgt. Nr. 11), Dragoner 1762

Kürassier Rgt. Prinz von Preußen (1806: Rgt. Nr. 2), Kürassier 1763

Kürassier Rgt. v. Seydlitz (1806: Rgt. Nr. 8), Offizier 1762

Dragoner Rgt. Jung v. Platen (1806: Rgt. Nr. 11), Offizier 1762

Leibregiment zu Pferd (1806: Rgt. Nr. 3), Kürassier 1762

PREUSSEN
Husaren Rgt. v. Zieten (1806: Rgt. Nr. 2), Stabsoffizier in Galauniform 1762

Kleistscher Freihusar 1760

Regiment Garde du Corps (1806: Rgt. Nr. 13), Offizier im Galawachanzug 1762

Dragoner vom Gschrayschen Freicorps 1761

Adjutant von der Kavallerie 1762

PREUSSEN
Jäger Corps zu Fuß, Jäger 1762

Kanonier der Artillerie zu Fuß 1750

Füsilier Rgt. Prinz Friedrich Franz von Braunschweig (1806: Rgt. Nr. 39), Offizier 1757

Garnisons-Bataillon v. Grolmann, Offizier 1757

Jäger vom Favratschen Freicorps 1762

GROSSBRITANNIEN
3. Rgt. zu Fuß »The Buffs«, Musketier 1742

28. Rgt. zu Fuß, Musketier 1742

1. Regiment der Garde zu Fuß, Grenadier 1745

20. Rgt. zu Fuß, Grenadier 1759

21. (Royal Scotch) Füsilier Rgt., Grenadier 1742

GROSSBRITANNIEN
11. Dragoner Rgt., Dragoner der Leichten Schwadron 1757

2. Dragoon Guards, Dragoner 1760

17. Leichtes Dragoner Rgt., Dragoner 1761

6. Regiment zu Pferd, Reiter 1742

Regiment der Horse Guards (The Blues), Reiter 1742

GROSSBRITANNIEN

Kanonier der Königlichen Artillerie 1742–1756

42. Rgt. zu Fuß (Hochländer) 1742

1. Schwadron der Grenadier-Garde zu Pferd, Grenadier 1750

1. Regiment der Garde zu Fuß, Offizier 1745

Leichte Infanterie in Nordamerika 1758

HANNOVER

v. Freytagsches Freicorps, Grenadier 1760

Garde Regiment, Grenadier 1759

Infanterie Rgt. v. Hardenberg, Offizier der Musketiere 1759

Infanterie Rgt. v. Scheither, Grenadier 1756

v. Freytagsches Freicorps, Jäger zu Fuß 1760

HANNOVER
Dragoner Rgt. v. Müller, Grenadier-Offizier 1761

v. Freytagsches Freicorps, Jäger zu Pferd 1760

Grenadier Rgt. zu Pferd, Grenadier 1743

v. Scheithersches Freicorps, Carabinier 1762

v. Lucknersches Freicorps, Husar 1762

PFALZ
Kurpfälzisches Carabinier Rgt. Graf v. Hatzfeld, Offizier 1748

BAYERN
Leib-Regiment, Grenadier 1740

SCHAUMBURG-LIPPE
Carabinier-Corps, Carabinier 1756

HESSEN-KASSEL
Infanterie Rgt. Graf v. Hessenstein, Grenadier 1749

SACHSEN-GOTHA
Garde du Corps 1756

FRÄNKISCHER KREIS
Infanterie Rgt. Ferentheil,
Grenadier 1760

KURFÜRSTENTUM KÖLN
Grenadier 1757

WÜRTTEMBERG
Kreis-Regiment zu Fuß 1756

OBERRHEINISCHER KREIS
Kreis-Regiment Hessen-Darmstadt, Grenadier 1753

SCHWÄBISCHER KREIS
Infanterie Rgt. Baden-Baden,
Grenadier 1760

BAYERN
Dragoner Rgt. Piosasque,
Dragoner 1748

WÜRTTEMBERG
Grenadier Rgt. zu Pferd,
Grenadier 1779

HESSEN-DARMSTADT
Regiment Garde des Dragons,
Dragoner 1750

HESSEN-DARMSTADT
Leibgarde zu Pferd, Reiter 1750

FRÄNKISCHER KREIS
Deutschordens Dragoner Rgt.,
Dragoner 1757

Links:
Die Schlacht von Fontenoy am 11. Mai 1745.
Gemälde von van Blarenberghe.
Im Hintergrund die tiefgestaffelten Bataillone der rotuniformierten Verbündeten – Engländer und Hannoveraner – unter dem Herzog von Cumberland, die nach ihrem Durchbruch durch das französische Zentrum zu Beginn der Schlacht fast vier Stunden lang den unausgesetzten Attacken von 68 französischen Schwadronen standhielten, nach Eingreifen der französischen Infanterie aber unter großen Verlusten den Rückzug antreten mußten. Rechts im Vordergrund König Ludwig XV., umgeben von Offizieren und Angehörigen Königlicher Haustruppen, der die Meldung eines Adjutanten entgegennimmt.

Folgende Seiten:
Rast Königlicher Haustruppen. Die Königlichen Haustruppen gehörten nicht zu den Gardetruppen der französischen Armee, sondern waren zum Wach- und Eskortedienst bestimmt. Der Maler Charles Parrocel stellt auf diesem Gemälde verschiedene Angehörige dieser Truppen bei einer Rast auf dem Marsch dar. Rechts im Bild zu Pferd in roter Uniform mit blauer Kasake Offiziere der ersten und zweiten Kompanie der Musketiere des Königs, daneben ein Offizier der Gens d'Armes der königlichen Garde. Links in blauer Uniform und pelzbesetzter Mütze Angehörige der Reitenden Grenadiere des Königs sowie Offiziere der Gardes du Corps in blauer, silberbestickter Uniform.

SACHSEN
Infanterie Rgt. v. Rochow, Musketier 1754

Leib-Grenadier-Garde, Grenadier 1750

Generalmajor der Kavallerie 1748

Kürassier Rgt. O'Byrn, Kürassier 1748

Artillerist 1740

SCHWEDEN
Trommler der Infanterie 1765

Infanterie Rgt. Södermanland, Unteroffizier 1765

Reiter Rgt. Norra Skanska, Reiter 1757

Infanterie Rgt. Södermanland, Infanterist 1756

Husar vom Gelben Regiment 1762

ÖSTERREICH

(Ung.) Infanterie Rgt. Joseph Eszterhazy, Offizier 1742–1758

(Niederl.) Infanterie Rgt. Sachsen-Gotha, Grenadier 1762

(Deutsches) Infanterie Rgt. Laszy, Musketier 1762

(Ung.) Infanterie Rgt. Simbschen, Musketier 1762

(Ung.) Infanterie Rgt. Haller, Grenadier 1762

ÖSTERREICH

Peterwardeiner National-Grenz-Infanterie Rgt., Unteroffizier 1750–1757

Deutsches Artillerie Corps 1765

Ingenieuroffizier 1765

Slawonisch-Gradiscaner National-Grenz-Infanterie Rgt., Offizier 1765

Feldjägercorps, Jäger 1762

ÖSTERREICH
Dragoner Rgt. Batthiani,
Dragoner 1762

Kürassier Rgt. de Ville,
Kürassier 1762

Dragoner Rgt. Hessen-
Darmstadt, Dragoner 1762

Kürassier Rgt. Trauttmansdorff,
Kürassier 1762

Dragoner Rgt. St. Ignon,
Dragoner 1762–1763

ÖSTERREICH
Husaren Rgt. Kalnoky,
Trompeter 1762

Pandur des Trenckschen Corps
1762

Husaren Rgt. Kaiser, Husar
1762

Husaren Rgt. Eszterhazy, Husar
im Pelz 1762

Husaren Rgt. Baranyay, Husar
1762

FRANKREICH
Infanterie Rgt. Royal Lorraine, Grenadier 1761

Infanterie Rgt. Dillon, Infanterist 1761

Gardist der Hundertschweizer 1740–1745

Infanterieoffizier 1747

Infanterie Rgt. Nassau-Saarbrücken, Infanterist 1750

FRANKREICH
1. (Franz.) Kompanie der Gardes du Corps, Garde du Corps 1757

Schomberg-Dragoner 1757

Grenadier Rgt. zu Pferd Royal Allemand, Grenadier 1750

Ulan der Freiwilligen des Marschalls von Sachsen 1745

Husaren Rgt. Nassau-Saarbrücken, Husar 1757

RUSSLAND
Musketier in voller Uniform 1763–1766

Grenadier von der St. Petersburger Division in der Ärmelweste 1762

Infanterieoffizier 1762

Grenadier 1762

Kanonier der Artillerie 1757

RUSSLAND
Ungarisches Husaren Rgt., Husar 1741–1764

Garde-Dragoner Rgt., Grenadier-Offizier 1756

Kürassier 1756–1762

Dragoner 1756–1762

Moldauisches Husaren Rgt., Husar 1741–1764

etwa, wenn Fahnen und Abzeichen einer Truppe übereinstimmen; aber leider wissen wir oft nicht, was an einem »grünen Regiment« des 17. Jahrhunderts eigentlich grün war. Später bleiben nur kleine Armeen – wie etwa die schwedische ab 1720 mit allgemein gelben Abzeichen auf blauen Röcken – im heraldischen Rahmen.
Dagegen wird vom Blau der Brandenburger Röcke behauptet, nur diese Farbe habe die besonders schlechte und ungleichmäßige Qualität der märkischen Wolltuche wohltätig verdeckt. Dann dürften wir für das ungefärbt graue, später weißliche Iglauer Tuch der Kaiserlichen eine bessere Qualität vermuten. Für des Kaisers Garnisonen in Ungarn und Italien war Weiß auch klimatisch günstig, und so bevorzugen auch Frankreich und Spanien für die Infanterie diese Farbe – Vernunft oder Zufall? Denn der Süden hat widersinnigerweise ja auch die Pelzmütze geschätzt, wie wir noch sehen werden. Im Nordwesten montieren Großbritannien mit Hannover und Dänemark rot – ob es noch die Farbe der alten Berserker war, die sich mit einem roten Anstrich als einziger Bekleidung in den Kampf stürzten? Jedenfalls nehmen Schotten und Iren das Rot mit in die französischen Fremdenregimenter, genau wie die Deutschen auch dort das Blau des nördlichen und mittleren Europa tragen. Grün gekleidet ist die russische Infanterie: England und Preußen wetteifern in Petersburg um die Lieferungsverträge, und die Schwierigkeit, ein gleichmäßiges und beständiges Grün zu produzieren, gibt den russischen Abnahmekommissaren die beste Gelegenheit, stets an der Ware zu mäkeln und die Preise zu drücken . . .
Ökonomisch ist Blau am billigsten, auch als der heimische Waid vom kolonialen Indigo verdrängt wird. Rot ist als Krapp etwas teuerer, aber England, Hannover und Dänemark können sich das für ihre relativ kleinen Armeen leisten. Zwischen Rosa und Karmin sind – wie beim Grün – die Töne nur schwer gleichmäßig zu treffen und unbeständig, die Lieferungen also des Risikos wegen teuer. Das Schwarz der Trauer liebt der Soldat nicht, es sei denn, um bewußt Todesmut zu dokumentieren (Totenkopfhusaren). So dominieren auf den Schlachtfeldern des Jahrhunderts neben Weiß die drei Grundfarben Blau, Rot und dazu Gelb, mit dem man – wohl im Sinn des »gekollerten«, also angestrichenen Leders – gern die Unterkleider einfärbte.
Schließlich signalisieren die Farben auch die soziale Stellung: Weiße *Doublure* zeichnet bis 1713 in Preußen die Garden aus, blaue in Frankreich die *Royal-* oder *Du-Roi-*Regimenter, in England die *King's Owns.* Das grüne Gewand gebührt allerorts den Jägern, die im Krieg als erste leichte Truppe im modernen Sinn hohe Achtung genießen, und Rot ist die Rockfarbe des Adels: Um 1700 tragen bei vielen Mächten neben den Generalen noch ganze Offizierscorps bevorzugter Regimenter rote Röcke auch dann, wenn die Mannschaft in andere Farben gekleidet ist, ebenso bis 1914 in Preußen die Offiziere der Gardes du Corps bei bestimmten Gelegenheiten; und noch heute beobachten wir den roten Parforcerock bei Reitjagden.

Französische Infanterie aus der Zeit des Siebenjährigen Krieges im Feldlager.

Die Wahl der Abzeichenfarbe bleibt um so länger Privileg des Regimentschefs, je zäher sich Reste alter Adelsvormacht im Staat überhaupt halten: In Preußen sind die Farben schon um 1700 fixiert, in Österreich erst nach 1763. Neben Chef und Fürst tritt aber allmählich als dritte Macht die Tradition, wenn sich stolze Erinnerungen der Truppe mit bestimmten Besonderheiten ihrer Kleidung verbinden.
Stärker noch gilt dies für den Schmuck der Uniformen, zu dem nicht nur die nach Zahl und Sitz variierten Knöpfe gehören, sondern vor allem die Besätze aus Borten, Tressen und – für Offiziere – auch Stickereien. Die Knöpfe können gelb (aus Messing) oder weiß (aus Zinn) sein; die Chargen der Truppe sind dann durch Gold bzw. Silber ausgezeichnet. In der Frühzeit wurden zahlreiche Knöpfe als Schmuck, ohne praktische Funktion gesetzt, nur auf der Brust anfangs einreihig rechts und erst später doppelseitig; beide Verschlußarten haben sich bis heute in der Herrenmode gehalten, wobei Europa links über rechts knöpft, Asien umgekehrt, wie die Husaren uns noch zeigen werden. Französische Spezialität ist es, die Taschenpatte mit den verschiedensten Anordnungen von Knöpfen reich zu besetzen.
Auch die Knopfmetalle hatten ihre eigenen Gesetze: da Zinn weniger dauerhaft war als Messing, sehen wir auch bei »weißen« Regimentern die strapazierten Gamaschenknöpfe meist gelb. In Preußen war Weißmetall vor 1740 verpönt, da die Regence-Mode – dem Soldatenkönig in Schnitt und Farben verhaßt – Silber bevorzugte. Er schrieb Silber den verachteten Nichtkombattanten vor, also dem Regimentsquartiermeister, dem Auditeur und dem Regimentsfeldscher. Als Kronprinz Friedrich – später der große König – 1732 sein Regiment ausnahmsweise in Weißmetall montieren durfte, sah man darin eine politische Hinwendung zu Frankreich, völlig mit Recht, wie sich 1740 erweisen sollte.
Bunte Borten am Rock sind im 17. und 18. Jahrhundert Abzeichen und zugleich Anspruch des Dienenden, also auch des Soldaten, der ja seine Uniform aus Soldabzügen selbst bezahlt. Für den Gemeinen sind die Borten grundsätzlich aus Wolle, bunt gemustert, und zwar oft in den Wappenfarben des Regimentschefs. Besonders reich ist der Besatz der Spielleute, die ursprünglich als Bediente zunächst des Kompanie-, später des Regimentschefs gelten; das *Schwalbennest* ist noch heute Überrest alter Pracht. Den Unteroffizier zeichnen Metalltressen aus; beim Offizier schmücken ebensooft Stickereien den Rock. Sie breiten sich zunächst auf dessen Vorderteilen aus und konzentrieren sich später auf die Kanten und Knopflöcher; denn auch der Besatz dient – wie die Abzeichen – nebenbei der Verstärkung gefährdeter Stellen am Kleidungsstück. Als die Kantenbesätze beim Militär zurücktreten, bleiben die Schleifen – ursprünglich Seitensprung der Kante um ein Knopfloch – isoliert zurück.
Die Besatzfreudigkeit nimmt nicht nur mit der Zeit ab, sondern zeigt von Anfang an ein Nord-Süd-Gefälle. Engländer und Hannoveraner und – ihnen im Geschmack wie in der Politik folgend – auch die Hessen tragen Kantenbesatz und Schleifen noch bis zum Siebenjährigen Krieg; Preußen behält die Schleifen bis 1806 bei, während der »weiße Süden«, aber auch Rußland und Schweden, diesen Schmuck nur ganz spärlich aufweisen.
Kriege haben diese Pracht schnell verschlissen, wie wir es um 1760 bei Hannover feststellen können. Nur in Preußen war sie Teil der Planökonomie – z. B. hatte das Militärwaisenhaus Potsdam ein Privileg auf Fertigung von Metallfäden –, und so sehen wir seine alten Regimenter noch 1763 im gleichen Dekor wie 1756; die »neuen« trugen allerdings schon seit Errichtung 1740 nur schlichte Monturen.
Im gleichen Sinn eines Wirtschaftsimpulses montierte Preußen seine Armee schon seit 1725 alljährlich neu – einzig in Europa –, und wenn man auch zahlreiche Garnituren *auf Kammer* legte, so bewirkte das Eigentumsrecht des Soldaten am abgelegten Rock dennoch, daß diese relativ noch guten Stücke alsbald die Volkstracht des ganzen Landes bestimmten.
Der Mittler zwischen Heer und Wirtschaft war die *Generalkleiderkasse* in Berlin, welche die Produktion der Stücke im ganzen Land planmäßig verteilte aufgrund spezieller Bekleidungsvorschriften für jedes Regiment und

eines zentralen *Tressenmusterbuches,* das noch erhalten ist. Bezahlt wurde der Produzent aus den jährlich angewiesenen Kleidergeldern der Regimenter; die Einsparung lag im genau überwachten Kreislauf der Mittel. Wen wundert es noch, wenn die Armee trotz höchst kritischer Gesamtlage 1757 auf dem Marsch von Thüringen (Roßbach) nach Schlesien (Leuthen) doch in Torgau einen kostbaren Tag lang anhalten mußte? Man hatte die neuen Uniformen auf der Elbe herangeführt, und bezahlt wurde in Preußen nur, was auch geliefert worden war.

Andere Staaten montierten zwei- oder dreijährig, und noch längere Fristen schlichen sich immer wieder ein. Sie schwankten jahrzehntelang zwischen Lieferung der Landstände (zumal in Österreich) und Kontrakten von Fall zu Fall zwischen Regimentschefs und privaten Unternehmern – ein mühsames, verlustreiches und ungenügendes System, soweit nicht besonders leistungsfähige Volkswirtschaften relativ kleine Armeen leicht mitversorgen konnten, wie bei den Seemächten, Hannover oder Dänemark.

Nachdem wir den Infanterierock als Prototyp der Militärkleidung besonders eingehend gewürdigt haben, können wir uns nun etwas kürzer fassen.

Da die Uniformkragen damals noch flach aufliegen und nicht stehen, ist auch die Farbe der Halsbinde im Abzeichensinn geregelt; man trägt sie weiß, rot oder schwarz, wobei Rot nur der Mannschaft vorbehalten ist und die schwarzen sich im Lauf des Jahrhunderts allgemein durchsetzen. In Preußen gebührt Rot (für Offiziere Weiß) den »alten« Regimentern, während die »neuen« ab 1740 Schwarz tragen, ebenso allerdings auch die Königsgarde und die gesamte Kavallerie. In Österreich gibt es rote und schwarze Halsbinden nebeneinander, und für Paraden in größerem Rahmen verabreden die Regimenter diese oder jene Einheitlichkeit.

Die Unterkleider bestehen aus Weste und Hose, von denen die Weste die allgemeine Schnittentwicklung – kürzer und enger – mitmacht. Sie hat noch Taschen, meist auch Ärmel, die aber im Sommer oft abgetrennt werden. Um den kostbaren Rock zu schonen, wird kleiner Dienst im Sommer in der Weste erledigt; die russische Infanterie ist aus ihren Steppenfeldzügen gewöhnt, auch in der Weste zu marschieren und zu kämpfen, während die Röcke bei der Bagage bleiben. Statt dessen führt sie als einzige einen leichten Mantel mit sich, den sie bei gutem Wetter gerollt *en bandouliere* oder von hinten um den Hals gelegt trägt, dann die Enden beiderseits vor den Hüften unter den Leibriemen gezogen.

Die Hose reicht bis unters Knie; nur Truppen ungarischer Nationalität oder Abstammung tragen sie knöchellang, entstanden aus der Strumpfhose. Bei beiden Typen wird ein Vorderlatz beiderseits vor der Hüfte angeknöpft, wie wir es noch heute von der Trachtenhose der Alpen kennen.

In alter Zeit war die Unterkleidung meist aus Leder, das dauerhaft war und einen schwachen Hieb oder Schuß dämpfen konnte, andererseits aber starr, schwer zu verarbeiten und nicht warm genug. Bei der Infanterie ist im 18. Jahrhundert bald das Leder dem Tuch gewichen. Dieses zeigt vielfach die Abzeichenfarbe – besonders gern rot –, doch dringen Weiß und Gelbtöne im Lauf des Jahrhunderts immer stärker vor: In Österreich sind die Unterkleider 1756 etwa noch bei der halben Armee farbig entsprechend den Abzeichen; 1762 dagegen sehen wir sie fast durchweg weiß. Vom Leder her wird übrigens für diese hellen Unterkleider stets die Sitte des »Kollerns«, also des Anstreichens mit Kreidefarben, beibehalten. Für die heiße Jahreszeit werden in fast allen Armeen zusätzlich noch Leinenhosen ausgegeben.

Beinbekleidung sind im übrigen die Wollstrümpfe, nur im Hochsommer auf Märschen auch gefettete leinene Socken (Talglappen). Die Farbe der Strümpfe zählt um 1700 noch zu den Regiments- bzw. Chargenabzeichen: im ersteren Sinn nennt sie von Regiment zu Regiment das Tagebuch eines Münsteraner Offiziers, der die Franzosen im Lager bei Compiègne 1698 den Krieg ums Spanische Erbe proben sieht. Ab 1714 führt Preußen weißleinene Stiefeletten ein – seitlich geknöpfte Gamaschen bis übers Knie –, und sie werden bald in ganz Europa Mode. Enger Sitz ist dem Auge wohlgefällig, aber dem Soldaten lästig, und »Gamaschendienst« benennt seither den sturen und geistlosen Ablauf militärischer Pflichten. Preußen erfindet im Krieg 1744 auch die schwarze Abart der Gamasche, die seither für Winter und Ernstfall obligat ist. Nur die Garde in Potsdam behält weiße, und als auch sie vorm Ausmarsch 1756 Gamaschen schwarz einfärbt, muß das so streng geheim bleiben, wie wenn heute etwa nukleare Sprengköpfe in Stellung gehen – selige Zeiten! Die Schuhe entsprechen dem heutigen Halbschuh, geschnürt oder geschnallt; nur zur Knöchelhose der Ungarn wird ein Halbstiefel getragen. Selbst hier Skurrilitäten: In Preußen müssen die Schuhspitzen querüber abgestumpft sein, denn runde Schuhe tragen nur Schelme und Profosse, also die Strafmeister der Regimenter, aber ebenso auch die Holländer, die der Soldatenkönig doch sonst so liebt. Dafür zeigt in Frankreich der Offizier seinen Adel durch rote Absätze an, und Leute von Welt machen es gern nach.

Alte Bilder lassen sich heute noch aus der Form des Dreispitzes datieren, weil er sich von Jahrzehnt zu Jahrzehnt modisch wandelt. Zunächst wird die Hutkrempe einfach nur aufgeklappt, wobei der Hutkopf meist rund ist; nur in den Niederlanden hat er offenbar länger eine Stumpenform beibehalten. Um 1730/40 wird der Hutkopf flach, die Vorderspitze stark vorgezogen; anschließend vergrößert er sich z. B. in Österreich bis zum hochkrempigen *Khevenhüller,* in Preußen nur zu einer mäßigen Mittelform, bei der Kavallerie noch größer als bei der Infanterie. In der zweiten Hälfte des Jahrhunderts flacht die Vorderspitze immer weiter ab, die Höhe der Krempen wächst, und um 1800 ist der hohe Zweispitz, das »Mühlenrad«, erreicht, neben dem seit langem schon andere Formen der Kopfbedeckung vorherrschen, die in der ersten Hälfte des Jahrhunderts nur den Fremdlingen vom Balkan oder aber Spezialformationen vorbehalten waren.

Schmuck der Hüte ist eine meist weiße, glatte Randborte – in Österreich auch gezackt –, ebenso die Quästchen der Kordonschnur, die den Hutkopf in Form zu halten hat. Ein weiterer Puschel kann über der linken Vorderkrempe hervorschauen; alle drei haben ursprünglich Kompanie-, später Regimentsfarbe von wiederum oft heraldischem Bezug. Statt des Puschels kommen auch Bandkokarden in Nationalfarbe vor, mit Schlinge und Knopf außen an der linken Vorderkrempe befestigt; Franzosen und Sachsen hatten weiße, Preußen schwarze und Spanier rote. In Österreich trug die Infanterie gegen Frankreich (Weiß gegen Weiß!) zur Unterscheidung grünes Laub am Hut, im Winter Tanne oder notfalls grüne gefaltete Kartonblättchen. Da der Karton nur einseitig grün war, beobachten wir noch bis 1763 bei Österreichs Offizieren grün-weiße Hutkokarden, obwohl der Laubbusch zu dieser Zeit nur noch für die beiderseits bunten Husaren beibehalten worden war, denn die preußische Infanterie trug ja blaue Röcke.

Ebenfalls zur Unterscheidung dienten die ersten aufrecht stehenden Federbüsche, die später in allen Heeren, zumal für Kavallerie, so beliebt waren. 1762 legte die preußische in Schlesien erstmals solche Büsche an, damit die nun plötzlich frisch verbündeten Kosaken nicht die neuen, sondern die alten Freunde aufspießten.

Außer dem Hut gab es als spezielle Kopfbedeckung noch die Lagermütze, die sich aus der bürgerlichen Zipfelmütze entwickelt hatte. Sie kam zu Ehren, als man sie zur Grenadiermütze hochstilisierte: Die im 17. Jahrhundert erfundene Handgranate war ein Hohlkörper von splitterndem Material – meist Metall, seltener Glas oder hartgebrannter Ton –, der mit Pulver gefüllt und mit einer ins Pulver führenden Zündröhre zur Explosion zu bringen war. Um die Granate vor dem Wurf zu zünden, braucht der Mann beide Hände, muß sein Gewehr also am Riemen über die Schulter werfen, dabei hätte ihn der Dreispitz gehindert. Also trägt der Grenadier seine Lagermütze, eine Dienstbekleidung, die mit der Schlafmütze nur die Grundform gemeinsam hatte. Das Werfen der Handgranate war und blieb eine kitzelige Sache, weil die Zünder nicht sicher *tempiert,* also auf Zeit abgestimmt werden konnten, und so ergänzen sich die Grenadiereinheiten stets aus altgedienten und erprobten Soldaten; die Lagermütze wird damit im Gefecht das Abzeichen der Tapferen und Bewährten und alsbald entsprechend ausgestattet: Je nachdem, ob man ihren *Bräm,* also den umgeschlagenen Tuchrand, mit Pelz besetzt oder mit einem Messingemblem schmückt, entwickelt sich über vorwiegend textile Übergangsformen die Pelzmütze oder die konische Metallmütze, heeresbedingt, so daß in der Nacht-und-Nebel-Schlacht von Hochkirch 1758 österreichische und preußische Grenadiere nach den Mützen tasten, um Freund von Feind zu scheiden. Die Verteilung der Modelle ist eigenartig, denn sie folgt etwa ein halbes Jahrhundert dem religiösen Bekenntnis: katholische Mächte tragen – ihrer südlichen Lage ungeachtet – Pelz, die protestantischen Textil mit Metall. Wieder wird ein Kleidungsstück zum politischen Bekenntnis; als gegen den geächteten König Friedrich von Preußen 1757 die Reichsarmee aufgeboten wird, erscheinen die fränkischen Protestanten, zumal aus den Hohenzollern-Fürstentümern Ansbach und Bayreuth, in ihren »preußischen« Eigenmützen und nicht in den vorgeschriebenen Bärenmützen des fränkischen Kreises, schießen bei Roßbach einmal in die Luft und sind verschwunden. Ebenso sechs Wochen später die erzprotestantischen Württemberger, als sie bei Leuthen den ersten preußischen Angriff auffangen sollen: 19 Tote, 900 Vermißte; und es hat gar nichts genützt, daß sie über ihren »preußischen« Blechmützen weiße Überzüge tragen mußten, der Spötter Friedrich war und blieb der Schirmherr aller deutschen Protestanten. Erst viel später hat die Pelzmütze in der Militärmode doch gesiegt, und heute noch sieht man sie vor den Schlössern in London und Kopenhagen, wobei ein kleiner roter Tuchfleck den letzten Rest der alten Zipfelmütze andeutet.

Eigenartige Abart ist die Füsiliermütze, die in Preußen etwa 1725 erfunden und lange Zeit in anderen Heeren nachgeahmt wird. Sie hat ein Blechschild wie die der Grenadiere, aber keinen Puschel an der Spitze, sondern einen freistehenden, beschlagenen Kopfteil. Als in Preußen die großen Leute für weitere Regimenter nicht mehr reichten, mußten kleinere

Die sogenannten Grenzregimenter der österreichischen Armee wurden in den dem Türkischen Reich benachbarten Gebieten aus Kolonisten gebildet, denen gegen Religions- und Steuerfreiheit die Verpflichtung auferlegt war, die Grenze militärisch zu sichern. Die »Militärgrenze« war in Generalate eingeteilt, von denen jedes eine bestimmte Anzahl von Truppen zu stellen hatte. Dieses zeitgenössische Bild zeigt einen Infanteristen des Oguliner Regiments des Carlstädter Militärgrenzbezirks in der kurz vor Ausbruch des Siebenjährigen Krieges eingeführten Uniform.

genügen; ihre Gewehre waren notgedrungen kürzer, damit ihre Kampfkraft geringer. Diese fatalen Mängel sollten grenadierähnliche Mützen äußerlich ebenso ausgleichen bzw. verdecken wie ihr Name; denn Füsiliere waren um 1700 und z. B. in England weiterhin Elitetruppen, die als erste um 1690 das neue Füsil, also das Steinschloßgewehr, statt der Luntenmuskete erhalten hatten.

Gehört die Frisur zur Bekleidung? Im 18. Jahrhundert gewiß! Gegen die ab 1700 schon gemäßigte Allongeperücke wird in Preußen 1718 der kleine *Muffer* mit Zopf durchgesetzt; der König wirft gelegentlich höchst eigenhändig Generalsperücken ins Kaminfeuer. Zu feierlichem Dienst werden die Haare gepudert, und ab 1730 etwa beherrschen kunstvoll gedrehte Seitenlocken – mit Hammeltalg gesteift – das Bild. Man kann sie regimentsweise nach Zahl und Lage zu herrlichen Kunstwerken anordnen, und Europa ahmt all das nach, soweit nicht der französi-

Als ursprünglich zu Fuß fechtende Truppen, die sich ihrer Pferde nur zum Marsch bedienten, wurden den Dragonerregimentern vielfach noch bis zum Ende des 18. Jahrhunderts die Erkennungszeichen des Reiters und der Reiterei – etwa Sporen und Trompeten – vorenthalten. Der zeitgenössische Stich stellt einen französischen Grenadiertrommler um etwa 1740 dar, dessen Uniformierung erkennbar noch sehr starke Anklänge an das Erscheinungsbild des damaligen Infanteristen zeigt.

sche Haarbeutel sich gegen den »preußischen Schwanz« behauptet. Bärte sind grundsätzlich nur für die Mannschaften statthaft, regimentsweise gleichmäßig in Form und Farbe: gelbes Bartwachs ist das besondere Privileg eines preußischen Regiments; für Grenadiere und Unteroffiziere muß der Bart natürlich besonders martialisch sein. Bei den Offizieren steht er nur den Husaren zu – und dann bitte recht wüst! Nur ganz selten kündet in einer Offiziersgalerie eine kleine schwarze Oberlippenfliege den Nonkonformisten auch anderer Waffen; der »alte Dessauer« als Vater preußischer Drillkunst macht eine Ausnahme und heißt infolgedessen »alter Schnurrbart« oder wird als Kater symbolisiert. Der Spieltrieb des Jahrhunderts bricht durch, wenn zum Einmarsch in eine große Stadt ganze Regimenter sich erst einmal hübsch frisieren oder wenn vor der Königsparade die ganze Nacht hindurch an besonders schönen Frisuren gearbeitet wird. Aber ach – ab 1756 bläst der Sturm des Krieges den ganzen Zauber davon, und nie kehrt er in vollem Glanze wieder.

Wer auf hohem Roß sitzt, schaut auf den Fußgänger herab, und der Einsatz des Reiters erfordert mehr als nur gedrillte Fertigkeit an einer einzigen Waffe. So herrscht ein anderer Geist bei der Kavallerie als bei der Infanterie: Der schwere *Reuter* ist zwar nicht der letzte Ritter, denn die *Lanzierer* sterben bald nach 1600 aus, aber er bildet es sich ein, weil er einen Küraß hat, und bei den Österreichern setzt er gegen die Pfeile der Türken sogar noch bis 1790 einen veritablen Helm auf.

Der Dragoner sieht all das mit Neid. Er stammt aus der Infanterie, und man hat ihn einst lediglich auf einen billigen Klepper gesetzt, um ihn als Infanteristen notfalls rascher zur Hand zu haben. Aus dieser Zeit ist ihm noch der Infanterierock geblieben und der relativ lange Karabiner mit Bajonett, aber von Rüstung keine Spur! Erst Ende des Jahrhunderts gelingt es ihm, seinen Tambour, der auch zu Pferde trommelt, gegen einen Trompeter einzutauschen, und endlich legen auch die Dragonereliten die Grenadiermütze ab.

An der Beliebtheit der Kavallerie haben auch die Dragoner Anteil: Bei allen berittenen Truppen aller Heere dienen zahlreiche Freiwillige, im reichen Hannover sogar Bauernsöhne mit eigenen Pferden. So ist der Stil des Dienstes dort ein ganz anderer.

Auch der *Reuter,* also der Kürassier, hat einen Rock, doch ist sein Hauptkleidungsstück der lederne Koller, aus dem sich dann das *Kollett* aus Tuch entwickelt. Wieder lassen sich an den klar organisierten preußischen Verhältnissen generelle Zusammenhänge am besten ablesen: Das dicke Leder, das auch vom Küraß nicht so leicht durchgescheuert wird, liefert der ostpreußische Elch. Er ist nach der Pest von 1708/10 weit in die entvölkerten Gebiete Ostpreußens vorgedrungen, bis ihn ab etwa 1720 die planmäßige Rekultivierung durch den Soldatenkönig – Glaubensflüchtlinge aller Art suchen in Ostpreußen ein neues Leben – wieder zurücktreibt. Nun wird sein Leder knapp, und Kirsey als besonders dichter und fester Wollstoff soll wenigstens für den kleinen Dienst den Lederkoller ersetzen. Es erweist sich aber als schmiegsam, wärmend und viel hübscher, weil man nun bunte Abzeichen applizieren kann; so verzichtet man völlig auf das Leder, behält aber den alten Schnitt auch für das Kollett bei: noch 150 Jahre lang schließt es der Kürassier vorn mit Haken und Ösen statt mit Knöpfen und streicht es, wenn es schmutzig ist, zunächst in Lederfarbe an, die nur allmählich in Weiß übergeht.

Auch das darunter getragene *Chemisett* wird zugehakt und nicht geknöpft, und für beide Stücke bleibt die Kollerborte vorn herunter und unten um die Schöße typisch, die schon am Lederkoller die Haken und Ösen trug.

Lederne Hosen werden keinem Berittenen bestritten, es sei denn von der Intendantur, die allerorts und immer wieder billigere Tuchhosen ausprobiert, aber vergeblich. Auch Stiefel haben *Reuter* wie Dragoner; nur die Dragoner Frankreichs behalten noch lange Zeit seitlich geschnallte Ledergamaschen. Will man dicht geschlossen attackieren, sind am Stiefel steife, also dicklederne Stulpen erforderlich, um im Gedränge das Knie zu schützen: Als bei Roßbach 1757 im Lauf der Schlacht einem Kürassier durch eine Kanonenkugel der Kopf abgerissen wird, soll er doch abends noch mit ins

Lager eingerückt sein! Offenbar eine pädagogische Legende für guten Reihenschluß in der Schwadron – aber immerhin werden Name, Kompanie und Regiment vom zeitgenössischen Gewährsmann genannt.
Die relativ größeren Hüte vermerkten wir bereits; zumal beim Schweren Reiter waren sie ursprünglich mit Metalltressen besetzt, wie auch deren Trompeter in den Borten Edelmetalle hatten. Diese trinkfesten Herren – sie spielten seit je auch in Wirtshäusern auf – bildeten die strenge und angesehene Zunft der *Caroliner,* galten im Dienstbereich etwa als Unteroffiziere und haben sich trotzdem gelegentlich korporativ mit dem Soldatenkönig angelegt; sie verklagten ihn schlicht beim Kaiser in Wien, und es war nichts dagegen zu machen.
Noch zwei Besonderheiten zeichneten die Kavallerie aus: Einmal behielt sie auch im 18. Jahrhundert im Gegensatz zur Infanterie den Mantel bei, entweder als Radmantel (Umhang) oder als richtigen Überrock, der noch den weiten Rockschnitt der Zeit um 1700 zeigte. Als in Preußen und den nachahmenden Staaten das Tuchkollett eingeführt wurde, konnte dafür der alte Leibrock entfallen; nur die Offiziere behielten ihn als metallbesetzten Galarock vor allem für gesellschaftliche Zwecke bei. All diese Röcke der Kavallerie sind in den deutschen Staaten meist weiß mit farbigen Abzeichen, in England rot, in Frankreich rot, weiß oder blau. Diese Farben haben auch Österreichs Dragoner, dazu noch Grün bei einigen Regimentern; die preußischen dagegen wandelten von 1741 ab das Weiß ins seither traditionell gebliebene Hellblau.
Zum anderen blieben die Röcke der Kavallerie auffallend schmucklos. Hier machte eben das Pferd den Mann, und dessen Ausstattung steht im Vordergrund. So leuchten Schabrakken und Schabrunken (Decken der Pistolenholfter) in den Abzeichenfarben, und zumal die alten Regimenter zu Pferd haben reichen Besatz an Borten, aber in den Ecken auch Ornamente, Wappen, Sinnsprüche oder die Namens-Chiffre der Fürsten in bunter Wolle eingestickt; beim Offizier herrschen reiche Stickereien, Tressen und Fransen aus Edelmetall vor, so daß die Paradeschabracke ihn ein kleines Vermögen kosten kann.
Das geographische Blickfeld Europas ist zunächst noch auf die mittleren und westlichen Partien begrenzt im Sinn des alten Römischen Reiches und seiner Rechtsnachfolger. So wirken – neben den Schotten – vor allem jene Völkerschaften des Südostens sensationell, die ab 1741 mit Österreichs Heeren in nun schon geordneten Verbänden am Österreichischen Erbfolgekrieg teilnehmen. Augsburg, durch seine Kupferstecher das Bildarchiv der Nation, widmet ihnen zahlreiche bewegt romantische Blätter, und der Pandur Trenck ist heute noch eine bekannte Persönlichkeit. Sehen wir von der keltischen Volkstracht der Schotten ab – die *Black Watch* bringen sie erstmals seit Gustav Adolfs Tagen wieder nach Deutschland –, so ist diese Sensation zumindest in der Kleidung asiatischen Ursprungs.
Österreichs Husaren sind seit 1700 wohl bekannt, auch in kleinen Korps anderer Heere nachgeahmt worden, aber jetzt treten sie erstmals in zahlreichen bunt uniformierten Regimentern auf; neben Hell- und Dunkelblau sieht man bereits Grün sehr häufig, aber 1740 bis 1760 auch vielfach Rot oder gar Gelb als Grundfarben. Mit weißen, roten oder gelben Schnüren ergeben sich eindrucksvolle Uniformen, die in Österreich allerdings fast so häufig wechseln wie die Chefs dieser Regimenter. Preußen entwickelt seine Husarenwaffe aus geringen Vorläufern ab 1741 schlagartig auf acht Regimenter, deren Uniformfarben ein für allemal festgelegt sind; die Details dürfen jedoch bei dieser Gattung vom Chef variiert werden, und auch darin drückt sich der Geist der jungen Waffe aus. Der Husar ist in Mitteleuropa Leichter Reiter, nur in Polen gepanzert und auf kleinen ebenso raschen wie dauerhaften Pferden ukrainischen Schlages beritten. Aufgaben der Sicherung, der Aufklärung und des kleinen Krieges setzen zuverlässige, gewandte und denkende Soldaten voraus, und als Preußen sie zusätzlich – ökonomisch denkend wie immer – auch als Schlachtenkavallerie zum geschlossenen Angriff ausbildet, leisten sie das nebenbei auch noch.
Husar und Ungar sind zunächst identisch,

Ein Hochländer des berühmten 42. Regiments zu Fuß (Royal Highland Regiment), The Black Watch, in der der schottischen Nationaltracht angepaßten Uniform, zu der noch heute Kilt, karierte Strümpfe und Sporran gehören.

auch in Preußen wieder einmal im Sinne protestantischer Überläufer. Wenn später der Ersatz vorwiegend einheimisch wird, weil fast alle Mächte sich wenigstens einige Husaren halten, so läuft aus dem geprägten Geist der Gattung die Auslese im alten Sinn weiter. Noch bis 1918 standen in Deutschland Husaren und Jäger in besonders engem Gruß- und Kameradschaftsverhältnis; auch in der Liebe ist der Husar flott: »Er trägt sein Herz auf dem Ellbogen«, nämlich als kleinen Lederflecken in Herzform, und den »treuen Husar« besingt als Ausnahme ein immergrünes Karnevalslied.

Ungarisch bleibt auch ihre Tracht. Außer einem Radmantel für schlechtes Wetter ist der »Pelz« (Mente, auch Mantel genannt) zunächst Wintertracht: Eine Tierhaut wird später mit Stoff gefüttert und dann umgedreht; die Schwadron-Chefs der preußischen Leibhusaren tragen bis 1806 zur Parade noch rot gefütterte Pantherfelle, sozusagen im zweiten Stadium mit dem Fell nach außen. Ab 1756 wird auch in Preußen der Pelz stets mitgeführt und hängt im Gefecht als Hiebschutz über der linken Schulter. Er, wie die ungarisch geschnittene Weste (Dolman), werden mit Knöpfen und Schnurschlingen geschlossen; beide Elemente breiten sich nach 1700 in Reihen über die Brust aus, und die Schnüre decken außerdem noch alle Nähte beider Stücke. Der Dolman hat außerdem einen kleinen Stehkragen und spitze ungarische Aufschläge, die im Lauf der Jahre oft abweichende Farben erhalten. Auch die Hose ist gegenüber den europäischen Verhältnissen fremdartig: Sie kann aus Tuch gefertigt werden, wenn man auf den Sattel entweder eine durchgehende Schabracke legt oder ein Tierfell; der Hosenlatz gibt Anlaß zu besonderen Schnurbesätzen (Schoitasch). Die Stiefel reichen nur bis unters Knie, da die Truppe nur selten geschlossen reitet; für Offiziere sind sie häufig von gelbem, für Unteroffiziere von rotem Leder. Als Kopfbedeckung dient ursprünglich im Sommer eine Filz-, im Winter die Pelzmütze; die erstere trägt meist vorn eine Kokarde, und der Husar kann den »Flügel wehen« lassen. Die Pelzmütze ist anfangs niedrig, wird später höher; aus der oberen Öffnung hängt ein farbiger Beutel von Tuch (Kolpak). Die ungarische Schabracke deckt vorn auch die Pistolenholfter und endet hinten mit langen Spitzen. Schließlich sei die Säbeltasche nicht vergessen, die aus dem Pfeilköcher entstanden ist; ihr flacher Deckel wird mit Tuch bezogen und gibt Raum für mannigfachen Schmuck: andersfarbiger Zackenrand, Namenszüge oder Inhaberwappen, in Preußen natürlich nur der königliche Namenszug. Diese Tasche trägt auch die ungarische Infanterie bis in den Siebenjährigen Krieg hinein, aber auch die preußischen Kürassiere zum Pallaschmodell von 1734, weil sie zur gleichen Zeit ihre Leibröcke verlieren: Husarentracht und Kürassierkollett bieten zu wenig Taschenraum, und was wäre der Reiter ohne Tabak und Pfeife?

Habsburgs ungarische Infanterie trägt sich auch sonst heimisch, bedeckt sich allerdings mit dem Dreispitz; der Rock hat zwar schon die »deutsche« Grundform, aber als Weste wird ein Dolman getragen, und auch die Beinbekleidung ist ungarisch. Noch nationaler sind die treuen Grenzer Österreichs gekleidet, also die kroatisch-serbischen Wehrbauern längs der Türkengrenze, die neben Hessen und Schotten wohl die besten Soldaten des damaligen Europas waren. Sie setzen allerdings den Klobuk auf, eine hohe zylindrische Filzmütze, die vermutlich Pate gestanden hat für das Kaskett der österreichischen Infanterie von 1769 und damit für den später weltweit getragenen Tschako. Diese Grenzer waren »so arm, daß sie nicht mal Schuhe hatten«! Die Behauptung stimmt, aber die Folgerung nicht: Ihre Opanken, um den Fuß gewickelte und geschnürte Lederstücke, waren ihnen bequemer, und die »deutschen« Schuhe waren höchstens als Statussymbol begehrt. Denn sie trugen im Herzen – außer ihrer verehrten Kaiserin – die Sehnsucht, möglichst »reguliert« zu erscheinen, und Wien hat das Seine versucht. Aber die bunten Uniformtuche waren allzu teuer, und so kommen sie doch immer wieder im selbstgewebten *Haus-Röckel;* es ist weißgrau oder braun, je nach der regionalen Schafrasse, und Braun ist ihnen später dauernd als Grundfarbe der Uniform verblieben.

Die wirksame, aber schwere Kunst des Lanzenfechtens blieb den Kriegern der südöstlichen Steppen vertraut: Polen und Kosaken. Unter gelegentlich romantischen Umständen bildeten sich um 1745 kleine Ulanencorps in Frankreich (Volontaires de Saxe) und Preußen (Bosniaken). Die letzteren behielten neben dem Kaftan zunächst sogar den Turban bei. 1756 reißt sie der Krieg vom Aussterbeetat in den Kampf gegen die Kosaken, die in Ostpreußen einbrechen. Hier zeigen sie, was sie können, und vermehren sich bald aus mohammedanischen Überläufern, als die Hohe Pforte 1760 den Heiligen Krieg zugunsten Preußens erwägt. Nach den polnischen Teilungen tritt an deren Stelle der islamische Kleinadel der neuen, ehemals polnischen Landesteile rings um Ostpreußen, und in ihren preußischen Garnisonen ruft der Muezzin die Gläubigen zum Gebet. Noch 1807 dankten sie bei Eylau mit der Lanze den preußischen Königen für stete Toleranz; kurz darauf wurden sie Stammtruppe der neupreußischen Ulanenregimenter.

Das Jahrhundert der Kabinettskriege ging zu Ende. Bald sollte es um Sein oder Nichtsein nicht nur der Staaten, sondern auch der Nationen gehen; und mit dem Inhalt kriegerischen Geschehens wechselten auch die Formen und Bilder des Krieges und der Krieger.

Der amerikanische Unabhängigkeitskrieg 1775-1783

JOHN MOLLO

Zwölf Jahre, nachdem der Siebenjährige Krieg sein Ende gefunden hatte (1763), führten die Streitigkeiten zwischen Großbritannien und seinen nordamerikanischen Kolonien zum Ausbruch offener kriegerischer Auseinandersetzungen, in deren Verlauf neben britischen und amerikanischen Truppen auch Einheiten Frankreichs und verschiedener deutscher Kleinstaaten in die mit wechselndem Erfolg geführten Kämpfe eingriffen.

Während aber die Engländer und die sie unterstützenden Milizen der Siedler, die in den Kriegen gegen Frankreich während der Jahre 1754 bis 1763 gesammelten Erfahrungen schnell wieder vergessen hatten und im Lauf des amerikanischen Unabhängigkeitskrieges – teilweise unter schweren Opfern – neu machen mußten, brachten die französischen Offiziere und Soldaten ihre auf dem amerikanischen Kriegsschauplatz in den Unabhängigkeitskämpfen gewonnenen Erkenntnisse zurück nach Europa, wo sie die Entwicklung der Kriegsführung nach Ausbruch der Französischen Revolution grundlegend beeinflußten.

Da eine der am heftigsten umstrittenen Fragen zwischen der britischen Regierung und den amerikanischen Siedlern die Aufbringung der zur Verteidigung der Kolonien notwendigen Mittel betraf, empfiehlt es sich, zunächst einen Blick auf die in den nordamerikanischen Besitzungen zur Verfügung stehenden Streitkräfte zu werfen. Eine bewaffnete Macht hatte sich in den Kolonien seit Ende des 17. Jahrhunderts auf drei Ebenen entwickelt. Auf der ersten Ebene finden wir die von den Grafschaften *(Countys)* gebildeten Milizen, die mit Ausnahme der Quäker in Pennsylvanien, der Geistlichen, Universitätsstudenten und Beamten alle erwachsenen weißen Männer erfaßten und in unregelmäßigen Abständen zur Ausbildung einberiefen. Als dann die Spannungen zwischen den Siedlern und dem Mutterland stärker zu werden begannen, wurden aus den Angehörigen der Milizen Alarmkompanien von sogenannten *minutemen* aufgestellt, die sich zum sofortigen Kriegsdienst auf Abruf verpflichtet hatten und unverzüglich bewaffnet und ausgerüstet in den Kampf geschickt werden konnten. Diese *minutemen* waren es dann auch, die in den einleitenden Gefechten

des Krieges bei Lexington und Concord den britischen Truppen gegenüberstanden.
Als man dann aber zu größeren Unternehmungen überging, wie sie in der Vergangenheit gegen Franzosen und Indianer durchgeführt worden waren, genügten die Alarmkompanien den Anforderungen nicht mehr, und man begann mit der Aufstellung von Staatsregimentern, die allerdings in der Stärke erheblich voneinander abwichen. Üblicherweise verpflichtete sich der Soldat zum Dienst in diesen Regimentern für ein Jahr, es gelang jedoch sehr häufig, die erfahreneren Männer über diesen Zeitraum hinaus bei der Fahne zu halten. Die in Cambridge aufgestellte Neuenglandarmee, die erste *kontinentale* Armee, wurde aus diesen Regimentern und einer dritten Gruppe von Einheiten, den in dichter bevölkerten Gebieten aus wohlhabenderen Angehörigen der Miliz zusammengestellten Freiwilligenkompanien gebildet. Diese sogenannten Freiwilligenkompanien waren infolge häufig veranstalteter Übungen besser ausgebildet, trugen Uniformen und wahrten Geschlossenheit und Disziplin in einem Maße, wie er den Milizen völlig fremd war. Wiewohl Bestandteil der Milizen, waren sie eigentlich private militärische Vereinigungen mit dem Recht, Waffen zu tragen. Die Artillerie der Neuenglandarmee bestand zum großen Teil aus diesen, von Freiwilligen gebildeten Kompanien.
Während sich aber die auf der Grundlage freiwilligen Dienstes mit der Waffe zusammengestellten Einheiten in den Kriegszügen gegen Franzosen und Indianer durchaus bewährt hatten, waren sie der Kampfkraft der regulären britischen Armee nicht gewachsen; bald wurde offenkundig, daß erfolgreicher Widerstand nur mit einem stehenden und entsprechend gut ausgebildeten Heer geleistet werden konnte. Im Juli 1775 übernahm George Washington den Befehl über die Neuenglandarmee, die Boston belagerte, und sorgte schon im Frühjahr des folgenden Jahres für die Aufstellung der ersten stehenden Regimenter. Da die Soldaten für eine Dienstzeit von drei Jahren oder für die gesamte Dauer des Krieges angeworben wurden, gelang es, eine aus Infanterie, Kavallerie und einem kleinen Artilleriecorps bestehende Armee von etwa 15 000 bis 17 000 Mann zu versammeln, die in dieser Stärke fast während des gesamten Krieges unterhalten werden konnte. Lediglich im verheerenden Winter von 1777 auf 1778, den Washington im Lager von Valley Forge verbrachte, schmolz das Heer auf etwa 3000 Mann zusammen. Das Frühjahr des Jahres 1778 sah die zwischenzeitlich durch den in amerikanische Dienste getretenen ehemaligen preußischen Offizier Friedrich Wilhelm von Steuben nach preußischem Muster ausgebildete und hart gedrillte Kontinentalarmee dann wieder in einer Kopfzahl von etwa 15 000 Mann; üblicherweise stieg die Mannschaftsstärke im Frühjahr leicht an, während sie sich im Herbst, wenn der erste Schnee fiel, verringerte. Die Versammlung eines so großen stehenden Heeres ermöglichte es, die gegnerischen Engländer zur Konzentration ihrer Kräfte zu zwingen, während andererseits große Teile des flachen Landes von den Milizen besetzt gehalten werden konnten.
Im Lauf des Jahres 1778 bildeten sich – wohl unter dem Einfluß Steubens, der im Siebenjährigen Krieg ähnliche Einheiten erlebt hatte – sogenannte *Legionen* bei der Armee Washingtons, kleine Verbände gemischter Waffengattungen von zweifelhafter Kampfkraft und entsprechendem Ruf. Im selben Jahr wurde jedem Regiment noch eine Kompanie Leichter Infanterie zugeteilt. Diese Kompanien wurden, wie es seinerzeit üblich war, miteinander verbunden und schließlich in einem 2000 Mann starken Corps unter dem Befehl des französischen Marquis de Lafayette zusammengefaßt.
Ein Blick auf die Bekleidung der amerikanischen Truppen zeigt, daß die Miliz durchweg zivile Stücke verwendete, zu denen die Männer Muskete, Pulverhorn, Kugelbeutel und Tomahawk trugen; nur in einigen wenigen Fällen stand den Offizieren eine Uniform, gewöhnlich ein einfacher roter Rock mit Ringkragen und karminroter Schärpe, zur Verfügung.
Die Staaten, die Truppen zur Neuenglandarmee abstellten, machten den Versuch, eine gewisse Einheitlichkeit innerhalb der Regimenter durch Ausgabe von Hüten und Röcken in

Rechte Seite:
George Washington bei Princeton. Das Gemälde von C. W. Peale stellt Washington als Führer der Neuenglandarmee – die blaue Schärpe über der Brust ist das 1775 eingeführte Rangabzeichen des Oberbefehlshabers – und siegreichen Feldherrn dar, der am 26. Dezember 1776 nach Überquerung des Delaware die Hessen bei Trenton und am 3. Januar 1777 die Engländer unter Lord Cornwallis bei Princeton geschlagen hatte.

den Farben Braun und Blau herbeizuführen; die Beschaffung von Westen, Hosen, Strümpfen, Schuhen und anderen Ausrüstungsgegenständen, die sich nach Form und Farbe unterschieden, war dem einzelnen Soldaten überlassen. Einige Grenzereinheiten – und hier wäre besonders das Schützenregiment von Pennsylvanien zu erwähnen – trugen indianische oder Jagdtracht, die aus fransenbesetzten Kitteln, Leggings und Mokassins bestand. Diese Tracht, die sich schon sehr früh bei den französischen Trappern, den *coureurs du bois*, durchgesetzt hatte, war auch bald von den britischen Grenzern nachgeahmt worden und fand bei englischen Soldaten nach der schweren Niederlage, die General Braddock im Jahr 1755 bei Fort Duquesne erlitten hatte, zahlreiche Anhänger. Aus Virginia berichtete beispielsweise ein Oberst Byrd, er habe seine besten Leute in dieser Weise ausgerüstet. Washington, der diese Bekleidung für billig, leicht und zweckmäßig hielt, ersuchte den Kongreß um Bewilligung der Lieferung von 10 000 solcher Anzüge an die Kontinentalarmee und erreichte tatsächlich, daß der Jagdkittel in die vorschriftsmäßige Ausstattung aufgenommen wurde. Da auch einzelne Staaten den von ihnen aufgestellten Truppen den Jagdanzug – in Ermangelung von Uniformröcken – als Arbeitskleidung zur Verfügung stellten, setzte sich seine Verwendung als Dienstuniform in der amerikanischen Armee immer mehr durch.

Im November des Jahres 1775 bestimmte der Kongreß, daß die Kontinentalarmee künftig braune Röcke mit für die einzelnen Regimenter verschiedenfarbigen Kragen, Rock- und Ärmelaufschlägen tragen sollte. Zu der im Schnitt britischem Muster folgenden Uniform, deren Knopflöcher jedoch nicht wie beim Vorbild andersfarbig, sondern gleichfarbig ausgenäht waren, gehörten Hüte mit schwarzer Kokarde, weiße oder ledergelbe Westen und Hosen sowie Strümpfe, Schuhe und Halbgamaschen. Da jedoch einige der früher aufgestellten Einheiten bereits durchgängig mit andersfarbigen Röcken ausgestattet waren, wurde die nunmehr vorschriftsmäßige braune Farbe nicht allgemein übernommen.

Im Jahr 1775 steckte die sich in Nordamerika entwickelnde Industrie noch in den Kinderschuhen; die darauf zurückzuführenden Schwierigkeiten in der Lieferung von Bekleidung, Decken, Woll- und Baumwollerzeugnissen wurden mit Hilfe französischer Einfuhren und umgearbeiteter englischer Beutestücke mühsam überbrückt. Da gelegentlich von amerikanischen Agenten in Europa gekaufte Bestände blauen und braunen Tuches auf dem Transport von Schiffen der britischen Kriegsmarine weggenommen wurden und daher ihren Bestimmungshafen nie erreichten, da ferner die bereits ausgegebenen Uniformen in den Laufgräben vor New York schnell aufgetragen wurden, mußte Washingtons Bemühungen, die gesamte Kontinentalarmee bis zum Frühjahr des Jahres 1776 einheitlich militärisch zu bekleiden, der Erfolg versagt bleiben. Erst als im September des Jahres 1778 eine Sendung von 20 000 braunen und blauen Uniformen mit roten Aufschlägen aus Frankreich eintraf, war die gleichmäßige Bekleidung der Armee sichergestellt.

Die seinerzeit üblichen und auf ritterliche Überlieferungen zurückgehenden Rangabzeichen der Offiziere, Ringkragen, Schärpe und Degen, erwiesen sich auf dem amerikanischen Kriegsschauplatz eher als hinderlich und waren bei der Kontinentalarmee zur Hervorhebung einer besonderen Stellung des Trägers deshalb nicht erforderlich, weil die Offiziere von ihren Einheiten zum größten Teil frei gewählt wurden. Da eine Kennzeichnung der Befehlsträger indessen notwendig war, erhielten diese im Juli 1775 ein breites, über der Brust zu tragendes Band oder eine Kokarde von unterschiedlicher Farbe. Das Band war für den Oberbefehlshaber blau, für Generalmajore zunächst rosa, später rot und anfangs grün für Brigadegenerale und Adjutanten; das grüne Band der Brigadegenerale wurde dann jedoch später durch ein rosafarbenes ersetzt. Stabsoffiziere unterschieden sich durch rosa Kokarden an den Hüten, während Hauptleute gelbe, seit 1776 weiße und Leutnants solche von grüner Farbe trugen. Für Unteroffiziere waren rote Schulterstücke oder ein roter Streifen auf der rechten Schulter vorgesehen.

Schon im Frühjahr des Jahres 1779 legte Washington einen Bekleidungsplan für die Armee vor, in dem er sich unter anderem dafür aussprach, die Uniformen der Staatsregimenter durch Einführung von verschiedenfarbigen Vorstößen nach französischem Vorbild unterscheidbar zu machen und die Kniehosen durch lange, im Winter wollene, im Sommer leinene Überhosen zu ersetzen. Diesen Vorschlägen des Oberbefehlshabers setzte der Kriegsausschuß des Kongresses jedoch einen eigenen Plan entgegen, der die Ausgabe dunkelblauer Uniformen mit weißem Futter und weißen Knöpfen an alle Soldaten mit Ausnahme der Fuhrleute, die braune oder graue Röcke erhalten sollten, vorsah; Westen und Kniehosen sollten durchgängig von weißer Farbe sein. Der dann nach einigen kleineren Abänderungen auch von Washington gebilligte Entwurf unterteilte die Infanterie in vier Gruppen, von denen jeder eine bestimmte Abzeichenfarbe zugewiesen wurde. Die Regimenter der Staaten New Hampshire (NH), Rhode Island (RI) und Connecticut (C) erhielten weiße Abzeichen und weiße Knöpfe, die jeweils mit den Anfangsbuchstaben der Staaten bezeichnet waren. New York (NY) und New Jersey (NJ) hatten ledergelbe Abzeichen, Westen und Kniehosen sowie gelbe Hutvorstöße und Knöpfe; Pennsylvanien (P), Delaware (D), Maryland (M) und Virginia (V) rote Abzeichen und weiße Knöpfe und schließlich North Carolina (NC), South Carolina (SC) und Georgia (G) blaue Abzeichen mit weiß geränderten Knopflöchern und weißen Knöpfen. Die entsprechenden Beschlüsse des Kriegsausschusses wurden an den amerikanischen Gesandten in Versailles weitergeleitet, der allerdings mit den vorhandenen Mitteln nur 10 000 Uniformen und 15 000 andere Ausrüstungsgegenstände kaufen konnte, die gegen Ende des Jahres 1780 und im Frühjahr des Jahres 1781 in Amerika eintrafen. In einem Befehl vom 2. Oktober 1779 veröffentlichte Washington eine geraffte Fassung der vom Kriegsausschuß erlassenen Richtlinien; inwieweit es dann aber auch zur Durchführung der Beschlüsse und damit zur Einführung der vorgesehenen Uniformen kam, läßt sich heute nicht mehr restlos klären. Die Vorschriften blieben jedoch bis zum Dezember 1782 in Kraft und wurden dann durch andere ersetzt, die die durchgängige Bekleidung aller Einheiten zu Pferd und zu Fuß in blauen Uniformen mit roten Aufschlägen anordneten.

Diese Richtlinien sahen für die Leichten Dragoner der Kontinentalarmee blaue, für Unteroffiziere weiß vorgestoßene Röcke mit blauen Schulterstücken, für die Leichten Kompanien der Infanterie, abweichend von der jeweiligen Kopfbedeckung des Regiments, rote mit schwarzer Feder geschmückte Mützen, für die Artillerie rote Abzeichen, gelbe Knöpfe und Litzen sowie für die Offiziere der Pioniere ledergelbe Abzeichen und rotes Rockfutter vor. Trommler und Pfeifer sollten in gewechselten Farben erscheinen.

Seit Juli des Jahres 1780 waren auch neue Rangabzeichen eingeführt worden. Generale trugen danach zum blauen Rock mit ledergelben Aufschlägen Westen und Hosen sowie goldene Epauletten und Knöpfe, der Oberbefehlshaber auf jedem der Schulterstücke drei silberne Sterne. Generalmajore waren durch zwei Sterne und eine schwarz-weiße Feder, Brigadegenerale durch einen Stern und eine weiße Feder am Hut hervorgehoben. Stabsoffiziere trugen zwei Epauletten, Hauptleute eine auf der rechten und Leutnants eine auf der linken Schulter; diese Regelung galt indessen nicht bei den Regimentern der Leichten Dragoner. Schließlich waren Unteroffiziere durch zwei Schulterstücke aus Seide oder Kammgarn in der Knopffarbe ausgezeichnet. Im Juli des Jahres 1780 erhielt die schwarze Kokarde in Beantwortung einer höflichen Geste der französischen Truppen, die bei ihrer Ankunft in Nordamerika auf der weißen bourbonischen eine schwarze Kokarde befestigt hatten, ein weißes Zentrum.

Die Masse der amerikanischen Infanterie war mit glattläufigen Steinschloßgewehren unterschiedlicher Herstellung und Kaliber, einschließlich französischer, holländischer und sogar preußischer Modelle bewaffnet, wie sie seinerzeit allgemein im Gebrauch waren. Bei den in Valley Forge überwinternden Resten der Kontinentalarmee fanden sich innerhalb der gleichen Kompanien Musketen, Karabiner, Vogelflinten und vereinzelt jene aus mehr oder weniger gutem Grund berühmt gewordenen langläufigen Gewehre, die *rifles,* die zu Beginn des Jahrhunderts von deutschen und schweizerischen Einwanderern mitgebracht wurden und bald sehr verbreitet waren. Ihre Unzuverlässigkeit bei schlechtem Wetter, die Umständlichkeit des Ladevorgangs und die Tatsache, daß sie nicht mit einem Bajonett versehen werden konnten, machte sie für die Verwendung in der Schlachtlinie jedoch wenig tauglich, so daß sie allmählich verschwanden und seit 1781 bei der Armee überhaupt nicht mehr verwendet wurden.

Neben Gewehr und Munition – etwa dreißig Schuß – führte jeder Soldat ein Bajonett bei sich. Im Hinblick auf die Verschiedenartigkeit der verwendeten Schußwaffen mußte das Seitengewehr in vielen Fällen besonders angefertigt und dem jeweiligen Gewehrlauf angepaßt werden. Obwohl die zunächst nur sehr schlecht ausgebildeten Soldaten dem Kampf mit der »blanken Waffe« anfangs keinen rechten Geschmack abgewinnen konnten, wurde sie bei Stony Point und 1779 bei Yorktown mit großem Erfolg verwendet.

Offiziere bis hinunter zum Hauptmann trugen Säbel oder Degen, Leutnants der Leichten Infanterie Musketen oder Steinschloßflinten; dagegen waren Unteroffiziere mit Musketen und Bajonetten, manchmal zusätzlich mit einer kurzen Blankwaffe, ausgerüstet.

Den von den Kolonisten aufgestellten Verbänden stand die britische Armee in Stärke von 48 000 Mann, von denen bei Ausbruch des Krieges allerdings nur etwa 8000 in Nordamerika verfügbar waren, gegenüber. Angesichts der Notwendigkeit, seine ausgedehnten Besitzungen in allen Teilen der Welt militärisch zu schützen, war England zunächst nicht in der Lage, die zur Eindämmung der im April des Jahres 1775 aufgeflammten Unruhen erforderlichen Truppen in Nordamerika zu versammeln. Vom Beginn des Krieges bis zur Kapitulation der 5000 Mann starken Abteilung des Generals Burgoyne bei Saratoga im Oktober 1777 war nur ein einziges Regiment zur Verstärkung der britischen Streitkräfte aus England eingetroffen; in den folgenden Jahren verbesserte jedoch die Furcht vor einem französischen Eingreifen in Amerika und die Vermehrung des Heeres durch umfangreiche Aushebungen die Lage soweit, daß von den nun unter Waffen stehenden 110 000 Soldaten 50 000 Mann in Amerika eingesetzt werden konnten. Die Hauptmasse der Armee bildeten die aus ein oder zwei Feldbataillonen zu zehn Kompanien und 447 Mann bestehenden Infanterieregimenter. Unter den zehn Kompanien eines jeden Feldbataillons nahmen die aus den »größten und energischsten Kerlen« zusammengesetzte Grenadierkompanie und die Leichte Kompanie mit ausgesuchten Schützen von kleinerem und beweglicherem Körperbau eine besondere Stellung ein. Im Gefecht auf dem linken und rechten Flügel des Bataillons kämpfend, wurden sie zur Unterscheidung von den sogenannten Zentrumskompanien als Flankenkompanien bezeichnet. Neben der Infanterie waren an den Kämpfen in Nordamerika nur das 16. und das 17. Leichte Dragonerregiment sowie mehrere Kompanien des Königlichen Artilleriecorps beteiligt.

Wir wollen uns nunmehr der Ausrüstung und Bekleidung der Truppen zuwenden. Bekleidungsvorschriften für Feldmarschälle und Generale erschienen erstmalig 1767 und sahen für den täglichen Dienst den roten Rock mit blauem Kragen und Aufschlägen, goldenen Knöpfen und gestickten Knopflöchern, weiße Weste und Kniehose, karminrote Schärpe und schwarze Stiefel vor. Zur Unterscheidung der Dienstgrade waren bei Generalen die Knopflöcher durchgehend, bei Generalleutnants in Gruppen zu drei und bei Generalmajoren in Gruppen zu zwei angeordnet; alle trugen blaue, goldbestickte Epauletten. Von Stabsoffizieren wissen wir nur, daß für sie im Jahr 1775 ebenfalls rote Röcke mit blauen Kragen und Aufschlägen vorschriftsmäßig waren. Adjutanten und Quartiermeister unterschieden sich durch silberne Epauletten und silbergestickte in Dreiergruppen, ihre Stellvertreter durch in Zweiergruppen zusammengefaßte Knopflöcher; auf die Zuteilung zu einem Infanterieregiment wies eine einzelne Epaulette auf der rechten, auf die Zuteilung zu einem Kavalle-

Folgende Seiten:
Das Lager von Warley Common 1778.
Im Jahr 1778 wurde in Warley Common eine größere Anzahl von Truppen zu gemeinsamen Übungen zusammengezogen. Das Bild von de Loutherberg zeigt die Ansicht einer von Leichter Infanterie, Grenadieren und Artillerie anläßlich einer Besichtigung durch König Georg III. durchgeführten Gefechtsübung.

Oberstleutnant Cosmo Gordon. Das Francis Wheatly zugeschriebene Porträt stellt den zweiten Sohn des Earl of Aberdeen in der Uniform der Grenadiere des 3. Regiments der Garde zu Fuß (Scots Guards) dar, mit dem er an den Kämpfen in Nordamerika teilnahm.

rieregiment eine solche auf der linken Schulter hin. Schließlich war der Rock der Flügeladjutanten mit goldenen Epauletten und regelmäßig angeordneten goldgestickten Knopflöchern, derjenige der Brigadegenerale mit silbernen Knopflöchern geschmückt. Die Bekleidung der in Nordamerika eingesetzten Infanterie richtete sich nach den Bestimmungen des Königlichen Erlasses von 1768, mit dem verschiedene, auf preußisches Vorbild zurückgehende Einzelheiten festgelegt worden waren. Der Rock wurde seitdem kürzer und knapper geschnitten, die ehemals getragenen roten oder blauen Westen und Hosen wichen solchen von weißer oder fahlgelber Farbe, und anstelle der spitzen, aus Stoff gefertigten Grenadiermütze trat ein neues, aus Fell hergestelltes Modell, das französischem Muster folgte. Die Zentrumskompanien trugen zum schwarzen Dreispitz derbe rote Röcke mit tressengeschmückten Kragen und Aufschlägen in der Regimentsfarbe, weiße oder fahlgelbe Westen und Hosen sowie schwarze Gamaschen und Schuhe. Waffen, sechzig Schuß Munition und das aus Tornister, Decke, Proviantbeutel und Feldflasche bestehende Gepäck wogen zusammen etwa siebzig Pfund. Die Grenadierkompanien waren durch die bereits erwähnte Pelzmütze mit einem Blechschild, das die königliche Krone und den Wahlspruch *nec aspera terrent* zeigte, sowie durch den aus Messing hergestellten Luntenberger auf dem Bandolier besonders ausgezeichnet.

Die eigentümliche Uniform der Leichten Kompanien, die jedem Bataillon seit dem Jahr 1771 zugeteilt worden war, hatte sich schon im Verlauf der während des Siebenjährigen Krieges in Kanada gegen die Franzosen geführten Kämpfe herausgebildet, war dann aber in den Jahren nach dem Friedensschluß nicht weiter verwendet worden. Ihr eigenartiges Aussehen erhielt sie durch die erstaunliche Vielfalt der von Regiment zu Regiment voneinander abweichenden Mützen, durch Beibehaltung der bei anderen Truppenteilen bereits abgeschafften roten Westen, durch die Halbgamaschen, die wegen ihrer Zweckmäßigkeit und Bequemlichkeit allerdings bald von der gesamten Infanterie übernommen wurden, und durch eine zusätzliche vorne am Leibriemen befestigte Ledertasche. Neben Schußwaffe und Seitengewehr pflegten die Angehörigen der Leichten Kompanie Pulverhörner und Tomahawks zu tragen. Da die Leichten Kompanien verschiedener Regimenter für den Einsatz in Nordamerika zu eigenen Bataillonen zusammengefaßt worden waren, mithin innerhalb eines Bataillons verschiedene Uniformen vorkamen, legten die Offiziere wahrscheinlich gemeinsame Erkennungszeichen – etwa dunkle Armbinden – zur Unterscheidung der verschiedenen Bataillone an.

Die Infanterieregimenter mit den Nummern 7, 21 und 23, die während des Spanischen Erbfolgekrieges im Jahr 1702 durch den Herzog von Marlborough ursprünglich zur Bewachung des Artillerietrosses aufgestellt, mittlerweile aber der regulären Infanterie zugeteilt worden waren, führten die Bezeichnung Füsiliere und unterschieden sich durch eine Uniform, die derjenigen der Grenadiere glich, zu der jedoch eine etwas niedrigere Mütze getragen wurde. Während die Offiziere bei Beginn des Krieges durch Ringkragen, karminrote Schärpen und Degen als solche hervorgehoben waren, begannen sich allmählich Rangabzeichen in Form von unterschiedlich gestalteten und gefärbten Epauletten, von denen Stabsoffiziere und Offiziere der Grenadierkompanien zwei, Subalternoffiziere jedoch nur eine auf der linken Schulter trugen, durchzusetzen. Spielleute erschienen in Röcken von der Abzeichenfarbe desjenigen Regiments, dem sie zugeteilt waren, soweit dieses Regiment nicht rote Abzeichen hatte; in diesem Fall wie im Falle der Zugehörigkeit zu einem der sogenannten Königlichen Regimenter waren die Röcke weiß, Vorstöße und Aufschläge rot. Die als Kopfbedeckung dienende schwarze Bärenfellmütze zeigte auf der Vorderseite ein geschwärztes Blechschild mit silberner Krone und Trophäen, auf der Rückseite die Regimentsnummer. Kurze Säbel bildeten die Bewaffnung.

Eine in jedem Infanterieregiment aus zehn Mann unter dem Befehl eines Unteroffiziers gebildete Gruppe von Zimmerleuten nahm kleinere Pionieraufgaben wahr und unterschied sich durch eine lange Lederschürze und die niedrige schwarze Pelzmütze mit rot lackiertem Schild, auf der das königliche Wappen sowie eine mit einer Säge gekreuzte Axt aus weißmetallenem Blech angebracht war; Werkzeuge ergänzten die Ausrüstung.

Die Regimenter Nummer 42, Nummer 71 und Nummer 76 erschienen in schottischen Hochlanduniformen, die aus einer flachen blauen Schottenmütze mit in den Farben Rot, Weiß und Grün kariertem Band und Federbusch, kurzer roter Jacke und weißer Weste, einem Überwurf in den Farben des Regiments, Tartan, Sporran (eine verzierte Feldtasche), karierten Strümpfen und leichten Schuhen bestanden.

Die mit Fortgang des Krieges gesammelten Erkenntnisse führten in der Folgezeit zu einigen Veränderungen an Bekleidung und Ausrüstung, von denen hier neben der bereits erwähnten Einführung der Halbgamaschen die veränderte Tragweise des Leibriemens hervorgehoben zu werden verdient, der über die rechte Schulter gelegt wurde und sich langsam zu einem Bandolier entwickelte, auf dem ein Blechschild mit Regimentsabzeichen angebracht wurde. Aus Gründen der Zweckmäßigkeit wurde den Offizieren und Unteroffizieren einer im Jahr 1776 nach Nordamerika entsandten, aus Einheiten der Garde gebildeten Abteilung auch gestattet, statt der goldenen Litzen solche von weißer Farbe anzulegen und sich mit Steinschloßflinten zu bewaffnen. Ergebnis der auf dem amerikanischen Kriegsschauplatz gewonnenen Erfahrungen dürfte auch eine während des Feldzuges in Pennsylvanien während der Jahre 1777 und 1778 getragene Uniform sein, die wir auf den zeitgenössischen Aquarellen von Xavier Gatta dargestellt finden. Soldaten einer Zentrumskompanie des 40. Infanterieregiments erscheinen dort in mit roten Federn geschmückten Schlapphüten, einreihig geknöpften roten Ärmelwesten, weißen Kniehosen, Strümpfen und Halbgamaschen, während Männer des 2. Bataillons der Leichten Infanterie in ähnlicher Aufmachung, aber mit schwarzer Feder am Hut, schwarzem Lederzeug und weißen Überhosen kämpfen.

GROSSBRITANNIEN

47. Rgt. zu Fuß, Sergeant

9. Rgt. zu Fuß, Infanterist

5. Infanterie Rgt., Offizier

37. Rgt. zu Fuß, Grenadier-Offizier

1. Regiment der Garde zu Fuß, Musketier-Unteroffizier

GROSSBRITANNIEN

Schütze der Freiwilligen von Nordcarolina (North Carolina Volunteers)

King's Royal Regiment of New York, Infanterist 1776–1777

17. Leichtes Dragoner Rgt., Offizier 1776

Royal Regiment of Artillery, Kanonier 1776

Leichte Infanterie, Offizier 1777–1778

VEREINIGTE STAATEN

Infanterie der Regimenter von Nordcarolina, Infanterist 1779

Infanterie Rgt. des Obersten Webb, Infanterist 1777

Infanterie Regimenter von New Jersey, Infanterist 1780

12. Regiment der Kontinentalen Armee, Infanterist 1776

8. Regiment der Kontinentalen Armee, Offizier 1776

VEREINIGTE STAATEN

2. Regiment der Kontinentalen Leichten Dragoner, Offizier 1779

Kontinentales Artilleriecorps, Artillerist 1780

Brigadegeneral 1780

Offizier des Ingenieurcorps 1780

Infanterie Rgt. des Obersten Hartley, Korporal 1777

Bei britischen, wie übrigens auch bei amerikanischen Kavallerieeinheiten kamen in einer späteren Phase des Krieges kurze einreihige Jacken mit Kragen und spitzen Aufschlägen in der Abzeichenfarbe des jeweiligen Regimentes zunehmend in Gebrauch, und von der unglücklichen Unternehmung des Generals Burgoyne wissen wir, daß den kommandierenden Offizieren vor dem Abmarsch befohlen wurde, den Uniformrock zu verkürzen und die Hüte gegen mit einem Roßhaarschweif in der jeweiligen Regimentsfarbe geschmückte Mützen bzw. Helme zu vertauschen. Schließlich gibt es Anhaltspunkte dafür, daß in den letzten Monaten des Krieges auf dem südlichen Schauplatz kämpfende Einheiten weiße Jacken, Ärmelwesten und breitkrempige weiße Hüte trugen.

Während die Bekleidung der Infanterie teilweise großen Veränderungen unterworfen war, wandelte sich das Erscheinungsbild der beiden Leichten Dragonerregimenter in Helmen, roten Röcken, Reithosen und schwarzen Stiefeln sowie blauen Abzeichen bei den 16., weißen bei den 17. Dragonern während der Kriegsjahre nur wenig. Auch die Artillerie trug wahrscheinlich während des ganzen Feldzuges den blauen Rock mit gelben Vorstößen, Knöpfen und Knopflochnähten, weiße Westen, Kniehosen sowie Gamaschen und Schuhe. Bekannt ist indessen, daß die den Zug Burgoynes begleitenden Artilleriekompanien kurze Jacken und mit roter Verzierung versehene Mützen verwendeten.

Bewaffnet war der britische Infanterist mit einer Steinschloßmuskete, die, *Brown Bess* genannt, seit 1717 in Gebrauch war. Dieses außer bei schlechtem Wetter recht zuverlässige Gewehr war bis zu einer Entfernung von etwa achtzig Metern wirksam, erforderte jedoch für den Ladevorgang zwölf verschiedene Handgriffe. Dennoch war ein gut ausgebildeter Soldat imstande, in einer Minute bis zu fünf Kugeln zu verschießen. Für den Nahkampf konnte auf die Steinschloßmuskete ein Steckbajonett mit dreikantiger Klinge aufgepflanzt werden. Die britische Kavallerie war mit Steinschloßkarabinern, Pistolen und Säbeln ausgerüstet.

Die Kapitulation Burgoynes bei Saratoga.
Am 17. Oktober 1777 mußte Generalmajor John Burgoyne, der zu Beginn des Jahres 1777 von Kanada aus nach Süden aufgebrochen war, mit einer Streitmacht von 5800 Mann bei Saratoga vor General Horatio Gates kapitulieren, nachdem er einen erheblichen Teil seiner Truppen verloren hatte.

Der Kampf der englischen Armee wurde von etwa 19 000 *Loyalisten* unterstützt, die in einundvierzig aus etwa 300 Provinzkompanien gebildeten Regimentern zusammengefaßt waren. Neben den bekannteren Einheiten, etwa dem *King's Royal Regiment,* den *Royal Americans* oder *Butler's Rangers* finden sich zahlreiche Verbände mit teilweise äußerst erstaunlichen Namen und Bezeichnungen, von denen die *Royal Highland Emigrants* und die *Volunteers of Ireland* sogar in den Rang regulärer Regimenter der britischen Armee erhoben wurden. Die Mehrzahl der in den Provinzen ausgehobenen Abteilungen gliederte sich in Infanterieregimenter mit Leichten Kompanien und Grenadieren, Ranger und Leichte Dragoner; in einigen Fällen wurden sie in berittenen und unberittenen Legionen zusammengefaßt. Da keine Uniformen zur Verfügung standen, verwendeten die ersten Einheiten Zivilkleidung und gemeinsame Abzeichen wie Kokarden und Armbinden. Erst nach der Einnahme New Yorks durch die Engländer im Jahr 1776 und dann nochmals im Frühjahr 1778 wurden aus England grüne Uniformen mit weißen Knöpfen und roten, weißen sowie blauen Vorstößen und Abzeichen in ausreichendem Maß geliefert, die mit weißen Westen und Hosen, dunkelbraunen Gamaschen, Hüten und anderen Ausrüstungsstücken an die Freiwilligen der Provinzialarmee verteilt wurden. Da das ursprünglich zur Bewaffnung vorgesehene *Brown Bess*-Gewehr nicht in ausreichender Stückzahl zur Verfügung gestellt werden konnte, erhielten viele Regimenter und Kompanien das ältere *Long Land*-Modell geliefert. Nachdem im Jahr 1778 die Ausstattung auch der Provinzialverbände mit roten Uniformen beschlossen worden war, sandte man größere Mengen roter Röcke mit weißen, fahlgelben, organgefarbenen, blauen, grünen und schwarzen Vorstößen und Abzeichen sowie weiße Westen und Hosen für alle Regimenter mit Ausnahme derjenigen, die fahlgelbe Vorstöße hatten, nach Nordamerika, wo mit der Neueinkleidung begonnen wurde. Wo die gelieferten Bestände nicht ausreichten, begannen Abteilungen von nach England zurückkehrenden britischen Truppen gelagerte Uniformen

HESSEN-KASSEL
Infanterie Rgt. v. Trümbach,
Musketier 1776

HESSEN-HANAU
Infanterie Rgt. Kronprinz,
Grenadier 1776

ANSBACH-BAYREUTH
2. Infanterie Rgt., Grenadier-
Unteroffizier 1777

HESSEN-KASSEL
Artillerie Kompanie, Kanonier
1776

Jäger 1777

ANHALT-ZERBST
Infanterist 1777–1778

BRAUNSCHWEIG
Infanterie Rgt. Prinz Friedrich,
Infanterist 1776

Dragoner Rgt. Prinz Ludwig,
Dragoner 1777

Jäger 1776

WALDECK
Infanterist 1776

FRANKREICH
Infanterie Rgt. Saintonge, Infanterist 1780

Infanterie Rgt. Bourbon, Offizier 1780

Infanterie Rgt. Deux-Ponts (Zweibrücken), Grenadier-Offizier 1780

Infanterie Rgt. Agenois, Offizier 1780

Infanterie Rgt. Gatenois, Grenadier 1780

FRANKREICH
Königliches Artilleriecorps, Kanonier 1780

Legion Lauzun, Husar 1780

Adjutant eines Generals in Galauniform 1780

Königliches Corps der Marine-Infanterie, Offizier 1780

Legion Lauzun, Grenadier 1780

und Ausrüstungen aufzukaufen; auf diesem Weg gelangte die Ausrüstung des 10., des 46. und des 52. Regiments in den Besitz amerikanischer Loyalisten. Während aber die Mehrheit der Befehlshaber mit der Umstellung durchaus zufrieden zu sein schien, kämpften andere, wie etwa Oberst Simcoc von den *Queen's Rangers*, erbittert um die Beibehaltung der grünen Kleidung. Eine Einheitlichkeit konnte aber auch deswegen, weil bereits rot uniformierte Abteilungen den Befehl erhielten, wieder zum grünen Anzug zurückzukehren, nicht erreicht werden. So finden wir die Leichten Dragoner fortan in roten Röcken, die Britische Legion Tarletons dagegen, die bei den Kämpfen im Süden den Ruf besonderer Verwegenheit errang, in grüner Uniform. Zu der letzteren wurde, wie zeitgenössische Bilder von Tarleton und Georg Hanger, der ebenfalls in der Britischen Legion diente, zeigen, ein pelzbesetzter Helm getragen, den später auch die englischen Leichten Dragoner unter der Bezeichnung *Tarleton-Helm* übernahmen. Obwohl die von den königstreuen Siedlern aufgestellten Einheiten in den Kämpfen nur eine geringe Rolle spielten, fiel den Loyalisten während der letzten Jahre des Krieges vornehmlich im Süden insofern eine Schlüsselrolle zu, als sie den Engländern durch Kundschaftertätigkeit und die Weitergabe von Nachrichten hervorragende Dienste leisten konnten. Der Fehler der Engländer bei der Behandlung der Loyalisten lag darin, daß sie sich nicht früh genug um ihre Hilfeleistung bemühten, ihnen jedoch später, nach der Niederlage von Saratoga, zu großes Vertrauen schenkten.

Neben der Unterstützung der Loyalisten wurde den Engländern die – allerdings zweifelhafte – Hilfe von etwa 3000 Indianern zuteil, von denen der größere Teil, Irokesen aus dem Mohawktal, in den letzten zwanzig Jahren unter der Verwaltung von Sir William Johnson, dem *Superintendenten der im Norden siedelnden Indianer* gestanden hatte. Nach Johnsons Tod im Jahr 1774 gelang es seinem Sohn, Sir John, und seinem Neffen Guy, wenigstens vier der sechs Stämme auf britischer Seite zu halten. Während des Krieges erwiesen sich die Mohawks unter der Führung von Joseph Brant dann allerdings als sehr schwierige Verbündete. Die grausamen Überfälle dieser den Briten treu ergebenen wilden Kämpfer führten bald zu einem fühlbaren Verlust an Verständnis und gutem Willen, der bei weiten Teilen der weißen Bevölkerung zunächst gegenüber den Engländern noch bestand.

Die Indianer trugen – häufig aus rotem oder blauem sogenannten Händler-Stoff gefertigte, mit Perlen und Stachelschweinborsten verzierte – Jagdhemden, Leggings und rehlederne Mokassins. Bei Häuptlingen finden wir sogar Rangabzeichen britischer Offiziere, wie etwa Ringkragen und karminrote Schärpen. Die meisten Krieger schoren ihre Köpfe kahl, bis auf eine lange, geflochtene Skalplocke in der Mitte des Schädels, an der ein Kamm aus Rehschwänzen, Elchshaar, Truthahnfedern und Stachelschweinborsten befestigt war. Der Kamm und der größte Teil des Kopfes waren in der für Kriegsbemalung bevorzugten Farbe meistens zinnoberrot, aber auch schwarz, ockergelb und blattgrün bemalt. Die Bedeutung der indianischen Tracht für die Entwicklung der bei der Leichten Infanterie, den *rangers* und den amerikanischen Grenzläufern üblichen Bekleidung wurde bereits erwähnt.

In den Jahren vor dem Krieg hatte man sich ernsthaft bemüht, die Abgabe von Feuerwaffen an Indianer zu unterbinden; da die Indianer jedoch alles in ihrer Macht Stehende taten, um in den Besitz von Gewehren zu gelangen, und in der Lage waren, diese mit den begehrten Biberfellen auch gut zu bezahlen, breitete sich der Besitz von Feuerwaffen bei den Irokesen mehr und mehr aus, während die früher üblichen Waffen, die Kriegskeule, Pfeil und Bogen sowie gelegentlich eine kurze Lanze mit Schild, nicht aber das Skalpmesser, zunehmend an Bedeutung verloren.

Im Jahr 1776 betraten die ersten deutschen Hilfstruppen – etwa 20 000 Mann – amerikanischen Boden, um die dort kämpfenden Engländer zu unterstützen. Die Kopfzahl dieser deutschen Einheiten blieb während des ganzen Krieges etwa gleich, weil die wegen Krieg, Krankheit und Fahnenflucht entstandenen Lücken durch aufgrund späterer Verträge nachrückende Truppeneinheiten – hauptsäch-

Banastre Tarleton.
Das Bild von Sir Joshua Reynolds zeigt den späteren General Sir Banastre Tarleton (1754–1833) als jungen Reiteroffizier – er wurde bereits mit 26 Jahren zum Oberstleutnant befördert – in der Uniform der Britischen Legion, einer aus amerikanischen Loyalisten gebildeten Kavallerieeinheit.

Die Kapitulation von Yorktown am 19. Oktober 1781.
Gemälde von van Blarenberghe.
Nach Übergabe der Festung marschieren die englischen Truppen in neu ausgegebenen Uniformen, aber mit verdeckten Fahnen, durch das Spalier der siegreichen Amerikaner und Franzosen, um ihre Waffen niederzulegen.

van Blarenberghe

lich Jägerkompanien –, die sich auf dem amerikanischen Kriegsschauplatz besonders gut bewährt hatten, immer wieder geschlossen werden konnten.
Die beiden größten Kontingente, die aus Deutschland in Amerika eintrafen, waren die des Kurfürstentums Hessen-Kassel und des Herzogtums Braunschweig. Wenn sich auch Bekleidung und Ausrüstung der in ihnen zusammengefaßten Truppenteile auf den ersten Blick durchaus ähnlich zu sein schienen, so waren Kampfkraft und kriegerische Verwendungsfähigkeit doch äußerst unterschiedlich. Die aus Hessen-Kassel kommenden Soldaten gehörten zu einem großen Teil dem stehenden Heer an und hatten bereits im Siebenjährigen Krieg ihre Feuertaufe erhalten; ihre Offiziere waren Berufssoldaten. Die Mannschaften der Infanterie trugen blaue Röcke nach preußischem Schnitt mit Aufschlägen in den Regimentsfarben aus derbem und billigem Stoff, die im Sommer zu heiß, im Winter zu kalt waren, mit weißen, gelben oder strohfarbenen Westen und Kniehosen, schwarzen Gamaschen und Schuhen. Dazu wurde von den Musketieren, also den Soldaten der Zentrumskompanien, ein mit Kammgarntroddeln und Quasten verzierter schwarzer Hut, den Grenadieren und Füsilieren die spitze Mütze nach preußischem Vorbild, deren Blechschild auf der Vorderseite mit Wappen und Trophäen geschmückt war, verwendet. Mäntel standen mit Ausnahme einiger weniger Wachmäntel, die für den Postendienst vorgesehen waren, nicht zur Verfügung. Zur Ausrüstung des einfachen Mannes gehörte ein großer Feldtornister, eine am über der Schulter getragenen gelben Lederriemen hängende Blechwasserflasche und die schwarze lederne Patronentasche mit gelb- oder weißmetallenem Schild, die an dem über die linke Schulter laufenden breiten Bandolier befestigt war. Zum Rock mit gestickten Knopflöchern trugen die Offiziere zunächst Ringkrägen, Degen und silberne Schärpen mit zwei herabhängenden großen Quasten, entfernten jedoch aufgrund der Tatsache, daß amerikanische Scharfschützen bevorzugt auf Offiziere anlegten, sehr bald die auffälligen Stickereien und vertauschten den Degen mit einer Muskete. Nach den Berichten von Augenzeugen pflegten die mit der Mannschaft zu Fuß marschierenden hessischen Offiziere eine große, kürbisförmige Flasche mit Rum und Wasser an der Seite sowie einen eingerollten Mantel und eine Muskete über der Schulter zu tragen, mit der sie sich sehr rege – dies gilt auch für Stabsoffiziere – an Feuergefechten mit gegnerischen Einheiten beteiligten.
Die aus Förstern und Jagdaufsehern zusammengestellten Jägerkompanien, eigentlich berittene Abteilungen, die jedoch ihre Pferde nicht mit nach Amerika gebracht hatten und zu Fuß kämpften, erschienen in grünen, preußischem Vorbild folgenden Uniformen mit karminroten Aufschlägen und goldenen Litzen für Unteroffiziere, goldenen Achselschnüren für Offiziere. Die vorne auf dem Leibgurt angebrachte Patronentasche von schwarzem Leder zeigte eine aus gelbem Metall gestanzte Krone sowie den Schriftzug CFCA. Obwohl die Männer mit – oftmals ihnen gehörenden – altmodischen Gewehren ausgerüstet waren, die denen der amerikanischen Schützen fast durchweg unterlegen waren, bewährten sich die Jägerkompanien in den häufigen Waldgefechten so sehr, daß man sich bemühte, mit den später angeworbenen Einheiten möglichst viele Jägerabteilungen nach Nordamerika zu ziehen.
Ein Offizier, der die braunschweigischen Truppen bei der Einschiffung in Stade besichtigte, stellte fest, daß die Regimenter zum großen Teil aus sehr kleinen, schlecht aussehenden und viel zu alten Leuten bestanden, kurz, einen wenig guten Eindruck machten. Tatsächlich mußte die englische Regierung dem General von Riedesel zunächst einen Betrag von 5000 £ vorschießen, damit er seine Männer überhaupt ordentlich bekleiden konnte. Dennoch erschienen die Truppen, wie ein Augenzeuge berichtete, »in alter und schlechter Kleidung«. Der knapp geschnittene blaue, bei Musikern im allgemeinen gelbe Rock zeigte keinerlei farbige Rabatten und hatte auf der Brust vier paarweise angeordnete Knöpfe von einfacher und billiger Machart. Der Kragen und die mit zwei Knöpfen geschmückten schwedischen Aufschläge bestanden lediglich

aus farbigen Tuchstreifen, die auf den Rock genäht worden waren. Abweichend von der blau uniformierten Infanterie erschienen die Braunschweiger Jäger in grünen Röcken mit roten Rabatten, Kragen und schwedischen Ärmelaufschlägen, gelben Knöpfen und Achselbändern, grünen Westen, strohgelben Hosen sowie schwarzen Gamaschen und Schuhen. Die braunschweigische Jägerabteilung nahm an dem Zug des Generals Burgoyne teil, wo sie schwere Verluste erlitt, und hörte nach der Übergabe von Saratoga als Kampfeinheit zu bestehen auf.

Das Dragonerregiment Prinz Ludwig, das wie die hessischen Jäger zu Fuß dienen mußte, trug hellblaue Röcke nach preußischem Schnitt mit gelben Aufschlägen, Westen und Hosen, weiße Knöpfe und Achselbänder sowie schwarze Marschgamaschen und Schuhe, eine für die auf dem amerikanischen Kriegsschauplatz häufigen Kämpfe in waldigem Gelände denkbar ungeeignete Bekleidung. Während der Expedition des Generals Burgoyne wurde das Regiment fast aufgerieben.

Neben den größeren Verbänden aus Hessen-Kassel und Braunschweig nahmen kleinere Abteilungen aus Hessen-Nassau, Waldeck, Ansbach-Bayreuth und Anhalt-Zerbst auf englischer Seite am amerikanischen Unabhängigkeitskrieg teil. Die hessisch-nassauischen Truppen bestanden aus einem Infanterieregiment und einer Artilleriekompanie, die durchweg in blauen Uniformen mit roten Aufschlägen nach preußischem Vorbild bekleidet waren. Das Fürstentum Waldeck stellte ebenfalls ein Regiment und eine kleinere Artillerieabteilung in blauen Röcken mit gelben Aufschlägen und weißen Knöpfen, weißen Westen und Hosen; die Grenadiere trugen Pelzmützen nach österreichischem Muster ohne Blechschild, aber mit gelbem, weiß vorgestoßenem Beutel mit weißer Troddel. Die von Ansbach-Bayreuth nach Amerika entsandten Truppen umfaßten zwei Infanterieregimenter in blauen Uniformen, von denen das 1. Regiment rote, das 2. Regiment schwarze Aufschläge hatte; die Grenadiere trugen Pelzmützen mit einem weißmetallenen Blechschild und rotem Beutel. Die Uniform der Artillerie bestand aus einem blauen Rock mit karminroten Aufschlägen, grünen Westen und gelben Kniehosen. Schließlich erschienen die in Anhalt-Zerbst angeworbenen Bataillone in weißen Röcken und Hosen mit roten Aufschlägen, rotem Futter und gelben Knöpfen. Eine zweite, später angeworbene Abteilung, die im August des Jahres 1780 in New York eintraf, zeichnete sich durch eine eigenartig anmutende, husarenartige Ausstattung mit Tschako, ungarischen Stiefeln und roten Röcken aus, die den Männern ein fremdartiges, kroatisches Aussehen verlieh.

Etwa ein Drittel bis die Hälfte der deutschen Soldaten, die nach Nordamerika geschickt worden waren, kehrten nicht mehr in ihre Heimat zurück; ein großer Teil von denen, die mit dem Leben davonkamen, blieb als Siedler in Amerika.

Obwohl die sogenannten Hessen, wie sie verallgemeinernd genannt wurden, bei der Bevölkerung große Furcht verbreiteten, waren sie sicherlich nicht so schrecklich, wie man sie gemeinhin schilderte; mit der Fortdauer des Krieges gewannen sie in zunehmendem Maß Achtung und Respekt und erfreuten sich einer sehr viel höflicheren Behandlung als die Briten. Wurden sie gefangengenommen, so erwies man Offizieren wie Mannschaften Gefälligkeiten, die ihre englischen Kameraden nie erwarten konnten. Einer der Gründe dafür dürfte wohl in der Hoffnung gesehen werden, sie nach einem späteren Austausch zur Fahnenflucht zu bewegen.

Die deutschen Offiziere, die nach Beendigung des Krieges in ihre Heimat zurückkehrten, brachten wertvolle Erfahrungen mit, die sie in Amerika gesammelt hatten und die den hessischen Truppen bei den bevorstehenden Kämpfen der Revolutionskriege zugute kommen sollten. Ein preußischer General äußerte damals, von allen Truppen, die in den Feldzügen der Jahre 1792 bis 1794 gegen Frankreich gekämpft hätten, seien die aus Hessen-Kassel die besten gewesen.

Obwohl die Rebellen in Nordamerika infolge ihres Mangels an Waffen und Ausrüstung sowie wegen der britischen Überlegenheit zu Land und zur See – die englische Flotte konnte nach Belieben die amerikanische Küste blockieren und jede Bewegung von Truppen längs der Küste behindern – dringend auf Hilfe von außen angewiesen waren, erlegte sich Frankreich, das aufgrund der historischen Entwicklung als natürlicher Verbündeter erscheinen mußte, bis zur Kapitulation von General Burgoynes Abteilung bei Saratoga eine gewisse Zurückhaltung gegenüber den Ereignissen auf, die man für die üblichen Streitigkeiten zwischen Mutterland und Kolonien hielt. Erst im Februar des Jahres 1778 unterzeichnete es nach monatelangen Beratungen einen Freundschafts- und Handelsvertrag mit den Vereinigten Staaten von Nordamerika. Dieser Vertrag und die in seiner Folge zutage tretende Hilfeleistung an die aufständischen Siedler führte bald zum offenen Kriegszustand zwischen Großbritannien und Frankreich.

Im Juli des Jahres 1780 traf ein französisches Heer unter dem Befehl des Comte de Rochambeau in Newport, Rhode Island, ein, wo es überwinterte und die britischen Streitkräfte in New York ihrer Bewegungsfreiheit beraubte. Im Frühling des Jahres 1781 vereinigte sich Rochambeau am Hudson mit Washington und marschierte gemeinsam mit diesem durch New Jersey, Pennsylvanien und Delaware nach Virginia, wo es gelang, die britische Hauptarmee unter Lord Cornwallis in Yorktown einzuschließen. Nach dreizehn Tagen mußte Cornwallis kapitulieren; damit war der Ausgang des Krieges entschieden.

Rochambeaus Heer, mit einer Gesamtkopfzahl von etwa 8000 Mann, wurde noch vor Yorktown durch eine von den Westindischen Inseln herbeigeschaffte, etwa 3000 Soldaten zählende Abteilung unter dem Befehl des Marquis von Saint-Simon verstärkt. Das vereinigte Heer bestand aus sechs französischen und einem deutschen Infanterieregiment, Artillerieeinheiten und der Legion des Herzogs von Lauzun, deren Husaren wahrscheinlich die einzige berittene Truppe des französischen Heeres waren, die seinerzeit in Amerika dienten; Berichte, daß sich unter den Streitkräften Saint-Simons Dragoner und Husaren befunden haben sollen, sind nicht belegt.

Der Große Stab der französischen Streitkräfte

Oberst Benedict Arnold, der Held von Saratoga und spätere Verräter an der amerikanischen Sache, verliert sein Pferd in einem Gefecht zwischen Amerikanern und hessischen Truppen des Generalmajors von Riedesel.

war in Übereinstimmung mit den Bekleidungsvorschriften vom September des Jahres 1775 uniformiert. Die tägliche Dienstuniform der Generale bestand aus einem blauen, mit wellenförmig gemusterter Goldlitze bestickten Rock, weißer Weste, Hosen und Stiefeln. Adjutanten trugen die ihrem Rang entsprechenden Schulterstücke auf einem ebenfalls blauen einreihigen Rock mit goldbestickten Rändern und Schleifen, von denen acht auf jeder Seite der Brust, zwei auf den Aufschlägen und drei auf jeder Taschenpatte angebracht waren. Der Kriegskommissar und seine Mitarbeiter, die die Aufgaben der Adjutanten und Quartiermeister im britischen und amerikanischen Heer wahrnahmen, unterschieden sich durch goldbestickte graue Uniformröcke, rote Westen, Kniehosen und Strümpfe. Während die französischen Infanterieregimenter mit ihren schwarzen Hüten, grauweißen Röcken, Westen und Kniehosen, zu denen im Winter schwarze, im Sommer weiße Gamaschen verwendet wurden, sich durch die Farbe der Kragen, Rabatten und Aufschläge sowie die Anordnung der Knöpfe und Taschenpatten unterschieden, waren das deutsche Infanterieregiment *Deuxponts* (Zweibrücken) sowie die Infanterie der Legion des Herzogs von Lauzun in himmelblaue Röcke mit goldgelben Aufschlägen gekleidet. Da die Truppen Rochambeaus Frankreich schon sehr früh verlassen hatten, konnte die seit dem 21. Februar des Jahres 1779 vorschriftsmäßige neue Uniform nicht mehr an sie ausgegeben werden. Sie kämpften in Amerika daher wahrscheinlich in einer im Jahr 1767 befohlenen, an das preußische Vorbild angelehnten Bekleidung mit knapp geschnittenem Rock sowie falschen Aufschlägen und Taschenpatten. Dagegen waren die Einheiten Saint-Simons sehr wahrscheinlich schon mit der neuen Uniform ausgerüstet.

Nach den Anordnungen des Jahres 1767 sollten sich die einzelnen Regimenter durch die mit Nummern versehenen Knöpfe aus weißem oder gelbem Metall und durch die Farbe der Aufschläge, Rabatten und Vorstöße unterscheiden. Die Hüte der Füsiliere waren entsprechend der Knopffarbe mit weißer oder gelber Litze eingefaßt. Zwischen 1767 und 1775 wurden zwar viele verschiedene Arten von Kopfbedeckungen, darunter große und kleine Hüte, Ledermützen, Metallhelme, schwarze Lederhelme und Pelzmützen versuchsweise eingeführt, keines dieser Modelle vermochte sich jedoch durchzusetzen. Dennoch liegen uns Augenzeugenberichte dafür vor, daß das Regiment Soissonois bei seinem Marsch nach Yorktown in Philadelphia aus Fell gefertigte Grenadiermützen trug, die eigentlich bereits im Jahr 1779 abgeschafft worden waren. Auch die mit Raupen versehenen und im Jahr 1772 eingeführten, drei Jahre später jedoch wieder fallengelassenen Helme finden wir bei einzelnen, auf dem amerikanischen Kriegsschauplatz kämpfenden Einheiten, wobei in diesen Fällen wahrscheinlich noch vorhandene Stücke aufgetragen wurden.

Die Ausstattung der Offiziere unterschied sich von der der Mannschaften in erster Linie durch die Verwendung besserer Stoffe; der jeweilige Rang wurde durch gelbmetallene Ringkrägen und goldene oder silberne Schulterstücke bezeichnet, deren Ausgestaltung und Anordnung eine Klarheit und Durchschaubarkeit aufwiesen, von der andere Armeen der Zeit noch weit entfernt waren. Zwei Schulterstücke mit goldener Litze trugen Obristen, ein solches auf der linken Schulter die Oberstleutnants; Majore hatten zwei Epauletten mit geflochtener Schnur, Hauptleute eine ebenfalls auf der linken Schulter. Das links getragene Schulterstück der Leutnants zeigte eine Metallitze, in die farbige Rautenmuster aus Metall und Seidenfäden geflochten waren, während das der Unterleutnants aus Stofflitze bestand, die mit Metallfäden im Rautenmuster durchzogen war. Zur einseitig getragenen Epaulette gehörte auf der rechten Schulter eine sogenannte *contre-epaulette,* also eine Schulterklappe ohne jeden Besatz. Unteroffiziere waren durch eine einreihige Silberlitze oder durch zwei Reihen blauer Borten hervorgehoben. Die Verordnungen des Jahres 1779 sahen die Unterteilung sämtlicher Infanterieregimenter der französischen Armee in zehn Gruppen zu je sechs Regimentern vor, wobei jede Gruppe oder Division ihre eigenen unter-

Washington und seine Generale nach der Kapitulation von Yorktown am 19. Oktober 1781.

scheidenden Farben haben sollte. Ausgenommen von der Regelung waren lediglich die Königlichen und die Prinzlichen Regimenter und das Regiment Picardie.

Regimenter	Farben
1– 6	himmelblau
7–12	schwarz
15–19	violett
20–27	stahlgrau
28–34	rosa
35–40	gelb
41–51	karminrot
52–62	silbergrau
70–72	hellrot
82–94	dunkelgrün

Jede Division war wiederum in zwei Abteilungen zu drei Regimentern eingeteilt, von denen die eine gelbe Knöpfe und waagrechte, die andere weiße Knöpfe und senkrechte Taschenpatten hatte. Innerhalb einer Gruppe unterschieden sich die ihr zugehörigen drei Regimenter durch die Farbe der Aufschläge und Rabatten. Das erste Regiment jeder Gruppe zeigte daher Rabatten und Aufschläge, das zweite Rabatten und Vorstöße, das dritte lediglich die Vorstöße der Rabatten und der Aufschläge in der Gruppenfarbe. Die Taschenpatten waren bei allen Regimentern in der Grundfarbe vorgestoßen. Diese Regelung, die bei weitem alles übertraf, was von den Preußen jemals erträumt worden sein mag, zeigt deutlich, wie weit die Begeisterung für Uniformität die Bewunderer Friedrichs des Großen geführt hat.

Zu der genannten Bekleidung gehörten für Zentrumskompanien oder Füsiliere ein schmuckloser Hut mit weißer Kokarde, weiße, in der Grundfarbe vorgestoßene Achselstücke und kleine, auf den Rockschößen angebrachte Tuchflecken von der Form der königlichen Lilie. Grenadiere waren durch rote Puschel an den Hüten, rote, weiß vorgestoßene Achselstücke und kleine, granatenförmige Tuchflecken auf dem Rockschoß zu erkennen. Das früher am Leibriemen getragene Seitengewehr wurde nach dessen Abschaffung im Jahr 1778 in eine Bajonettschlaufe gehängt, die am Bandolier befestigt war. Als indessen im Jahr 1770 den Grenadieren der Säbel befohlen wurde, legten sie ein zweites, über der rechten Schulter zu tragendes Bandolier an, an dem nunmehr neben dem Säbel auch das Bajonett Platz hatte. Die Feldausrüstung wurde durch einen fellbezogenen Tornister, einen großen leinenen Brotbeutel und eine kürbisförmige Wasserflasche ergänzt.

Bewaffnet war die Infanterie mit der 1717 eingeführten Steinschloßmuskete mit Bajonett, die seit 1746 mit eisernen Ladestöcken ausgestattet war und in den folgenden Jahren immer wieder auf den technisch neuesten Stand gebracht wurde. Offiziere trugen seit 1766 ebenfalls Musketen, Bajonette, Säbel und Patronentaschen. Die wie die Infanterie ausgerüstete Artillerie unterschied sich lediglich durch dunkelblaue Röcke mit roten Aufschlägen, blaue Westen und Hosen sowie durch die Feuerwaffe, eine kürzere Ausführung der Infanteriemuskete. Zu erwähnen bleiben die Husaren der Legion des Herzogs von Lauzun, die in himmelblaue Jacken und Pelze mit weißer Verschnürung, gelben Aufschlägen und Kniehosen, schwarze Flügelmützen und Husarenstiefel gekleidet waren.

Wenngleich die französischen Truppen in Nordamerika nur an wenigen Schlachten teilnahmen – nach der Kapitulation von Yorktown standen sie nicht mehr im Gefecht –, so übten die in Amerika gesammelten Erfahrungen doch großen Einfluß auf ihre kommende Entwicklung aus. Die Taten des Marquis de Lafayette in der Französischen Revolution sind bekannt. Weniger geläufig ist wahrscheinlich die Tatsache, daß Napoleons Stabschef Marschall Berthier einer der Adjutanten Rochambeaus gewesen war und daß Du Portail, der als Kriegsminister die weitere Entwicklung der französischen Armee entscheidend beeinflußte, ebenfalls in Amerika gedient hatte.

Die Französische Revolution und die Koalitionskriege 1792-1803

PAUL MARTIN

Die Erfahrungen, die während der amerikanischen Unabhängigkeitskriege gewonnen worden waren, hatten Ende des 18. Jahrhunderts einen beträchtlichen Einfluß auf die Strategie, Organisation, Bewaffnung und Uniformierung der französischen und britischen Armeen. Die Namen des Generals Lafayette und des Kriegsministers Du Portail, beide ehemalige Flügeladjutanten des Marschalls Rochambeau, sind für die sich anbahnenden Reformen von Bedeutung.
Die gesamte militärische Organisation, insbesondere die der Bekleidung und der Waffen, beruhte auf den Verfügungen von 1786 und 1790. Schnitt und Herstellung der Uniformen sowie Kopfbedeckungen und Haartrachten paßten sich dem Geschmack der unpraktischen Männermode dieser Zeit an. In dem Augenblick, in dem die ersten Meutereien in Metz und in Nancy die folgenschweren Ereignisse von 1789 ankündigten, bestand die französische Armee aus den Truppen des Königshauses (Kavallerie und Garden zu Fuß), den Linienregimentern französischer und ausländischer Infanterie, aus Schwerer Kavallerie, Dragonern, berittenen Jägern, Husaren und Artillerie.
Mit Ausnahme der Garden trug die französische Infanterie weiße Uniformen, die Schweizer rote, die deutsche hellblaue, die irische ebenfalls rote Bekleidung. Die Schwere Kavallerie bestand aus einem einzigen Kürassierregiment, das eiserne Brustharnische trug. Die anderen Regimenter hatten blaue Uniformen, die Dragoner grüne, die berittenen Grenadiere und die Carabiniers trugen Pelzmützen, die Dragoner Helme mit Roßhaarbusch. Die Husaren trugen Dolman und Pelze im ungarischen Stil, die mit farbigen Verschnürungen versehen waren.
In Paris war der Aufruhr des 14. Juli, an dem die französischen Garden und das Volk gemeinsam die Bastille stürmten, das Vorspiel zu den großen Umwälzungen der Revolution. Angesichts der vom König zu Hilfe gerufenen ausländischen Truppen formierte sich aus dem Bürgertum die Nationalgarde und brachte eine einheitliche Uniformierung mit sich. Sie bestand aus einem königsblauen Rock mit weißen Rabatten, roten Kragen und Aufschlä-

gen und war, ähnlich wie die nationale Kokarde, in ihrer Dreifarbigkeit für die kommende große Zeit bestimmend. Bald darauf wurde die Nationalgarde zu Fuß und zu Pferd in ganz Frankreich aufgestellt.
Nach 1791 war die reguläre Armee durch die Flucht ihrer Offiziere in Auflösung begriffen und befand sich in einem beklagenswerten Zustand. Der absolut neue Begriff des »Vaterlandes, das in Gefahr ist«, brachte die *Freiwilligen des Jahres I* auf den Plan, die sich mit den verbliebenen Truppen des Ancien Régime vereinigten und die für die *levée en masse* von 1793 eingekleidet und mit dem Nötigsten ausgerüstet werden mußten. Das Königshaus wurde abgeschafft, die fremden Regimenter entlassen oder ausgewechselt, die königstreue Schweizer Garde am 10. August in Paris aufgerieben und die französischen Garden neu organisiert.
Die Aufstellung dieser neuen Truppen, die vorwiegend aus Infanterie bestanden und von dem großen Organisator Lazare Carnot geprägt wurden, ließ bald eine Rivalität zwischen den altgedienten, disziplinierten und kriegserfahrenen *Weißröcken* und den *Blauröcken,* den unerfahrenen Freiwilligen der *Nation in Waffen,* aufkommen.
Diese Umwälzungen, heraufbeschworen durch das Verschwinden einer eleganten Welt und verfeinerter Moden, sollten weitreichende Folgen haben. Die farbenfrohen Uniformen waren gleichsam als »militärisches Ballett« die letzten Äußerungen einer vergangenen Zeit. Das königliche Emblem der Lilie verschwand von den Fahnen und Uniformen, um dem Liktorenbündel und der roten Jakobinermütze der Revolution Platz zu machen. Die langen, farbig gestreiften Hosen der Revolution ersetzten alsbald die aristokratischen Kniehosen. Die Infanteristen waren schlecht bewaffnet, und in Ermangelung von Säbeln und Gewehren bekamen sie eilig zusammengezimmerte Spieße in die Hand gedrückt. In ihren Tornistern und Brotbeuteln trugen sie alle möglichen Gegenstände mit sich, wie Unterwäsche, Schuhe, Gamaschen, Kochgeschirre und Töpfe; Löffel und Gabel lugten unter dem Band des Dreispitzes hervor, ein Laib Brot stak auf der Bajonettspitze . . .

Die Schlachten von Valmy und Jemappes im Jahr 1792, deren Bedeutung Goethe hervorhob, brachten empfindliche Verluste an Waffen und Ausrüstung, und so benötigte man, besonders in den vom Feind besetzten Ländern, neue Geldquellen. Die *Sansculotten* ließen die Welt erzittern, indem sie die preußischen, österreichischen und verbündeten Armeen bedrängten, die überaus gut ausgestattet waren. Die neuaufgestellten *Demi-brigades* ersetzten die Regimenter des Ancien Régime und wurden von so tollkühnen Generalen wie Hoche, Kellermann, Kléber und bald auch Bonaparte befehligt, die voller Stolz gestickten Rock, Federbusch und blau-weiß-rote Schärpe trugen und die alle in die Geschichte eingegangen sind. Napoleons berühmter Italienfeldzug mit zerlumpten Truppen, die nicht einmal Schuhe besaßen, begründete seinen Ruhm als großer Feldherr.
Ob Infanterie, Kavallerie oder Artillerie, die einfachen Soldaten trugen zu dieser Zeit die unwahrscheinlichsten und phantasievollsten Uniformen, die man sich denken kann, und ihr merkwürdiger Anblick wird uns von Zeitgenossen, wie den Malern Albrecht Adam, Johann Baptist Seele und Benjamin Zix überliefert. Für die kalte Jahreszeit gab es weder warme Kopfbedeckungen noch Mäntel. Sie wurden bei den jeweiligen Einwohnern requiriert. Es gab weder Strümpfe noch Schuhe, die gesamte Ausrüstung war improvisiert, und doch wußten diese Soldaten zu marschieren und zu kämpfen. Die tapferen Frauen des Trosses, Marketenderinnen und Kantinenwirtinnen in ihrer halbmilitärischen Bekleidung, erleichterten ihnen durch aufopfernde Betreuung die Mühsal des Krieges.

Französische Infanteristen tragen einen verwundeten Offizier vom Schlachtfeld. Die Darstellung von J. B. Seele zeigt Infanteristen und Jäger in der durch Mangel an Uniformen und Ausrüstungsstücken bedingten buntscheckigen Aufmachung, in der die Truppen des französischen Revolutionsheeres auf einer Unzahl zeitgenössischer Abbildungen wiedergegeben sind.

Von P. Rugendas, der als Augenzeuge französische Truppen in Süddeutschland gesehen hatte, stammt diese Darstellung französischer Soldaten der Revolutionskriege – Infanteristen und Jäger – im Biwak. Der schlechte Zustand der Uniformen wie auch die Vielfalt der verwendeten unvorschriftsmäßigen Kleidungsstücke vermitteln ein anschauliches Bild dieser verwegen aussehenden Krieger, vor denen Europa zitterte.

Der vorschriftsmäßige breite Hut, noch von der Infanterie und der Schweren Kavallerie getragen, wurde in einigen Infanteriecorps durch den Raupenhelm ersetzt, während die Grenadiere, Carabiniers zu Fuß und zu Pferd die überkommene Pelzmütze der Eliteabteilungen beibehielten. Die Husaren blieben weiterhin ihrer Flügelmütze treu, wie sie bei der Leichten Kavallerie in den Armeen der Zeit schon Tradition war.

Schon der Nationalkonvent stand unter dem Schutz einer Garde, deren Uniform von der der Nationalgarde beeinflußt war. Im Jahr 1795 wandelt Bonaparte diese Einheit in die *Garde de Directoire* um, die dann seit 1799 Konsular-Garde und damit Kern der kommenden Kaiserlichen Garde Napoleons werden sollte. Von Beginn an wurde den Uniformen dieser Einheiten zu Fuß und zu Pferde besondere Sorgfalt geschenkt. Namentlich die *Têtes de colonnes* wurden aufwendig und prächtig ausstaffiert. Bei den Linienregimentern wurde um 1800 der gerade, mit Behängen verzierte und mit einem beweglichen Schirm versehene Tschako von der Leichten Kavallerie, den berittenen Jägern und den Husaren übernommen. Später, ab 1807, ersetzte er dann den Hut des Ancien Régime bei allen Waffengattungen und Truppenteilen.

Die Musiker, besoldete Instrumentalisten, Trommler und Pfeifer, die eine von einem stattlich herausgeputzten Tambourmajor angeführte *Clique* bildeten, waren zu dieser Zeit besonders gut und prächtig gekleidet, oft in den gewechselten Farben ihrer Truppeneinheiten, wobei Rock und Aufschläge mit zahlreichen Litzen geschmückt waren. Viele wurden bald zum Stolz ihrer Einheit, und bei ihrer Ausstattung ließ man alle strengen Bekleidungsvorschriften der Zeit weit hinter sich.

Der Artillerie, immer noch in ihrer überkommenen dunkelblauen Uniform mit roten Auf-

Bildnis des Kaisers Napoleon von R. Lefèbvre.
Der Kaiser trägt die kleine Uniform der Jäger zu Pferde der Kaisergarde.

schlägen, schenkte Bonaparte besondere Aufmerksamkeit. Er war es, der die berittenen Batterien der Konsular-Garde ins Leben rief, die Uniformen nach Husarenart trugen und die durch das berühmte Gemälde der Schlacht von Marengo des Generals Baron Lejeune (heute im Museum von Versailles) verewigt wurden. Überhaupt interessierte sich Lejeune sehr für die verschiedenen Uniformen seiner Zeit und war, wie man an den Zeichnungen und Gemälden, die uns überliefert sind, sehen kann, ein genau beobachtender Zeitgenosse. Dies bestätigt ein Vergleich mit den Bildern der Konsular-Garde, die uns andere zeitgenössische Künstler, wie Carle Vernet, Duplessis-Berthaux, Schwebach und Nicolas Hoffmann hinterlassen haben.

Obwohl Bonaparte selbst äußerst unauffällig gekleidet war, hatte er viel Sinn für Glanz und äußeren Aufwand und liebte es schon als Erster Konsul, von einem Stab in gestickten und reichverzierten Uniformen umgeben zu sein, besonders wenn er die verschiedenen Regimenter der Konsular-Garde besichtigte, die Grenadiere zu Fuß und zu Pferd, die Jäger zu Pferd und die Artillerie, die ihm vor allem am Herzen lag. Bei der Parade waren sie Elitetruppen in tadellosen Uniformen, auf dem Schlachtfeld waren sie unbesiegbar.

Auf die Dauer entstand eine ganz besondere Feldausrüstung, sozusagen ein *battle dress* der Zeit. Die französischen Armeen fochten in der Vendée, am Rhein, in Flandern, besetzten die Niederlande, Süddeutschland, Italien und Ägypten und in all diesen mehr oder weniger entfernten Landstrichen kam es bei unterschiedlichem Klima und zu den verschiedensten Jahreszeiten natürlich zu gewissen Abweichungen von den Bekleidungsregeln und zu Schwierigkeiten in der Versorgung.

Schon um 1795 tauchte in Frankreich der geschlossene, vorn geknöpfte Rock auf, der die alte Uniform mit den langen Rockschößen zunehmend ersetzte, die von nun an als kleiner Anzug diente. Bei der Kavallerie wurden die langen lederverstärkten, außen geknöpften Überhosen eingeführt, die die ledernen oder leinenen Kniehosen, besonders die der Husaren und berittenen Jäger, schützen sollten. In Ägypten mußte man oft auf landesübliche Stoffe und Materialien in den unterschiedlichsten Farben zurückgreifen, um die Besatzungsarmee einzukleiden, die sich den eingeborenen Mamelucken und der britischen Armee gegenübersah.

Die Franzosen hatten schon immer die Neigung, die Bekleidungsvorschriften ihrer Zeit zu mißachten; vielleicht war es ihre Phantasie, die sie manche Details abwandeln oder ausschmücken ließ. Bei den Generalen und den Offizieren der Stäbe konnte man diese Beobachtungen schon früher machen, später griffen sie auch auf die Uniformen der *Têtes de colonne* und der Musiker über, deren kostspielige Kleidung vom Regiment und seinem Oberst selbst bezahlt werden mußte.

Der Erste Konsul allerdings gab stets der Schlichtheit den Vorzug, trug selbst mit Vorliebe die Felduniform der berittenen Jäger seiner Garde und begnügte sich mit einer einfachen Goldtresse am Hut, den er später durch seinen berühmt gewordenen *petit chapeau* ersetzte.

Nach dem Italienfeldzug erschienen die französischen Uniformen insgesamt in einem ordentlichen, schmucken Zustand, ein Eindruck, dem sich die Bewohner der besetzten Länder und insbesondere deren weiblicher Teil nicht zu entziehen vermochten.

So konnte sich die französische Armee, entstanden während der Revolution und zusammengeschweißt durch ihre zahlreichen Feldzüge, stolz auf ihre Waffen und Uniformen, von 1803 ab in das kühne Wagnis einlassen, das ganz Europa in Flammen aufgehen ließ. Kaiser Napoleon wußte sehr genau um den Wert der militärischen Zurschaustellung, wenn er sagte: »Der Soldat muß seinen Staat lieben, er muß in ihm seine Neigungen und seine Ehre bestätigt finden; darum bedarf es der schönen Uniformen. Blau ist die beste aller Farben, denn durch sie sind wir in ganz Europa bekannt geworden. Außerdem braucht der Soldat bequeme, gutgeschnittene und saubere Kleidung.«

Die Enthauptung Ludwigs XVI. im Jahr 1793 hatte die Bildung eines gegen Frankreich gerichteten Bündnisses zur Folge, das aus Öster-

Französischer Husar und Fahnenträger um 1800 nach einem Stich von Carle Vernet.

reich unter Franz II., den durch französische Emigrantentruppen unterstützten Süddeutschen Staaten, dem Preußen Friedrich Wilhelms II. und später noch aus Großbritannien und Rußland bestand.

Nach dem Tod Friedrichs des Großen im Jahr 1786 befand sich Preußen im Besitz einer hervorragenden Armee. Der Neffe des Königs, Friedrich Wilhelm II., trat mit ihr ein großes Erbe an, ohne sich jedoch dieses Instruments in der richtigen Weise zu bedienen. Zwar hatte Frankreichs Armee durch die Niederlagen des Siebenjährigen Krieges viel von ihrem Ruf verloren, doch hatte auch die preußische Armee auf der Höhe ihres Ruhmes ganz erhebliche Mängel. Es erwies sich als notwendig, daß ihre Gliederungen und ihre Ausrüstung überholt, das Oberkommando und das Offizierscorps umorganisiert werden mußten. Tiefgreifende Reformen waren unumgänglich.

Die Infanterieregimenter, die Kavallerie und die Artillerie blieben zahlenmäßig und in ihrer Zusammensetzung erhalten, doch hatten die amerikanischen Unabhängigkeitskriege von 1775 bis 1783 gezeigt, welche Bedeutung der Leichten Infanterie zukam. Die ersten Reformen Friedrich Wilhelms II. bestanden folglich darin, nach 1787 ein Jägerregiment zu Fuß und drei Regimenter Leichter Infanterie mit Scharfschützen aufzustellen. Gleichzeitig brachte das Jahr 1788 die Reorganisation der Infanterieregimenter, der Reitenden Artillerie und mit der Schaffung einer *Bosniaken*-Truppe eine merkwürdige Neueinführung. Es handelte sich dabei um ein Regiment von Lanzenreitern, die nach türkischem Vorbild uniformiert, ausgerüstet und den Husaren zugeteilt waren.

Diese Armee trat unter dem Oberkommando des Herzogs von Braunschweig gegen die französische Revolutionsarmee an. Die berühmte Kanonade von Valmy des Jahres 1792 machte die Unzulänglichkeiten einer überalterten Kommandostruktur offenkundig, und der Feldzug endete dann auch 1795 mit einem ruhmlosen Rückzug der preußischen Armee,

der durch schlechtes Wetter noch zusätzlich behindert wurde.
Zwar waren die Grundzüge der Uniformen, die Bewaffnung und Aufrüstung der Armee im großen und ganzen beibehalten worden, doch führte der König im Laufe seiner Regierungszeit einige Neuerungen durch. So wurde 1788 bei der Infanterie der Hut durch das *Kaskett* ersetzt, eine zweiflügelige Kopfbedeckung mit weißem Besatz, der vorn und hinten aufgeschlagen war und dessen Flügel bei schlechtem Wetter heruntergelassen werden konnten. Bei den Grenadieren war das Kaskett vorn mit einer Granate, bei den Musketieren und Füsilieren mit dem königlichen Namenszug oder dem preußischen Adler geschmückt. Obenauf saß ein kleiner Puschel. Die Offiziere allerdings behielten wie die Kürassiere und die Dragoner den traditionellen Hut bei, der nach der Mode der Zeit jedoch höher wurde. Der Rock bekam einen knapperen Schnitt, war mit Rabatten und für jede Einheit mit unterschiedlich gestickten Knopflöchern versehen, auch wurden die Kragen höher. Das Bataillon Garde des Inf. Rgt. Nr. 6 durfte seine traditionelle spitze Grenadiermütze beibehalten, ebenso wie die gesamte Infanterie und Artillerie dem blauen Rock treu blieb. Nur die Leichte Infanterie und die Jäger trugen nach wie vor grüne Uniformen, eine Farbe, die zu allen Zeiten von Schützen und Jägern bevorzugt worden ist.
Die Tradition der preußischen Armee verlangte makellose Kleidung, und dank eiserner Disziplin und eines unerbittlichen Drills bot sie in Friedenszeiten ein untadeliges Bild. 1792, am Ende der französischen Kampagne, war sie jedoch wegen des entsetzlich schlechten Wetters, dezimiert durch die Ruhr, ohne Mäntel und Regenschutz in äußerlich sehr schlechtem Zustand und zutiefst demoralisiert.
Dies war zweifellos der Anlaß zur Einführung der langen Hosen aus grauem Drillich, die dazu dienen sollten, die Unterbekleidung trotz der bis zum Knie reichenden Gamaschen zu schützen. Die Haartracht wurde vereinfacht und der von einem schwarzen Band zusammengehaltene Zopf erheblich verkürzt. So entstand auf Kriegszügen und auf dem Schlachtfeld nach und nach der eigentliche Kampfanzug der zeitgenössischen Armeen, wogegen der einfache Infanterist noch immer keinen Mantel besaß.
Die Kavallerie war in einer glücklicheren Lage als die Fußtruppen, denn sie bekam um 1790 weite Mäntel oder Umhänge aus grobem Stoff mit einem ausladenden Kragen in den Regimentsfarben. Die Gardes du Corps, die Gens d'Armes und die Kürassiere gaben ihre eisernen Brustharnische ab, die Rockschöße des *Kolletts* wurden erheblich gekürzt.
Die Dragoner waren nach wie vor hellblau gekleidet, der Schnitt ihrer Uniformen war der gleiche wie bei der Infanterie. Auch die Husarenuniformen veränderten sich kaum, sie blieben bei den verschiedenen Regimentern von unterschiedlicher Farbe. Dolman und Pelz waren reich verziert mit Verschnürungen von gelber oder weißer Farbe. Die Röcke konnten nun mit Knöpfen geschlossen werden.
Alle Husarenregimenter bekamen zur Felduniform lange graue Hosen, die von oben bis unten seitlich zu knöpfen waren und die weißen Kniehosen aus Leder oder Stoff schützen sollten. Die Kopfbedeckung blieb weiterhin der mit Behängen verzierte Tschako; bei den Offizieren wurde später eine Pelzmütze mit goldenen oder silbernen Behängen eingeführt.
Wie die gesamte Infanterie hatte auch die Artillerie den dunkelblauen Uniformrock im neuen Schnitt, mit schwarzen Aufschlägen, Rabatten und Kragen übernommen; die Pioniere behielten als Abzeichenfarbe Orange bei. 1797 wurden die neuen Füsilierbataillone mit dunkelgrünen und schwarz vorgestoßenen Röcken ausgestattet, wurden also farblich unauffälliger.
Der Regierungsantritt des jungen Königs Friedrich Wilhelm III., der noch viel konservativer war als sein Vater, änderte nur wenig an der Organisation, dem Stil und der Uniform der Armee. Im Jahr 1800 wurde das *Bosniaken-Regiment,* eine Einheit von Lanzenreitern, in *Towarczys* umgewandelt und erhielt blaue Uniformen mit roten Abzeichen im polnischen Stil. Manche der von Friedrich Wilhelm III. befohlenen Veränderungen waren hinsichtlich der Kleidung und Ausrüstung

eher rückschrittlich. Der König war ein Pedant und interessierte sich lediglich für die Details der Uniformen.
Die verwendeten Stoffe waren von schlechter Qualität, die Uniformen wurden aus falsch verstandener Sparsamkeit immer enger geschnitten. Aufschläge und Rockschöße waren aus dem gleichen Stoff und ließen sich nicht knöpfen. Der Kragen ragte wieder so hoch, daß er das Kinn berührte. Die Westen verschwanden zunehmend, und übrig blieb lediglich ein kleiner Stoffrest, der an der Unterseite des Uniformrockes festgenäht war.
Schon 1798 wurde eine ganze Anzahl von Abzeichenfarben geändert und der Hut für Infanterie und Pioniere sowie für die Artillerie wieder eingeführt. Die Grenadiere bekamen auf Befehl des Königs neue Kopfbedeckungen mit Bändern in Abzeichenfarben. Das lederne Schild war von einer schwarzen Wollraupe gesäumt und trug den preußischen Adler sowie einen weißen Stutz. Versuchsweise tauchte um 1801 der runde Tschako mit Lederschirm auf und wurde zuerst für die Jägerbataillone eingeführt, die außerdem kurze schwarze Gamaschen oder Stiefel trugen. Die Kürassiere und Dragoner hatten von jetzt an einen Hut, Federbüsche und Kragen wurden immer ausladender; unter dem Kollett trugen sie das Kamisol, eine Art Weste. Die meisten Dragonerregimenter behielten die alten Uniformen und die Abzeichenfarben bei.
1802 wurden bei der Infanterie und der Kavallerie (Kürassiere und Dragoner) anstelle der geschweiften die geraden Rabatten eingeführt. Lediglich die Offiziere behielten den alten Uniformrock bei. Die Husaren tauschten mit Ausnahme des Regimentes Nr. 2, den ehemaligen Zieten-Husaren, etwa ab 1796 die große Pelzmütze gegen den Tschako ein. Die Artillerie, deren Uniformschnitt der gleiche wie bei der Infanterie war, die jedoch schwarze Aufschläge hatte, trug den Hut und zum Exerzieren sowie im Felddienst lange Hosen. Nichts könnte das Aussehen und den Stil dieser immer noch tief in der friderizianischen Tradition stehenden Armee besser veranschaulichen als die prachtvollen farbigen Kupferstiche, die zwischen 1789 und 1803 von den zeitgenössischen Berliner Künstlern Ch. Chr. Horvath, G. Thieme und A. L. Ramm veröffentlicht worden sind.
Während ihrer Beteiligung an den Koalitionskriegen zeichneten sich die preußischen Truppen durch eiserne Disziplin und untadelige Haltung aus und standen so in krassem Gegensatz zu dem Schlendrian und dem zerlumpten Aussehen ihrer Gegner, der gefürchteten *Sansculotten.* Aber auch Geist und Tradition des Großen Friedrich konnten nicht die katastrophalen Niederlagen der preußischen Armee des Jahres 1806 verhindern.
In dem mit Preußen verbündeten Österreich bestieg zu Anfang des Jahres 1792 Kaiser Franz II. als Nachfolger Leopolds II. den Thron. Als Antwort auf den Einfall der Verbündeten in Belgien, das zum Deutschen Reich gehörte, hatte Frankreich ihm bereits den Krieg erklärt.
Zu diesem Zeitpunkt war es für die österreichische Armee, die ja aus den Angehörigen unterschiedlichster Völker und Muttersprachen bestand und die dazu über zahlreiche Länder Mitteleuropas verstreut war, gewiß nicht leicht, sich zu versammeln und eine schlagkräftige Truppe auf die Beine zu stellen. Auch für sie galt, daß ihr Organisation und eine jahrhundertealte Tradition eine relativ feste Struktur gaben, die sich trotz der Niederlagen im Siebenjährigen Krieg unter der Regierung Maria Theresias, ihrer Söhne und Nachfolger Joseph II. (1765–1790) und Leopold II. (1790–1792) bewährt hatte.
Es waren vornehmlich die Dienstbestimmungen und Verordnungen der Jahre 1767, 1790 und 1800, die dieser Armee ihren Stempel aufdrückten und ihre Einsatzkraft in den großen kriegerischen Konflikten zwischen 1792 und 1803 gewährleisteten. Die österreichische Armee und ihre legendären *Weißröcke,* die von Herkunft und Rekrutierung her so heterogen waren, hatten die Hauptwucht des französischen Ansturms zu tragen und kämpften ehrenhaft unter ihren Fahnen und Standarten mit dem Doppeladler und den kaiserlichen Initialen F II.
Am Rhein und im Elsaß, auf der Höhe von Weißenburg, konnte der greise General Dago-

Österreichische Dragoner um 1793.

bert Wurmser mit seinen Kroaten und Panduren, den gefürchteten *Rotmänteln,* seine ersten Feldschlachten gewinnen. Nach der Niederlage von Jemappes mußte die österreichische Armee Belgien räumen, doch gelang es 1793 dem Prinzen von Coburg, die Franzosen zurückzuschlagen. Das war zugleich der erste Waffenerfolg des jungen Erzherzogs Karl, des Bruders des österreichischen Kaisers und zukünftigen Gegners Napoleon Bonapartes. Das ganze Gewicht des Kampfes lastete nach dem Rückzug der Preußen, die die Verteidigungslinie vom Rhein bis zu den Alpen halten sollten, allein auf der österreichischen Armee, und nur dank der Unterstützung durch die französischen Emigrantentruppen eines Condé und anderer Prinzen konnte sie doch noch einen Erfolg verbuchen.

Nach 1796 stellte sich in einer neuen Phase des Krieges die französische Armee wiederum dem Erzherzog Karl, dem Sieger von Würzburg, während Bonaparte in Mantua den alten General Wurmser zur ehrenhaften Kapitulation mit »fliegenden Standarten« zwang und ihn im darauffolgenden Jahr bis zum Semmering zurückschlug.

1799 brach der Zweite Koalitionskrieg aus, und die beiden Nationen begegneten sich erneut auf den süddeutschen Schlachtfeldern von Stockach und bei Novi. Zu diesem Zeitpunkt kam Rußland mit den ausgeruhten Truppen des Marschalls Ssuworow dem bedrängten Erzherzog Karl zu Hilfe, überquerte den Gotthard und schlug die Franzosen an der Teufelsbrücke bei Andermatt.

Der berühmte Schlachtenmaler Albrecht Adam überliefert uns als Augenzeuge ein charakteristisches Bild vom Aussehen und Stil der beiden kriegführenden Armeen: »Die schmukken und pittoresken Uniformen der französischen Revolutionsarmee begeisterten mich ebenso wie das lebhafte Temperament und die wilden Mienen dieser Soldaten sowie ihre seltsame Art, sich fortzubewegen. In größtem Gegensatz dazu standen die österreichischen Armeen. Ruhig und gesammelt sahen wir sie vorüberziehen, meistens in geschlossenen Kolonnen und trotz der Kriegswirren in korrekter Kleidung. Ergeben in ihr Schicksal vergaßen sie niemals die Subordination und machten einen grundsoliden Eindruck. Die unterschiedlichen Nationalitäten, aus denen die österreichische Armee bestand, fanden mein lebhaftes Interesse, und es gab für mich nichts Anziehenderes als ein österreichisches Feldlager. Ich zeichnete, was mir vor die Augen kam und spielte mit dem Gedanken, eines Tages Militärmaler zu werden . . .«

Die österreichische Infanterie bestand damals aus sogenannten deutschen und ungarischen Regimentern. Beide trugen den traditionellen weißen Rock mit den verschiedenen Abzeichenfarben, doch hatten die deutschen Einheiten weiße Kniehosen mit schwarzen Gamaschen, die ungarischen lange hellblaue Hosen, die an den Knöcheln zugeschnürt waren. Der Uniformrock ohne Aufschläge war vorn geknöpft, und den Hut ersetzte eine Kopfbedeckung aus Schrumpfleder, das *Kaskett,* mit den Initialen F II. für die Zentrumskompanien; die Grenadiere trugen Pelzmützen mit einer schwarz-gelben Kokarde, die Offiziere behielten den Hut bei.

1798 wurde mit Ausnahme der Husaren für die Infanterie und die Kavallerie eine neue Kopfbedeckung eingeführt. Es handelte sich um einen schwarzen Lederhelm mit abnehmbarer schwarz-gelber Raupe, der in Bayern bereits seit 1790 als *Rumfordkaskett* bekannt war. Die Abteilungen der freiwilligen Jäger waren wie die Jäger der Linie an ihren eisengrauen Uniformröcken mit grünen Abzeichen zu erkennen. Die Artillerie trug hellbraune Uniformen mit scharlachroten Kragen und Aufschlägen. Für die Offiziere des Generalstabs war der weiße Rock mit roten Hosen und Goldstickerei vorgeschrieben. Die gesamte Armee trug die Haare im Zopfstil der Zeit. Insbesondere die Uniformen der Kavallerie unterschieden sich immer durch starke Farbnuancierungen und einen ganz eigenartigen Schnitt. Die Kürassiere wurden bereits 1767 mit dem weißen Kollett ausgestattet, das wie bei den Infanteristen vorn geknöpft und mit Kragen und Aufschlägen in Abzeichenfarbe versehen war. Darüber wurde der schwarze Küraß getragen, von dem lediglich das *Plastron* genannte Vorderteil erhalten blieb. Der mit schwarz-gelbem Stutz

Folgende Seiten:
Kampf um die Teufelsbrücke. Während des zweiten Koalitionskrieges gegen Frankreich war eine russische Armee unter Feldmarschall Ssuworow bis nach Italien und in die Schweiz vorgedrungen, wo es ihr gelang, die Franzosen wiederholt zu schlagen und die dort stehenden österreichischen Kräfte zu entlasten. Ende September des Jahres 1799 erzwang Ssuworow den Übergang über den St.-Gotthard-Paß. Das zeitgenössische Gemälde von J. B. Seele zeigt einen Ausschnitt aus den sich während des Überganges entwickelnden Kämpfen zwischen russischen und französischen Truppen.

Österreichische Husaren und Ulanen um 1800 von J. B. Seele. Mit den Ulanen, in der österreichischen Armee seit 1784 eingeführt und 1791 erstmalig zu einem Regiment zusammengefaßt, fand deren charakteristische Bewaffnung, die Lanze, nach annähernd zweihundert Jahren wieder Eingang in das österreichische Heer.

geschmückte Hut machte 1799 dem Raupenhelm Platz.

Die gleiche Kopfbedeckung wurde bei den Dragonern und den Chevaulegers-Regimentern eingeführt, die vorher das Kaskett getragen hatten. Die ersten erhielten weiße Uniformen mit verschiedenen Abzeichenfarben und Hut mit Stutz, die letzteren wurden teils weiß, teils grün eingekleidet und trugen das Kaskett. Seltsam mutet es an, daß zwischen 1798 und 1801 alle Dragonerregimenter in *Leichte Dragoner* umgewandelt wurden; sie trugen grüne Uniformen mit weißen Hosen, dazu Stiefel und den Helm.

Die Husaren, die von Haus aus ungarische Reiterarmee, waren hervorragende und ausdauernde Säbelfechter und zeichneten sich durch ihre stolze Haltung und ihre Geschicklichkeit im Sattel aus. Was die Ausrüstung und Uniform anging, hielten sie im Dienst für Kaiser und König und in Treue zu ihrem Vaterland an den überkommenen magyarischen Traditionen fest. Auf allen Schlachtfeldern waren sie anzutreffen. Ihre Uniformen bestanden vor allem aus dem farbenfreudigen, bis zur Taille reichenden Dolman, der schwarz-gelbe Verschnürung zeigte, und aus dem reichverzierten Pelz. Die Beine steckten in buntbetreßten Hosen ungarischen Stils, und dazu trugen sie Stiefel, die oft aus farbigem Leder waren. Im Feld trugen sie zu Waffen und Gepäck den Tschako. Vor ihnen her zogen ihre Trompeter, die seltsamerweise deutsche Uniformen und einen Hut hatten. Alle ungarischen Husaren waren noch mit ledereingefaßten Überhosen ausgestattet, die mit Knöpfen geschlossen werden konnten.

1784 wurden Ulanen aufgestellt; es waren Lanzenreiter, die die Funktion der Leichten Kavallerie ausübten. Ursprünglich trugen sie die himmelblaue Kurtka mit gelbem Kragen und Rockaufschlägen und auf dem Kopf die pelzverbrämte Tschapka im polnischen Stil. 1786 wechselten sie zu Weiß über, 1792 wurden zur grünen Uniform rote Abzeichen getragen, dazu die gelbe Tschapka mit Federstutz. Ulanen kamen aus Polen, wurden von Österreich und Preußen übernommen und später auch in Frankreich eingeführt.

Um seine Grenzen zu schützen, mußte Österreich-Ungarn auf ortsansässige Truppenkontingente, die *Grenzer,* zurückgreifen, die als Leichte Einheiten dienten. Es handelte sich meistens um verheiratete Soldaten, die sich aus der einheimischen Bevölkerung in den Verwaltungsbezirken, den *Generalaten,* rekrutierten. Zum Teil behielten sie vorerst ihre Nationaltracht bei, doch schon 1767 wurden sie einheitlich ausgestattet. Die Infanterie trug graue Jacken und Hosen im ungarischen Stil mit Schnürschuhen, auf dem Kopf einen schmucklosen Tschako aus Filz ohne Schirm, dazu rote Mäntel.

Die alte Habsburgisch-Lothringische Dynastie besaß seit dem 17. Jahrhundert Palastgarden zu Fuß und zu Pferd. Hier sind vor allem die Arcieren-Leibgarde und die Trabanten-Leibgarde zu nennen. Zur roten Uniform trugen sie Aufschläge in schwarzen Abzeichenfarben und goldene Litzen, dazu Hellebarde und Säbel. 1800 erhielten sie Raupenhelme. Ihren Dienst leisteten sie nur am Wiener Hof. Eine Kompanie der Leibgarde-Infanterie wurde an die Hofburg abkommandiert. Sie waren bekleidet mit grauen Röcken, weißen Kniehosen und dem Hut. Die berittene ungarische Adelige Garde, die 1760 gebildet worden war, trug eine kostbare, reich mit Silber betreßte rote Uniform, Pantherfelle und Pelzmützen mit Stutz. Die Polnische Garde trug seit 1782 eine weiße *Konföderatka,* rotblaue, goldverzierte Röcke und rote Lederstiefel. Bewaffnet war sie mit Lanzen, die aber 1791 abgeschafft wurden. Keine dieser Einheiten wurde jemals im Feld eingesetzt.

Eine andere Armee jedoch, die der französischen Emigranten, wurde nach dem Tod Ludwigs XVI. durch ihre loyale Haltung und ihre soldatischen Qualitäten für die Österreicher und für die Süddeutschen Staaten zu einer unschätzbaren Hilfe. Die ersten Vorstöße in dieser Richtung begannen 1791 und weiteten sich 1792 durch die Emigration vieler höherer Offiziere, aber auch Unterführer und einfacher Soldaten aus, die Frankreich den Rücken kehrten, um in einem mörderischen Bruderkrieg gegen die Patrioten zu kämpfen, die zu ihren erbittertsten Feinden geworden waren.

Diese Truppen wurden zuerst 1791 jenseits des Rheins, in Koblenz und Rastatt, vor allem durch Joseph-Louis von Bourbon, den Prinzen von Condé, aufgestellt. Bis zum Jahr 1803 kämpften sie weit verstreut in der Schweiz, den Niederlanden, England und sogar auch in Rußland.

Die Elitetruppen, die im wesentlichen aus emigrierten Offizieren der Condé-Armee bestanden, erhielten entweder französische Uniformen oder blieben bei der Ausstattung der alten königlichen Armee. So etwa die Husarenregimenter von Bercheny und die Sächsischen Husaren, die zum Teil emigriert waren und ihre altangestammten Uniformen weitertrugen. Ein typisches Beispiel ist das des deutschen Kavallerieregiments, das mit seinem Oberst an der Spitze Frankreich verließ, um in vollen Waffen in österreichische Dienste zu treten. Es behielt seine blauen Uniformen mit karminroten, litzenbesetzten Aufschlägen und den reichbetreßten Röcken bei, lediglich der weiße Federbusch der Pelzmütze wurde gegen das Gelb-Schwarz der österreichischen Armee eingetauscht.

Damals wurden zahllose Formationen Infanterie und Kavallerie von den verschiedenen gegen Frankreich kriegführenden Staaten in Dienst genommen. Hier sind die Dragoner von Enghien, das Infanteriecorps von Rohan, die Jäger von Bussy, die Legion von Mirabeau, die Husaren von Baschy, die damaszenische Legion und die britischen Ulanen zu nennen. Man kann sich die weitreichende Farbskala der Uniformen dieser Krieger vorstellen, die manchmal in einem geradezu erbärmlichen Aufzug zum Kampf antreten mußten.

Um die Royalisten von den übrigen alliierten Truppen unterscheiden zu können, trugen sie weiße Kokarden und eine weiße Armbinde mit der schwarzen Lilie (dem Zeichen der Trauer) am linken Arm. Sie kämpften auf verlorenem Posten. Einige Süddeutsche Staaten und die Rheinlande, die sich durch die Invasion der französischen Armeen bedroht fühlten, schlossen sich mit den österreich-ungarischen Kräften zusammen und nahmen ebenfalls an den Koalitionskriegen teil. Unter den zahllosen Staaten, aus denen sich Deutschland

FRANKREICH
Leichte Infanterie 1800 | General 1796 | Regiment der Schweizer Garde, Grenadier 1792 | Infanterieoffizier 1800 | Infanterist 1795

FRANKREICH
Konsular-Garde zu Pferd, Offizier 1800 | Regiment Cuirassiers du Roi, Kürassier | Reitende Artillerie 1800 | 3. Husaren Rgt., Husar 1797 | Jäger zu Pferd, Offizier 1792–1800

HELVETISCHE REPUBLIK
Husar 1798–1800

ZISALPINISCHE REPUBLIK
Unteroffizier der Zisalpinisch-Lombardischen Legion 1797

BATAVISCHE REPUBLIK
2. Reiter Regiment, Reiter 1801

FRANKREICH
Artillerist der Polnischen Donau-Legion 1800

BATAVISCHE REPUBLIK
Jäger zu Fuß 1801

RUSSLAND
Offizier der Reitenden Artillerie 1797–1801

14. Jäger Bataillon, Jäger 1797

SPANIEN
Infanterie Rgt. Zamora, Grenadier

WÜRTTEMBERG
Infanterist 1804

BADEN
Offizier vom Husaren Regiment in Paradeuniform 1793

Oben:
Österreichische Infanterie um 1800.
Auf dieser Darstellung von J. B. Seele werden verschiedene Typen der in sogenannte deutsche und ungarische Regimenter unterteilten Linieninfanterie vorgestellt. Die Unterscheidung bestand im wesentlichen in der in Schnitt und Farbe voneinander abweichenden Beinbekleidung. Hier sehen wir ganz links im Bild Musketiere ungarischer Regimenter mit dem seit 1798 eingeführten ledernen Raupenhelm und langen hellblauen Hosen, daneben einen deutschen Grenadier in weißen Kniehosen, Gamaschen und Bärenfellmütze. Rechts der Offizier eines deutschen Regiments. Im Mittelgrund Musketiere eines deutschen Regiments und im Hintergrund Artilleristen.

Unten:
Österreichische Artilleristen um 1800 von J. B. Seele. Bei der zweiten Figur von links in weißer Uniform und Kaskett handelt es sich um einen Fuhrknecht.

PORTUGAL
Infanterieoffizier 1800

BAYERN
2. Chevaulegers Rgt.,
Chevauleger 1790–1800

SARDINIEN
Offizier der Leichten Infanterie
1792

HESSEN-DARMSTADT
Chevaulegers Rgt., Chevauleger
1799

ENGLAND
Infanterie Rgt. Antichamp
(Französische Emigranten-
truppen in Englischen
Diensten), Infanterist 1795

ENGLAND
1. Regiment der Garde zu Fuß,
Grenadier 1800

Reitende Artillerie, Artillerist
1800

1. Regiment der Garde zu Fuß,
Offizier 1790

14. Rgt. zu Fuß (Bedfordshire
Regiment), Musketier 1794

15. Leichtes Dragoner Rgt.,
Dragoner 1793

ÖSTERREICH

Leichtes Dragoner Rgt. Leveehr Nr. 14, Dragoner 1798–1801

Offizier der Leichten Infanterie 1798–1801

Husaren Rgt. Wurmser, Husar 1798–1800

(Deutsches) Infanterie Rgt. Kaiser Franz II. (Nr. 1), Grenadier 1799

Wurmsersches Freicorps, Offizier 1798

PREUSSEN

Husaren Rgt. v. Werner (1806: Rgt. Nr. 6), Husar 1792

Infanterie Rgt. v. Köthen (1806: Rgt. Nr. 48), Musketier 1792

Füsilier-Bataillon v. Ernest Nr. 19, Offizier 1800

Offizier der Bosniaken in Sommeruniform 1792

Infanterie Rgt. v. Wolframsdorf (1806: Rgt. Nr. 37), Musketier 1792

am Ende des 18. Jahrhunderts zusammensetzte, gehörte die Markgrafschaft Baden zu den ersten, die durch das Vordringen der französischen Armeen über den Rhein in die militärischen Ereignisse verwickelt wurden. Kleidung und Ausrüstung der badischen Truppen richteten sich nach preußischem Muster: Die Infanterieregimenter trugen blaue Uniformen mit rot-gelben Aufschlägen und Mützen wie die preußischen Grenadiere und Füsiliere. Das Regiment der Gardes du Corps trug ursprünglich zur gelben Uniform den Hut, wechselte aber 1799 zu einer weißen Uniform über, die schließlich 1801 gegen eine himmelblaue mit roten Abzeichen ausgetauscht wurde. Die Dragonerkompanie trug Blau mit schwarzen Aufschlägen, die badischen Husaren hatten Dolman und grüne Pelze mit gelben Schnüren, roten Kragen und Aufschläge. Die Artillerie war schwarz gekleidet. 1803 erhielt die Uniform einen zweckmäßigeren Schnitt mit geraden Rabatten.

Der Herzog von Württemberg folgte in der preußischen Organisation seiner Soldaten dem Beispiel der Badener. Die württembergische Armee entwickelte viel mehr Schlagkraft als die badische, weil sie im Siebenjährigen Krieg an der Seite Österreichs gekämpft hatte.

Mit der Aufstellung des Infanterieregiments Württemberg, bekannt auch als *Kap-Regiment,* weil es für den Dienst in Ostindien bestimmt war, entstand 1786 ein neuer Uniformtypus, der mit der Tradition brach. Die dunkelblaue Uniform mit gelben Kragen und Rabatten sowie weißen Hosen wurde durch einen Lederhelm mit Raupe und neuartigem Schirm ergänzt, der ab 1799 der ganzen Armee ausgehändigt wurde.

Ab 1789 trugen alle Regimenter, außer dem Grenadier-Bataillon (dem späteren Garderegiment), das Pelzmützen hatte, diese Uniform mit verschiedenartigen Abzeichen. 1799 stellte Herzog Friedrich dann eine Kompanie der *Schwarzen Jäger* auf, die dunkelgrün und mit einem Hut bekleidet waren. Die Kavallerie bestand aus einem Regiment *Kreis-Dragoner,* das Röcke mit roten und gelben Abzeichen hatte, dazu einen Hut mit schwarzem Stutz. 1792 veränderte sich diese Uniform: blauer Rock mit schwarzem Kragen, schwarzen Rabatten und roten Aufschlägen, schwarzer Helm mit Federbusch. 1795 wurden Rabatten und Kragen rot.

Zur gleichen Zeit entstand eine neue Einheit, die sich in drei Schwadronen aufteilte: die Gardes du Corps, die Leibjäger und die Chevaulegers, die sich durch kleine Abänderungen in Schnitt und Farbe ihrer Uniformen voneinander unterschieden. Das Husarenregiment in Grün, mit gelben Schnüren und roten Hosen, schwarzen Aufschlägen und Kragen wurde 1798 aufgelöst. Die Artillerie trug Hellblau mit Schwarz, der Abzeichenfarbe, die von fast allen Artilleristen der Zeit übernommen wurde.

Die bayrische Armee dieser Epoche stand in Charakter und Erscheinungsbild der österreichischen Armee näher. Durch die Verschmelzung der kurpfälzischen und der bayrischen Armee im Jahr 1777, einer Zeit, zu der die hellblaue Farbe noch vorherrschte, vergrößerte sich das Truppenkontingent ganz erheblich. Die Uniformen wechselten erstmalig im Jahr 1785; dabei wurde die weiße Kleidung für die Infanterie eingeführt, und Weiß wurde die charakteristische Farbe, die 1789 die ganze bayrische Armee übernahm. Gleichzeitig führte der Minister Rumford einen Helm mit weißem Roßhaarschweif für die Grenadiere und schwarzem für die Füsiliere ein. Die enganliegende blaue Uniform besaß verschiedenfarbige Rockaufschläge, graue Hosen, dazu schwarze Gamaschen im ungarischen Stil. Kürassiere und Dragoner trugen die gleiche Uniform in Weiß, während die 1790 von Rumford aufgestellten Chevaulegers in Eisengrau, mit farbigen Kragen, Aufschlägen und Rabatten gekleidet waren. Im Jahr 1800 wurde für die gesamte Armee der Lederhelm mit schwarzem Helmbusch und der Rock in charakteristischem Hellblau eingeführt, den die bayrische Armee auch später beibehielt. Die Uniform der Artillerie war seit 1791 dunkelblau, mit schwarzen, rot vorgestoßenen Kragen und Aufschlägen. Die ehemalige Palastgarde, die Hartschiere, trug die Hoftracht, Blau-Schwarz mit silbernen Litzen, dazu einen roten Mantel. Sie war bewaffnet mit einer *Couse.*

Im allgemeinen hielten sich die souveränen deutschen Staaten dieser Zeit, was Bewaffnung, Ausrüstung und besonders die Uniformen anlangte, an das zeitgenössische preußische Vorbild, insbesondere die Landgrafen von Hessen-Darmstadt, von Hessen-Kassel, die Herzöge von Braunschweig, Anhalt und Oldenburg, während Nassau dem bayrischen Vorbild folgte. Das Kurfürstentum Sachsen war aus Tradition ein treuer Bundesgenosse Österreich-Ungarns. Seine Infanterieregimenter trugen weiße Kleidung mit farbigen Kragen und Aufschlägen und seit der großen Reorganisation von 1765 enge Hosen im ungarischen Stil von der Abzeichenfarbe, als Kopfbedeckung den Hut oder für die Grenadiere die Pelzmütze. Zwischen 1771 und 1800 wechselte der Schnitt der Uniformen mehrere Male. Nur die *Leibgrenadier-Garde* trug seit 1754 ununterbrochen die Pelzmütze, gelbe Abzeichen, weiße Hosen und der Jahreszeit entsprechend entweder weiße oder schwarze Gamaschen.

Bei der Kavallerie hatten die Gardes du Corps und die Carabiniers das weiße Kollett übernommen, die Kürassiere zusätzlich noch den schwarzen Küraß. Die Dragoner und die Chevaulegers behielten den geknöpften roten Rock und den Hut bei. Das blieb so bis nach 1803. 1791 bekam das einzige Husarenregiment weißen Dolman mit blauen Abzeichen, hellblauen Dolman mit blauen Verschnürungen und schwarzen Tschako. Die Artillerie blieb weiterhin bei dem dunkelgrünen Rock, der schon seit 1730 Tradition war.

Das Kurfürstentum Hannover, seit 1714 mit der britischen Krone unter Georg I. vereinigt, befand sich in einer besonderen Situation. Unter der Regierung Georgs III. wuchs der Einfluß Englands auf die hannoveranische Armee und ihre Einrichtungen.

Die britische Armee zählte zu den erbittertsten Gegnern der Franzosen. Ihre berühmten *redcoats* genossen kraft ihrer Organisation und ihrer strengen Disziplin einen ausgezeichneten Ruf. Ihre Uniformen waren häufigen Veränderungen unterworfen. Die berühmte *Household Cavalry* mit den *Life Guards* mit blau-goldenen Abzeichenfarben sowie die blaugekleideten *Horse Guards* und die Fußgarden waren wie die gesamte Armee in Einklang mit den Vorschriften der *Königlichen Erlasse* von 1768 und 1796 gekleidet. Das Gros der Soldaten trug den Hut, die Grenadiere hatten Pelzmützen. Lediglich die Königliche Artillerie trug von Anfang an den dunkelblauen Dolman mit scharlachroten Aufschlägen.

Um 1791 machten sich gewisse Modeerscheinungen und Verbesserungen bemerkbar und hielten sich etwa bis 1800. Die eiserne Disziplin bewirkte zwar, daß die Regeln bei der einfachen Truppe streng befolgt wurden; nicht so bei den Offizieren, die ihrer Phantasie freien Lauf ließen, indem sie Elemente der Zivilkleidung und die vorgeschriebene Uniform miteinander vermischten.

Bei der Kavallerie waren Hut, roter Rock, weiße Hosen und Stiefel vorgeschrieben. Die Leichten Dragoner unterschieden sich seit 1784 durch einen blauen Rock und einen Raupenhelm mit Stutz.

Die englische Infanterie hatte 1768 für ihre Grenadiere blaue Hosen, schwarze Gamaschen und Pelzmützen eingeführt, die Lederriemen wurden über der Brust gekreuzt, und 1790 wurden die Schulterstücke mit *wings* versehen, um die Lederriemen unter den Epauletten festzuhalten. Die Haare waren im Nacken festgebunden. Die zahlreichen Freiwilligencorps, die nach 1799 aufgestellt wurden, unterschieden sich durch ihren Raupenhelm, doch wechselten ihre Uniformen in Schnitt und Farbe von Einheit zu Einheit. Der zylinderförmige Tschako wurde im Jahr 1800 eingeführt.

Die schottischen Einheiten unterschieden sich schon immer durch ihre charakteristische Hochländeruniform, bestehend aus dem Kilt, einer kurzen Jacke und der Schottenmütze. In der gesamten britischen Armee trugen die Musiker die phantasievollsten Uniformen, und das sogar im Kugelregen. Wie überhaupt für alle Soldaten dieser Armee gilt, daß auch im Feld die Einhaltung der Vorschriften genau beachtet wurde.

Während die nordischen Länder wie Dänemark und Schweden in ihren Uniformen den eigenen Nationalstil beibehielten, zeigten sich interessanterweise in Rußland zwischen 1790

Russische Kavallerie um 1802 in einer zeitgenössischen
Darstellung von L. Ebner.

Russische Infanterie um 1802 in einer zeitgenössischen Darstellung von L. Ebner.

und 1803 einige besondere Entwicklungen, wenn auch bei den Uniformröcken die grüne Farbe vorherrschte. Nach dem Edikt Katharinas II. wurde 1786 für die ganze russische Armee eine Standarduniform eingeführt, die in ihrem modernen Zuschnitt alle zeitgenössischen Vorbilder hinter sich ließ. Ausgenommen von dieser Neuerung waren die Gardes du Corps und die Husaren. Der Uniformrock mit geraden Rabatten und kurzen Rockschößen, die in Höhe der Schenkel umgeschlagen waren, wurde ergänzt durch rote Hosen, die unterhalb des Knies durch Beinleder verstärkt waren. Die Kopfbedeckung bestand aus einem Lederhelm mit farbigem Roßhaarschweif, der von einer Schläfe zur anderen reichte. Zehn Jahre später schaffte Paul I. diese praktische Bekleidung wieder ab. Er griff auf das strenge preußische Modell zurück, und 1803 führte Alexander I. für die Infanterieregimenter den Tschako ein. Die Offiziere behielten den federgeschmückten Hut und golddurchwirkte Achselschnüre.

In den Kriegswirren zwischen 1792 und 1803 war es Frankreich gelungen, die Batavische Republik in Holland, die Cisalpinische Republik in Italien und die Helvetische Republik in der Schweiz zu gründen. Alle in diesen besetzten Ländern ausgehobenen Truppen wurden nach französischem Vorbild ausgerüstet.

Die Napoleonischen Kriege 1800-1815

ECKART KLESSMANN

Die ersten fünfzehn Jahre des 19. Jahrhunderts demonstrieren die Epoche äußerster Prachtentfaltung in der Geschichte der Uniform; diese anderthalb Jahrzehnte prägen fast das Aussehen der Armeen das ganze Jahrhundert hindurch. Vor allem war es das Heer Napoleons, dessen aufwendige Uniformen die Zeitgenossen rückhaltlos bestaunten. Als die Berliner nach der Niederlage von Jena und Auerstedt 1806 den einrückenden Feind erstmals zu Gesicht bekamen, bewunderten sie unverhohlen die mit Äxten, Lederschürzen, Bärenmützen und riesigen Vollbärten versehenen Sappeure (ein Typus, den die meisten Staaten von Frankreich kopierten und der sich bis tief in das 19. Jahrhundert hielt), die goldstrotzenden Tambourmajore von überragender athletischer Gestalt (auch sie wurden typprägend), die eisengepanzerten Kürassiere mit den schwarzen Roßhaarschweifen an den Helmen (die republikanischen Garden Frankreichs und Italiens tragen sie noch heute) und Napoleons Elitetruppe, die Garde Impériale, von deren »reichsten, bunten Uniformen, in deren sich tausendfältig wiederholendem Rot, Blau und Weiß die volle Macht der französischen Nationalfarben die Augen traf« ein Berliner Beobachter sich »kaum losreißen« konnte. Ein anderer Berliner weiß zu berichten, daß manche Bürger sogar versuchten, dieser Elitetruppe beizutreten: »Dazu trieb hauptsächlich der Reiz, den die feine Uniform dieser Garden bewirkte.« Und einzig die Schönheit der Uniform verlockte 1812 einen fünfzehnjährigen Jungen aus Krefeld dazu, Trompeter in einem französischen Carabinier-Regiment zu werden.

Die Uniformierung der europäischen Armeen erfährt in den ersten Jahren des 19. Jahrhunderts eine grundlegende Neugestaltung. Wichtigste Kopfbedeckung wird der lederne Tschako, der den bis dahin gebräuchlichen Zweispitz aus Filz ablöst, nur von den Offizieren und der Generalität wird der Hut – überwiegend – weiter getragen. Bei der Kavallerie werden Raupenhelm, Eisenhelm mit Roßhaarschweif und die polnische Tschapka zum Charakteristikum, vereinzelt finden sie auch bei der Infanterie Eingang. Dafür verschwindet die bis dahin für die Husaren typische Flügelmütze *(mirliton),* auch die niedrige Pelzmütze

Charles Thevenin malte 1810 die Schlacht von Jena (14. 10. 1806) für Napoleons Generalstabschef Alexandre Berthier. In der Bildmitte reitet Napoleon im grauen Redingote; hinter ihm, in husarischer Phantasieuniform, Joachim Murat; daneben, den Betrachter ansehend, Berthier. Die links dargestellten Grenadiere tragen den Tschako, der zwar 1806 für die französische Infanterie eingeführt, tatsächlich aber noch nicht getragen wurde. Links vor Napoleon zwei berittene Garde-Jäger in roter Pelzjacke. Der hinter ihnen reitende Offizier mit rotem Tschako trägt die von Lejeune erst 1808 entworfene Uniform der Stabsoffiziere Berthiers.

Rechte Seite:
»Die Leipziger Jugend führt die angekommenen Franzosen in die Quartiere« ist der Titel dieser 1808 entstandenen Radierung von Christian Gottfried Heinrich Geißler. Am 18. 10. 1806, vier Tage nach der Doppelschlacht von Jena und Auerstedt, besetzt das 3. Armeekorps unter Marschall Davout, die Sieger von Auerstedt, Leipzig. Die französische Infanterie trägt noch nicht den Tschako. Im Bildzentrum steht ein Carabinier der Leichten Infanterie mit Pelzmütze, ganz links ein Füsilier des 57. Linienregiments mit der Regimentsnummer auf den Frackschößen.

der Husaren wird seltener (in Frankreich wird sie Kennzeichen der Elite-Schwadronen), und die von den Grenadieren der Linien-Infanterie vielfach getragenen hohen Bärenfellmützen werden im Lauf der Jahre zum ausschließlichen Abzeichen von Garden.

Die Grundfarben der Nationen hatten sich schon im 18. Jahrhundert fest etabliert: Blau als Farbe Preußens, Scharlachrot als Abzeichen Großbritanniens, in Dunkelgrün gekleidet erscheinen die Russen, in Weiß die Österreicher (mit roten Hosen für die Deutsch-Österreichische Infanterie, mit hellblauen für die Ungarn), während die Franzosen sowohl in Weiß wie in Blau uniformiert sind. Erst nach der Französischen Revolution und der Einführung der Trikolore als Nationalflagge bestimmt das Blau-Weiß-Rot die französische Infanterieuniform. Zugleich macht sich eine Vereinheitlichung in den immer größer werdenden Heeren bemerkbar, trotz einer verschwenderischen Fülle von Ausnahmen.

Zu dieser Vereinheitlichung gehört etwa, daß die Infanterieregimenter der Linie nach 1807 sich nur noch selten durch verschiedenfarbige Abzeichen (Aufschläge, Kragen, Rabatten) unterscheiden, sondern durch Regimentsnummern auf Knöpfen und Kopfbedeckungen. Dazu gehört ferner, daß die mit Frankreich verbündeten Rheinbundtruppen eine Uniform französischen Schnitts bekommen, deren Grundfarbe bei der Infanterie überwiegend Weiß ist. Dazu gehört, daß Napoleon 1812 eine für Infanterie wie Kavallerie (ausgenommen die Garde) einheitliche Uniform für die Musiker befiehlt, die bis dahin entweder gewechselte Farben trugen (Abzeichenfarbe der jeweiligen Regimenter als Grundfarbe) oder ganz nach persönlichem Geschmack des Regimentskommandeurs gekleidet waren. Einheitlich wird auch die Einführung von weiten Leinenhosen *(pantalons)* für die Infanterie und leinener Überknöpfhosen mit Lederbesatz an den Innenseiten für die Kavallerie (beides für den Felddienst) oder regenabweisender Wachstuchbezüge für die Tschakos. Aber selbstverständlich gibt es immer wieder Ausnahmen.

Denn fast noch stärker als das Bemühen um Vereinheitlichung ist der Drang nach Ausnahmen. So bleiben die Husarenregimenter vieler Staaten bei dem alten Brauch, jedes Regiment anders zu kleiden; so tragen von den 31 berittenen Jägerregimentern der Franzosen vier eine Uniform nach Husarenschnitt, obwohl eigentlich ein langschößiger Frack vorgeschrieben ist, in Dunkelgrün, wie allgemein für Jäger – zum Teil aus Forstleuten rekrutiert – üblich. So bleibt es auch selbstverständlich, daß die Soldaten mit drei Uniformen ausgerüstet sind: Paradeuniform *(grande tenue)*, Felddienstuniform *(petite tenue* oder *tenue de route)* und Interimsuniform *(tenue de quartier)* zum Ausgehen, jede in einem möglichst anderen Schnitt.

Ein besonderer Kult wird – wie schon erwähnt – mit den Musikeruniformen getrieben, allerdings nur in Frankreich. Das Aussehen des Musikkorps, das stets in der Marschformation die Kolonnenspitze bildete, war bis 1812 Sache des jeweiligen Regimentschefs. Und dem konnte das Erscheinungsbild gar nicht farbenprächtig genug sein. So trugen die der Musik vorwegschreitenden Tambourmajore – von Heinrich Heine besungen – entweder niedrige Pelzmützen, die mit farbigen Pompons und einem übergroßen Stutz bekrönt waren, oder Zweispitze oder reichdekorierte Zweimaster. Zweispitze trugen auch die *Chefs de musique*, und von den Musikern, die für gewöhnlich nur mit einem Tschako ausgestattet waren, trugen die vom 9. Linien-Infanterieregiment und vom 17. Leichten Infanterieregiment sogar Tschapkas, die sonst nur bei den Lanciers in Gebrauch waren, also Kavallerie-Kopfbedeckungen.

Als Napoleon dann 1812 eine durchweg einheitliche Musikeruniform vorschrieb – grüne Livree mit gelben Abzeichen – fand er begreiflicherweise keine Gegenliebe. Nur wenige Regimentsmusiken waren zwischen 1812 und 1815 nach Vorschrift uniformiert, die meisten hielten es nach wie vor mit dem alten Brauch; auch dürften längst nicht immer in den Depots die neuen Uniformen bereitgelegen haben, man mußte also die alten auftragen.

Auch Napoleons Marschälle liebten es, ihre Stäbe in Phantasieuniformen zu kleiden, so Bernadotte, Berthier und Morthier. Bernadotte

FRANKREICH

3. (Holländisches) Regiment der Kaisergarde, Musiker 1812

3. (Holländisches) Regiment der Kaisergarde, Grenadier 1811–1812

1. Regiment der Kaisergarde, Tambourmajor 1810

1. Regiment der Kaisergarde, Grenadier 1804–1815

1. Regiment der Kaisergarde, Grenadier im Mantel 1804–1815

FRANKREICH

Garde-Marinier 1806–1813

Genie der Kaisergarde 1810

Sappeur der Jäger zu Fuß der Kaisergarde 1806

Fußartillerie der Kaisergarde, Handwerker 1806

Jäger zu Fuß der Kaisergarde (im Surtout) 1806

FRANKREICH
Grenadier der Reitenden Garde-Grenadiere

Jäger zu Pferd der Kaisergarde

Lancier des 1. (Polnischen) Regiments der Kaisergarde 1810–1814

Dragoner der Kaisergarde (Dragoner der Kaiserin) 1810

Lancier des 2. (Holländischen) Regiments der Kaisergarde feldmarschmäßig 1810

FRANKREICH
Adjutant des Marschalls Berthier 1809

Elite-Gendarm der Kaisergarde in großer Uniform 1806

2. Regiment der Ehrengarde, Husar 1813

Ordonnanz-Gendarm 1806

Mameluck, zugeteilt dem Garde-Jäger Rgt. zu Pferd 1808

Louis-François Lejeunes Gemälde der Schlacht von Marengo (14. 6. 1800) ist die Darstellung eines Augenzeugen. Lejeune war damals Pionierhauptmann im Stabe Berthiers. Sich selbst hat er im Vordergrund ganz rechts porträtiert: Er ist der Reiter mit Zweispitz und weißer Armbinde, inmitten österreichischer Gefangener. Das Gemälde basiert auf Skizzen, die Lejeune während der Schlacht gemacht hat. Es wurde erstmals 1801 in Paris ausgestellt und mit einer Goldmedaille ausgezeichnet.

FRANKREICH
5. Infanterie Rgt., Grenadier 1812

Füsilier 1808

Grenadier 1806

Grenadier im Mantel 1813

Offizier einer Grenadier-Kompanie 1806

FRANKREICH
67. Infanterie Rgt., Musikmeister 1809

Voltigeur 1806

Voltigeur 1808

9. Infanterie Rgt., Musikmeister 1809

Offizier der Jäger zu Fuß 1813

FRANKREICH
Infanterie Rgt. Isenburg, Voltigeur 1808

Bataillon des Fürsten von Neufchâtel (Marschall Berthier), Voltigeur 1810

Portugiesische Legion, Voltigeur 1812

Regiment Preußen, Grenadier 1806

Regiment La Tour d'Auvergne, Grenadier 1808

FRANKREICH
Chirurg 1812

Fahrer des Artillerietrain 1812

Offizier der Fußartillerie 1812

Kanonier der Reitenden Artillerie 1812

Pionier 1809

Oben:
Napoleon und sein Stab reiten über das Schlachtfeld von Friedland am Abend des 14. Juli 1807, ein Gemälde von Horace Vernet. Links eine Gruppe russischer Gefangener, bewacht von einem Kürassier. Der hinter dem Kopf von Napoleons Schimmel dargestellte Dragoner hält erbeutete russische Fahnen.

Rechte Seite:
Paulin Guérin porträtierte den Maler und Obersten Louis-François Lejeune in der von Lejeune 1808 entworfenen Uniform für den Stab Berthiers. Auf einer zerstörten Kanone sitzend, skizziert der Oberst Details einer Schlacht für sein nächstes Gemälde. Da Lejeune 1812 zum Brigadegeneral ernannt wurde, muß das Bild zwischen 1808 und 1812 entstanden sein.

FRANKREICH
Kürassier 1810 — Dragoner 1812 — Carabinier 1810 — 26. Rgt. der Reitenden Jäger 1812 — Carabinier 1805

FRANKREICH
7. (Polnisches) Chevaulegers-Lanciers Rgt. 1811 — 1. (Französisches) Chevaulegers-Lanciers Rgt. 1812 — Belgischer Prinz Arenberg Chevauleger (27. Rgt. der Jäger zu Pferd) 1807 — 13. Rgt. der Jäger zu Pferd, Elitejäger 1812 — 7. Dragoner Rgt., Elitedragoner 1810

FRANKREICH
Trompeter der Jäger zu Pferde 1810
Trompeter der Carabiniers 1809–1810
Trompeter des 12. Kürassier Rgts. 1810
Trompeter des 17. Dragoner Rgts. 1812
Trompeter des 1. Husaren Rgts. 1807–1808

FRANKREICH
3. Husaren Rgt., Husar 1810
5. Husaren Rgt., Husar 1808
7. Husaren Rgt., Husar 1808
1. Husaren Rgt., Husar 1808
8. Husaren Rgt., Husar 1809

kopierte dabei die Gardejägeruniform seines eifersüchtig beobachteten Rivalen Napoleon, indem er gewechselte Farben für seine Guiden vorschrieb, um sie von Napoleons Gardejägern abzuheben. Generalstabschef Berthier aber ging einen beträchtlichen Schritt weiter: Er ließ sich von Louis-François Lejeune, Oberst in seinem Stab und hochbegabter Maler dazu, sogar eine eigene Uniform entwerfen. In seinen Memoiren berichtet Lejeune: »Der Fürst [Berthier] hatte mich beauftragt, für uns eine besondere Uniform zu zeichnen. Ich wählte eine solche nach ungarischer Art, Pelz von schwarzem Tuch, weißen Dolman mit Goldschnüren, Hosen und Tschako von scharlachrotem Tuch, letzterer von einem Reiherbusch überragt. Diese verschiedenen Kleidungsstücke aufs reichste mit goldenen Besätzen, Rundschnüren und Knöpfen verziert. Eine reiche Schärpe aus schwarzer Seide mit goldenen Schiebern, eine kleine Kartusche, eine Säbeltasche, ein Säbel mit Damaszenerklinge vervollständigten den Anzug. Unsere Paradepferde waren arabischen Blutes, weißgrau mit langwehenden, gepflegten Mähnen und Schweifen, nach Husarenart aufgezäumt. Ein Pantherfell mit ausgezacktem, rot und goldenem Besatz bedeckte den Sattel.« Als Napoleon am 8. Dezember 1808 seinen triumphalen Einzug in Madrid hielt, trug der Stab seines Generalstabschefs erstmals die von Lejeune entworfene Uniform.

Eine Sonderstellung nahm hier Joachim Murat ein. Er, Marschall von Frankreich, Großherzog von Berg und schließlich König von Neapel, dazu Chef der gesamten französischen Kavallerie, erschien nie anders denn papageienbunt auf dem Schlachtfeld. Sein Schwager Napoleon bezeichnete ihn gern als »König Franconi«, nach dem Chef des größten französischen Zirkusunternehmens. Murat trug fast täglich eine andere Uniform eigenen Geschmacks, stets hautenge Hosen, dazu Stiefel aus weichem Saffianleder in Gelb, Rot oder Grün, den Waffenrock goldbestickt, die Pelzmütze mit juwelenstrotzenden Agraffen besetzt, sofern er nicht eine bunte Tschapka oder – höchst selten – den vorgeschriebenen Marschallshut trug. Seine ihn seit dem Jahr 1808 eskortierenden neapolitanischen Gardehusaren erschienen in gelber Uniform, reich beschnürt und durchweg auf Falben mit weißen Mähnen und Schweifen.

Einer solchen Pracht mochten die französischen Husaren der Linie nicht nachstehen. Nicht nur war jedes Regiment ohnehin anders uniformiert, sie brillierten auch durch ihre bunten Stutze. Zwar hatte ein Befehl Napoleons vom 9. November 1810 diese Stutze auf den Husarentschakos und den Pelzmützen ihrer Elite-Eskadrons rigoros verbannt, aber die Husaren scherte das wenig. Bis Waterloo erschienen sie mit Stutzen in allen Farben, ja, die Trompeter glänzten sogar mit bunten Tschakos. Statt des eintönigen Schwarz trugen sie Tschakos in Hellblau (2., 9. und 10. Regiment), in Rot (4., 8. und 13. Regiment), in Weiß (5. Regiment), in Grün (7. Regiment) und in Braun (13. und 14. Regiment).

Schließlich bestimmte auch der Zufall das Aussehen. Als 1806 in Frankreich infolge der britischen Seeblockade das Indigo zum Blaufärben knapp wurde, befahl Napoleon die Einführung einer weißen Uniform für seine Linieninfanterie. Mit ihr waren bis 1807 nur 18 (von 112) Regimentern ausgestattet, als es mit dem Indigoimport wieder klappte und die blaue Uniform wieder eingeführt wurde. Dennoch kämpften noch 1811 in Spanien französische Infanteristen in dieser weißen Uniform. Und als Ende 1809 die Neu-Uniformierung der beiden französischen Carabinier-Regimenter beschlossen wurde, hatte Napoleon als Grundfarbe Krapprot bestimmt. Da von diesem Tuch jedoch nicht genügend vorhanden war, Bestände in Weiß aber ausreichend vorlagen, wurden die Regimenter entgegen dem kaiserlichen Willen in Weiß uniformiert.

Ähnlich war es mit den Kopfbedeckungen. Zwar hatte Frankreich 1804 den Tschako eingeführt, aber noch 1806 trug die französische Infanterie überwiegend den Zweispitz aus Filz, und noch 1812 sah man Liniengrenadiere mit der – zugleich mit dem Hut – abgeschafften Bärenfellmütze. Die vorhandenen Bestände mußten erst aufgebraucht werden.

Ein ähnliches Durcheinander gab es in Preußen, als 1806 der Krieg ausbrach, denn gerade

PREUSSEN
Füsilier-Bataillon v. Wedel Nr. 5, Füsilier 1805

Grenadier-Bataillon v. Rheinbaben, Unteroffizier 1806

Füsilier-Bataillon v. Wedel Nr. 5, Offizier 1806

Infanterie Rgt. v. Winning (1806: Rgt. Nr. 23), Musketier 1806

Infanterie Rgt. v. Winning (1806: Rgt. Nr. 23), Grenadier 1806

PREUSSEN
Kanonier der Fußartillerie 1805

Kanonier der Feldartillerie 1805

Offizier vom Feldjäger Rgt. 1805

Infanterie Rgt. v. Manstein (1806: Rgt. Nr. 55), Offizier 1806

Grenadier-Bataillon v. Losthin, Grenadier 1807

PREUSSEN

Husaren Rgt. v. Usedom (1806: Rgt. Nr. 10), Husar 1805

Husaren Rgt. v. Rudorff (1806: Rgt. Nr. 2), Husar 1806

Towarczy vom Regiment Towarczys 1806

Husaren Rgt. v. Prittwitz (1806: Rgt. Nr. 5), Husar 1806

Husaren Rgt. v. Pletz (1806: Rgt. Nr. 6), Husar 1806

PREUSSEN

Dragoner Rgt. v. Manstein (1806: Rgt. Nr. 10), Dragoner 1806

Regiment Gens d'Armes (1806: Rgt. Nr. 11), Kürassier 1806

Kürassier Rgt. v. Bünting (1806: Rgt. Nr. 12), Trompeter in Ausgehuniform

Dragoner Rgt. v. Rouquette (1806: Rgt. Nr. 13), Offizier 1805

Kürassier Rgt. v. Beeren (1806 Rgt. Nr. 2), Kürassier 1806

PREUSSEN

Garde Rgt. zu Fuß, Grenadier in Paradeuniform 1812

Garde Rgt. zu Fuß, Grenadier feldmarschmäßig 1812

Garde-Jäger-Bataillon, Jäger 1809

Garde-Füsilier-Bataillon, Füsilier feldmarschmäßig

Reitende Garde Artillerie, Kanonier 1810

PREUSSEN

1. Westpreußisches Infanterie Rgt., Musketier 1813

Schlesisches Schützen-Bataillon, Schütze 1809–1814

Freiwilliger Jäger vom Ausländer-Bataillon v. Reiche 1813

Wehrmann der Schlesischen Landwehr 1813

4. Reserve-Infanterie Rgt., Infanterist 1813

PREUSSEN

Regiment der Garde du Corps, Kürassier 1813

Garde-Volontär-Kosaken-Eskadron, Kosak 1813

Garde-Volontär-Jäger-Eskadron, Jäger 1813

Leib-Ulanen-Eskadron, Ulan 1809–1810

Normal-Dragoner-Eskadron, Dragoner 1812

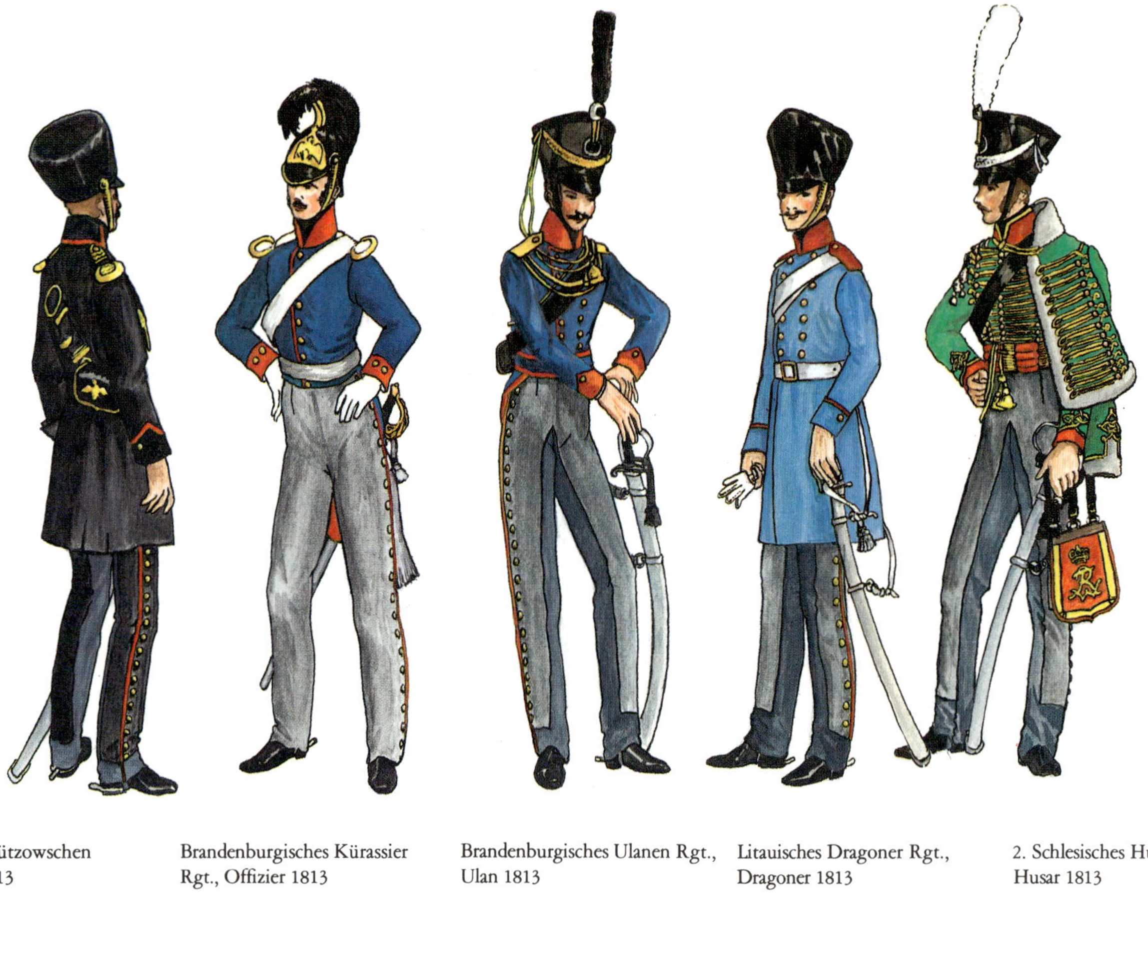

PREUSSEN

Jäger vom Lützowschen Freicorps 1813

Brandenburgisches Kürassier Rgt., Offizier 1813

Brandenburgisches Ulanen Rgt., Ulan 1813

Litauisches Dragoner Rgt., Dragoner 1813

2. Schlesisches Husaren Rgt., Husar 1813

GROSSBRITANNIEN
2. Regiment der Garde zu Fuß (Coldstream), Sappeur 1815

1. Regiment der Garde zu Fuß, Grenadier feldmarschmäßig 1815

2. Regiment der Garde zu Fuß (Coldstream), Grenadier in Paradeuniform 1815

3. Regiment der Garde zu Fuß (Scots Guards), Offizier 1815

Generalmajor 1815

GROSSBRITANNIEN
95. Infanterie Rgt. (Rifle Corps), Scharfschütze 1813

92. Hochland-Infanterie Rgt. (Gordon Highlanders), Infanterist 1813

97. (Queen's Own) Infanterie Rgt., Offizier 1815

69. Infanterie Rgt., Infanterist 1812

Fußartillerie, Kanonier 1814

GROSSBRITANNIEN

1. Garde-Dragoner Rgt. (King's Regiment of Dragoon Guards), Dragoner 1815

2. Rgt. der Life Guards, Offizier in Felduniform 1813

1. Rgt. der Life Guards, Reiter 1815

Regiment der Horse Guards, Reiter 1815

Reitende Artillerie, Offizier 1815

GROSSBRITANNIEN

15. Leichtes Dragoner Rgt. (King's Light Dragoons), Offizier 1815

9. Leichtes Dragoner Rgt., Dragoner 1815

2. Dragoner Rgt. (Royal North British Dragoons), Dragoner 1815

6. Dragoner Rgt. (Inniskilling), Offizier in Felduniform 1811

2. Schweres Dragoner Rgt. der Deutsch-Englischen Legion 1806

ÖSTERREICH

(Deutsches) Infanterie Rgt. Kaiser Franz II. (Nr. 1), Grenadier 1813

(Deutsches) Infanterie Rgt. Erzherzog Carl (Nr. 3), Infanterist 1813

General 1813

(Deutsches) Infanterie Rgt. Hoch- und Deutschmeister (Nr. 4), Offizier 1805

37. (Ung.) Infanterie Rgt., Grenadier 1813

ÖSTERREICH

Landwehr, Landwehrmann 1809

Artillerist 1815

Regimentschirurg 1811

Serbisches Frei-Bataillon 1813

Deutsche Legion, Infanterist 1813

ÖSTERREICH

Dragoner Rgt. Erbgroßherzog von Toscana (Nr. 4), Trompeter 1813–1815

Chevaulegers Rgt. Windisch-Graetz (Nr. 4), Chevauleger 1813

Kürassier Rgt. Hohenzollern-Hechingen (Nr. 8), Kürassier 1813

Dragoner Rgt. Ficquelmont (Nr. 6), Dragoner 1813

Ulanen Rgt. Sachsen-Coburg-Saalfeld, Ulan 1815

ÖSTERREICH

Husaren Rgt. Szekler, Husar 1813

Husaren Rgt. Hessen-Homburg, Husar 1813

Husaren Rgt. Kaiser, Husar 1813

Husaren Rgt. Erzherzog Joseph Anton, Trompeter 1806

Husaren Rgt. Frimont, Husar 1813

RUSSLAND
Musketier 1809

Grenadier 1812–1815

Musketier 1805–1806

Fußartillerie, Kanonier 1806–1807

Reitende Artillerie der Russisch-Deutschen Legion 1812–1814

RUSSLAND
Garde-Infanterie Rgt. Pawlow, Grenadier 1813

Offizier eines Jäger Regiments zu Fuß

General in Sommer-Paradeuniform 1808–1809

Jäger zu Fuß 1814

Offizier der Landwehr 1813

RUSSLAND
Ulanen Rgt. Großfürst-Thronfolger, Ulan 1806

Dragoner Rgt. Kurland, Dragoner 1813

Kürassier Rgt. Kleinrußland, Kürassier 1814

Husaren Rgt. Pawlowgrad, Husar 1813

Jäger Rgt. zu Pferde Sewersk, Unteroffizier 1813

RUSSLAND
1. Rgt. der Landwehrreiterei des Gouvernements St. Petersburg, Reiter 1812

Regiment Garde zu Pferd, Kürassier 1812–1813

Chevalier-Garde-Rgt. der Kaiserin, Offizier 1811

Leibgarde-Ulanen Rgt., Ulan 1808

Kosak der Kaiserlichen Garde 1810

NEAPEL
1. Grenadier-Bataillon der Garde, Grenadier 1812
1. Linien-Infanterie Rgt., Füsilier 1812
5. Linien-Infanterie Rgt., Musiker 1812
Adjutant 1812
7. Infanterie Rgt. Africa, Offizier 1812

NEAPEL
Ordonnanz-Offizier des Königs 1812
Chevaulegers Rgt., Chevauleger 1812
Regiment der Jäger zu Pferde, Offizier 1812
Dragoner 1812
Garde-Husaren Rgt., Offizier 1812

SPANIEN
Infanterie Rgt. Princesa, Tambourmajor 1807–1808

Infanterie Rgt. Princesa, Grenadier 1806–1808

Leichtes Infanterie Rgt. Barcelona, Offizier 1807–1808

Linien-Infanterie des spanischen Nationalheeres, Voltigeur 1812

Spanisches Nationalheer Infanterie Rgt. Patria, Infanterist 1808

SPANIEN
8. Rgt. der Linien-Kavallerie España, Reiter 1806

Regiment Jäger zu Pferde Almansa, Jäger 1807–1808

Dragoner Rgt. Pavia, Dragoner 1806

Husaren Rgt. Maria Luisa, Husar 1806

Garde-Chevaulegers Rgt. (unte Joseph Bonaparte), Chevauleger 1809

NIEDERLANDE
5. Infanterie Rgt., Grenadier 1806–1810
3. Infanterie Rgt., Füsilier 1806–1810
Reitende Artillerie, Kanonier 1806–1810
Jäger 1815
Infanterist 1815

NIEDERLANDE
2. Kürassier Rgt., Kürassier 1807–1810
2. Husaren Rgt., Husar 1807–1810
5. Leichtes Dragoner Rgt., Offizier 1815
6. Husaren Rgt., Husar 1815
Reitende Artillerie, Kanonier 1815

DÄNEMARK

Holsteinisches Reiter Rgt., Reiter 1802

Fünensches Leichtes Dragoner Rgt., Dragoner 1813

Norwegisches Leibregiment., Offizier 1807

Leibjäger-Kompanie, Jäger 1807

Infanterie Rgt. Schleswig-Holstein, Infanterist 1813

SCHWEDEN

2. Leibgarde Rgt., Infanterist 1807

Leib-Grenadier-Corps, Offizier 1807

Infanterie Rgt. Södermanland, Infanterist 1807

Leibregiment der Königin, Musketier feldmarschmäßig 1813

Leib-Kürassier-Rgt., Offizier 1807

BAYERN

Infanterie Rgt. Kronprinz, Grenadier 1809

1. Dragoner Rgt., Dragoner 1807

Chevaulegers Rgt. König, Offizier 1811

Garde du Corps 1814

Königl. Bayer. Grenadier-Garde Rgt., Grenadier 1814

WESTFALEN

Garde-Jäger Rgt., Jäger 1812

Garde-Artillerie, Kanonier 1812

2. Kürassier Rgt., Offizier 1812

1. Husaren Rgt., Husar 1812

4. Infanterie Rgt., Grenadier feldmarschmäßig 1809

SACHSEN
Infanterie Rgt. Low, Füsilier 1813

Kürassier Rgt. v. Zastrow, Kürassier 1812

Husaren Rgt., Husar 1806

Leib-Kürassier-Garde Rgt., Kürassier 1812

Infanterie Rgt. Prinz Friedrich August, Musketier 1806

WÜRTTEMBERG
1. Leichtes Infanterie-Bataillon v. Neubronn 1806

Regiment Jäger zu Pferde König, Offizier 1808

Regiment Garde zu Pferde, Offizier 1815

Leib-Chevaulegers Rgt. Nr. 2, Chevauleger 1812

Infanterie Rgt. Nr. 6 Kronprinz, Infanterist 1813

zu diesem Zeitpunkt waren veränderte Kopfbedeckungen eingeführt worden. Auf dem Papier sollten die Feldjäger Tschakos tragen, sie trugen aber in Wirklichkeit noch Hüte; den Husaren hatte man gleichfalls Tschakos verschrieben, statt der Flügelmützen, aber nur in zwei von elf Regimentern wurden Tschakos getragen, und selbst dort blieben die Trompeter bei ihren traditionellen Flügelmützen. Preußische Husarenoffiziere erscheinen 1806 zuweilen auch im Uniformfrack mit Hut, und die Farbe der Husarenhosen war oft dem Zufall (je nach Depotbestand) überlassen; so sollten die Gettkandt-Husaren zum dunkelgrünen Dolman und Pelz weiße Hosen tragen, sie kämpften aber in der Schlacht bei Jena in roten Hosen.

Noch konfuser wurde es in Preußen nach der Niederlage von Jena und Auerstedt. Für neue, in Schlesien aufgestellte Freicorps griff man auf Depotbestände zurück. Aus Tuchbeständen für die Uniformierung der Schimmelpfennig-Husaren (Regiment Nr. 6) kleidete sich das Grenadier-Bataillon von Losthin in braune Hosen und Rabatten, eine für Preußen bis dahin ganz ungewöhnliche Infanterieuniform. Und als es 1813 beim erneuten Kampf gegen Napoleon allenthalben an Uniformen mangelte, ließen sich die Mitglieder des Lützowschen Freicorps die Tuchbestände schwarz färben. Aus der schwarzen Uniform mit roten Abzeichen und goldenen Knöpfen – eine Farbtrias, die nach 1815 deutsche Studenten übernahmen – wurden 1848 die Nationalfarben eines demokratischen Deutschland: Schwarz-Rot-Gold, nach 1945 die Nationalfarben der Bundesrepublik Deutschland.

Die Uniform, wie sie Vorschrift war, wurde in der Praxis mit so vielen Abänderungen getragen, daß es auf zeitgenössischen Darstellungen oft schwerfällt und manchmal sogar unmöglich ist, die abgebildeten Soldaten einwandfrei zu identifizieren. Und das passiert nicht nur dem heutigen Betrachter, so erging es auch gelegentlich in den Kriegen den Soldaten, von denen viele ihr Leben lassen mußten, weil sie nicht rechtzeitig einzuordnen waren. Ein besonders eklatantes Beispiel dafür gibt der französische General Marbot in seinen Memoiren von der Schlacht bei Fuentes de Onore in Spanien 1811: »Zur Division Ferey gehörte ein Bataillon der hannöverschen Legion, das, wie die Engländer, rote Waffenröcke, aber wie die übrige französische Infanterie graue Mäntel trug. Durch unangenehme Erfahrungen namentlich bei Busaco belehrt, hatte der Kommandeur des Bataillons vor Beginn des Kampfes um Erlaubnis gebeten, seine Leute die Mäntel tragen zu lassen, aber Loison hatte es abgeschlagen. Das führte zu einem grausamen Irrtum, denn das französische 66. Regiment, das zur Unterstützung der Hannoveraner vorgeschickt wurde, hielt sie für ein englisches Bataillon und schoß auf sie, und auch unsere Artillerie überschüttete sie, durch die roten Röcke getäuscht, mit Kartätschen. – Als die unglücklichen Hannoveraner, die über 100 Tote und noch mehr Verwundete verloren hatten, sich am Dorf vorbei zurückzogen, hielten sich die Leute eines gerade in diesem Augenblick in den Ort einrückenden französischen Regiments, wieder durch die roten Waffenröcke getäuscht, für umgangen, wodurch eine solche Verwirrung entstand, daß es den Feinden gelang, Fuentes de Onore wieder zu nehmen.«

Und das war kein Einzelfall: In der Schlacht von Wagram (1809) wurde die unter dem Befehl des Marschalls Bernadotte stehende sächsische Infanterie von ihren französischen Alliierten beschossen, weil die Franzosen die weiße Uniform der Sachsen (mit z. T. roten Abzeichen) mit der fast gleich aussehenden Uniform des österreichischen Gegners verwechselt hatten. Und bei Waterloo (1815) wurden Hessen-Nassauer von verbündeten Preußen unter Feuer genommen, weil die Nassauer noch die alten – wenngleich umgefärbten – Uniformen französischen Schnitts trugen.

Als 1811 in Spanien ein Vorposten britischer Leichter Dragoner gefangengenommen wurde, weil er den sich nähernden Gegner mit Husaren der *King's German Legion* verwechselt hatte, zürnte der Herzog von Wellington: »Auf eine gewisse Entfernung oder im Kampf haben Farben keinen Wert. Wir müssen uns auf das Profil, auf die Form der Mütze und das

KÖNIGREICH ITALIEN
Garde-Fußartillerie, Offizier 1812

Garde-Infanterie Rgt., Carabinier 1812

Garde-Dragoner Rgt., Dragoner 1812

GROSSHERZOGTUM WARSCHAU
Linien-Infanterie, Voltigeur 1812

3. Husaren Rgt., Husar 1812

BRAUNSCHWEIG
Corps des Herzogs von Braunschweig, Infanterist 1809

ANHALT
5. Rheinbund-Infanterie Rgt., Offizier 1812

NASSAU
Jäger zu Pferde, Offizier 1807

LIPPE
Infanterist 1812

BRAUNSCHWEIG
Corps des Herzogs von Braunschweig, Husar 1809

HESSEN DARMSTADT
Chevaulegers Rgt., Chevauleger 1812

Infanterie Rgt. Kronprinz, Grenadier 1809

GROSSHERZOGTUM WÜRZBURG
Dragoner 1807

SACHSEN-WEIMAR
Carabinier 1812

WALDECK
6. Rgt. der Fürstendivision, Infanterist 1812

BADEN
Leibregiment, Infanterist 1812

1. Dragoner Rgt., Dragoner 1813

Regiment Großherzog, Infanterist 1813

GROSSHERZOGTUM BERG
Regiment Jäger zu Pferde, Jäger 1812

Grenadier 1812

Das preußische Dragonerregiment Nr. 1 »Kurfürst von Pfalz-Bayern« im Lager bei Berlin 1803 stellt dieser kolorierte Kupferstich von Carl Wilhelm Kolbe dar. Links steht ein Kürassier, kenntlich an seiner weißen Uniform; ein weiterer zu Pferd ist im Hintergrund der Bildmitte zu sehen. Charakteristisch für die preußischen Dragoner und Kürassiere jener Zeit sind die mächtigen Zweispitze mit weißem Stutz. Sie sollten die Größe der Erscheinung betonen.

allgemeine Aussehen des Soldaten verlassen; warum sollten wir unsere Leute wie Franzosen kleiden?« Aber Wellington gestand auch: »Es gibt kein Gebiet, von dem ich so wenig verstehe.« Für ihn sei es eigentlich »völlig bedeutungslos, wie ein Soldat gekleidet ist«.
Diese Meinung teilte er mit seinem Gegner Napoleon. Der Große Kaiser, obwohl doch selbst Schöpfer der farbenprächtigsten Armee aller Zeiten, war von Uniformfragen nur gelangweilt. Zwar monierte er 1816 auf St. Helena, daß sein Adjutant Gourgaud rote Reithosen trug – »Diese Farbe liebe ich nicht – es ist die der Engländer!« – aber sein 2. Regiment Garde-Lanciers ließ er 1810 in scharlachrote Uniformen kleiden, und eine rote Uniform sollten ja auch eigentlich 1809 die Carabiniers bekommen. Daß aber Napoleon nicht unempfänglich war für die Schönheit einer Truppe, bezeugt sein Ausruf bei Waterloo, als er während der Schlacht Wellingtons *Scots Greys* erblickte, ein schottisches Dragonerregiment, auf Grauschimmeln beritten: »Qui sont ces beaux cavaliers?« (Wer sind diese schönen Reiter?) Er selbst freilich trug – aus Stilprinzip und seinem Vorbild Friedrich II. von Preußen nachempfunden – stets eine sehr einfache Uniform, legte aber Wert darauf, daß seine Umgebung um so prächtiger erschien, denn der prunkvolle Rahmen erhöhte die eigene Schlichtheit und hob sie hervor.
Sieht man ab von Alexander I. von Rußland, dessen persönliche Erfindung der russische Tschako (genannt *Kiwer*) gewesen sein soll (ein Tschako, dessen Vorder- und Rückseite hochgezogen waren, von der russischen Infanterie seit 1812 getragen), so interessierte sich nur ein Monarch damals für Uniformen, aber das mit Leidenschaft: König Friedrich Wilhelm III. von Preußen. Dieser Souverän, den selbst ein Mitglied seines Hauses, nämlich Prinz Louis Ferdinand von Preußen, verächtlich als »Uniformschneider« bezeichnete, beschäftigte sich noch wenige Wochen vor dem Zusammenbruch Preußens 1807 mit der Neu-Uniformierung seiner Armee, und dies zu einem Zeitpunkt, als diese Armee gar nicht mehr existierte und die Staatskassen leer waren. Bei den Verhandlungen in Tilsit glaubte er seinem Besieger Napoleon keinen größeren Gefallen zu tun, als ihn mit uniformkundlichen Details zu unterhalten, was Napoleon neun Jahre später bissig kommentierte: »Ich verstand nicht das geringste von all diesen Kleinigkeiten.«
Der preußische König verwehrte noch 1814 dem Yorckschen Armeecorps die Teilnahme an der Pariser Siegesparade, weil er fand, diese Truppe sähe »schlecht aus«, denn ihre Uniformen waren abgetragen und zerschlissen. Aber »schlecht aus« sahen die Soldaten der Napoleonischen Kriege meist. Die Uniformen der damaligen Zeit waren nicht lichtecht, verblichen also rasch, und Sonne, Regen und Schmutz ließen sie im Feld schnell unansehnlich werden. Die Farbenpracht zeitgenössischer Schlachtenbilder ist daher trügerisch: In Wahrheit dürften die meisten Gemetzel die Farbe eines schmutzigen Grau-Braun gezeigt haben. Der schon zitierte General Marbot berichtet über eine Episode während der Schlacht von Hanau (1813):
»Es war das österreichische Husarenregiment Ott, welches wir so vor uns hertrieben. Nie sah ich schönere Husaren. Sie waren direkt von Wien gekommen und nagelneu bekleidet. Ihr Anzug machte einen etwas theatralischen, gleichzeitig aber auch höchst brillanten Eindruck. Er bestand aus kurzen Pelzen, weißem Dolman nebst dunkelrotem Beinkleid und gleichfarbiger Kopfbedeckung. Alles an ihnen war so sauber und blitzblank, daß es eine Lust war. Man hätte denken können, daß sie von einem Ball oder einer Maskerade kämen. Dieses glänzende Kostüm kontrastierte sonderbar mit dem mehr als bescheidenen Anzug meiner Chasseure, von denen viele noch die abgenutzte Kleidung trugen, in der sie während anderthalb Jahren in Rußland, Polen und Deutschland biwakiert hatten und deren Farben durch den Pulverrauch und Staub der Schlachtfelder unkenntlich geworden waren. Unter dieser schäbigen Uniform schlugen aber unerschrockene, tapfere Herzen kräftiger Männer. Nach unserer Jagd sahen die prächtigen weißen Pelze auch nicht mehr so schön aus, denn gar bald waren sie blutbesudelt.«
Dennoch müssen die Schlachtenbilder nicht

Am 5. März 1811 kam es bei Chiclana (bei Cadix) zu einer Schlacht zwischen Franzosen (rechts) und einer britisch-spanischen Armee (links). Augenzeuge Lejeune hat das Bild erst 1824 gemalt, es war sein letztes Schlachtengemälde. Die französischen Grenadiere in der Bildmitte tragen zum Teil noch die 1806 kurzfristig eingeführte weiße Uniform; der Grenadier ganz rechts (in weißer Hose) führt noch die 1806 abgeschaffte Pelzmütze statt des Tschakos. Rechts vorne im roten Kleid eine Marketenderin; sie reicht einem Carabinier der Leichten Infanterie eine Erfrischung.

immer geschönt sein, denn in vielen Bataillen kämpften die Soldaten tatsächlich in Paradeuniform, so bei Borodino (1812), wo Napoleon sogar ausdrücklich das Anlegen der *grande tenue* befohlen hatte, um den Soldaten die Teilnahme an einem Festtag zu suggerieren.
Die Uniformen waren teuer, und Offiziere von Gardeeinheiten mußten sie für gewöhnlich aus eigener Tasche bezahlen. Die Uniform eines französischen Gardeinfanteristen kostete 258 Francs, der Kavallerist zahlte sogar 517 Francs. Insgesamt mußte der französische Staat für die Uniformen der *Garde Impériale* zwischen 1806 und 1810 die für damalige Verhältnisse enorme Summe von 20 Millionen Francs bezahlen. Noch teurer aber war die Montur der zur Linie gehörenden Carabiniers, wozu ein mit Messingplatten belegter Kupferküraß und ein entsprechender Helm gehörten (bei den Offizieren zum Teil mit Silber belegt): zweitausend Francs.
Nach dem Ende der Napoleonischen Ära – also nach 1815 – wurden die Uniformen insgesamt schlichter, obwohl es den Luxus von (schon im 18. Jahrhundert eingeführten) Tigerfellschabracken und Leopardenfellbesatz am Helm nach wie vor gab, aber die Staaten, deren Kassen infolge der langdauernden, verlustreichen Kriege erschöpft waren, hielten sich jetzt im Uniformaufwand zurück und reduzierten ihre Armeen, um Geld zu sparen.
Dennoch blieb bis zur Mitte des 19. Jahrhunderts die militärische Mode den Vorbildern der Napoleon-Zeit in vielem verpflichtet. Die Veteranen dieser Epoche, die im Alter ihre Erinnerungen zu Papier brachten, haben der verlorengegangenen Uniformenpracht gelegentlich nachgetrauert; sie trösteten sich mit der Gewißheit, daß Schöneres an soldatischem Glanz – verbunden mit der Person ihres Kaisers – nie wieder in Europa zu sehen gewesen sei und sein würde. Und als Napoleons Leichnam am 15. Dezember 1840 in den Pariser Invalidendom überführt wurde, folgte dem goldenen Katafalk eine Schar alter Männer: Es waren die letzten Überlebenden von Napoleons *Grande Armée,* und sie alle trugen ihre alten, längst verblichenen und zerschlissenen Uniformen.

Die britischen Kolonialkriege im 19. Jahrhundert

MICHAEL BARTHORP

Am Ende der Napoleonischen Kriege trug die Mehrzahl der britischen Regimenter eine Uniform, die, an den Maßstäben der Zeit gemessen, zweckmäßig und bequem war. Während der Besetzung von Paris stellte sich jedoch sehr bald heraus, daß der englische Soldat im Vergleich mit seinen Verbündeten einen wenig vorteilhaften und eher etwas schäbigen Eindruck hervorrief. Unter der tätigen Mitwirkung des in militärischen Angelegenheiten äußerst peniblen Prinzregenten wurden daher alsbald Maßnahmen eingeleitet, um das äußere Erscheinungsbild des Heeres zu verbessern. In Anlehnung an auf dem Kontinent bevorzugt getragene Ausrüstungsstücke wurden zunächst Höhe und Gewicht der Tschakos und Helme vergrößert, Goldlitzen angebracht und die bequem sitzenden, kurzschößigen Jacken, die sich im Krieg auf der Iberischen Halbinsel durchaus bewährt hatten, knapper geschnitten und mit längeren Rockschößen versehen; einige Jahre später mußten dann auch die zweckmäßigen grauen Hosen solchen aus weißem oder dunklem Oxfordstoff weichen – je nach Jahreszeit.

Die Verbannung Napoleons nach St. Helena und die auf dem Wiener Kongreß zwischen den Mächten getroffenen Absprachen ließen die Gefahr erneut ausbrechender kriegerischer Verwicklungen während der nächsten Jahrzehnte, zumindest in Europa, äußerst gering erscheinen; im Hinblick auf Ausrüstung und Uniformierung der verschiedenen Armeen bedeutete dies, daß der kriegerischen Ertüchtigung und zweckmäßigen Ausrüstung des Soldaten zunehmend weniger, der glanzvollen äußeren Erscheinung auf dem Paradefeld und in der Öffentlichkeit dagegen zunehmend mehr Bedeutung beigemessen wurde. Während aber die durch die Napoleonischen Kriege erschöpften Völker auf dem Festland tatsächlich in den Jahren nach 1815 eine längere Friedensperiode erlebten, brachte schon das Jahr 1816 der britischen Armee den Auftakt zu einer neun Jahrzehnte währenden, fast ununterbrochenen kriegerischen Tätigkeit in vielen Teilen der Welt, der häufig in schwierigstem Gelände, unter drückenden klimatischen Verhältnissen und angesichts von Gegnern nachgegangen werden mußte, die, nach

GROSSBRITANNIEN

17. Leichtes Dragoner Rgt., Dragoner 1816–1817 (Pindari-Kriege, Indien)

14. Rgt. zu Fuß Leichte Kompanie, Korporal 1825–1826 (Belagerung von Bhurtpore, Indien)

2. Rgt. zu Fuß, Offizier 1839–1842 (1. Afghanischer Feldzug)

17. Rgt. zu Fuß, Grenadier 1839–1842 (1. Afghanischer Feldzug)

3. Leichtes (King's Own) Dragoner Rgt., Offizier 1845–1846 (Sikh-Kriege)

GROSSBRITANNIEN

23. Rgt. zu Fuß, Infanterist 1845–1846, 1848–1849 (Sikh-Kriege)

60. (King's Royal) Schützen Corps, Scharfschütze 1848–1849 (Sikh-Kriege)

6. Rgt. zu Fuß, Korporal 1850–1853 (8. Kaffern-Feldzug, Südafrika)

74. (Hochland-)Rgt. zu Fuß, Infanterist 1850–1853 (8. Kaffern-Feldzug, Südafrika)

52. Leichtes Infanterie Rgt., Infanterist 1857–1859 (Indische Meuterei)

GROSSBRITANNIEN

7. (Queen's Own) Leichtes Dragoner Rgt. (Husaren), Dragoner 1857–1859 (Indische Meuterei)

4. Rgt. zu Fuß, Sergeant 1860 (3. Chinesischer Feldzug)

68. Leichtes Infanterie Rgt., Infanterist 1864–1866 (3. Maori-Feldzug, Neuseeland)

4. Rgt. zu Fuß, Infanterist 1868 (Abessinischer Feldzug)

42. (Königliches Hochland-) Rgt. zu Fuß, Offizier 1873–1874 (Aschanti-Feldzug)

GROSSBRITANNIEN

67. Rgt. zu Fuß, Infanterist 1878 (2. Afghanischer Feldzug)

58. Rgt. zu Fuß, Offizier 1879–1881 (Zulukriege und 1. Burenkrieg)

Schweres Kamel Rgt. (Life Guards), Reiter 1884–1885 (Sudanesischer Feldzug)

1. Regiment der Garde zu Fuß, Grenadier 1898 (Eroberung des Sudan)

Offizier 1899–1902 (Burenkrieg)

europäischen Maßstäben zwar oft Wilde, dafür aber äußerst kämpferisch und gewöhnlich an Zahl weit überlegen waren.
Obwohl der Aufbau und die Verteidigung eines großen Weltreiches mit einer kleinen und lediglich aus Freiwilligen gebildeten Armee den fast ununterbrochenen Einsatz der zur Verfügung stehenden Truppen erforderlich machte, widmete man der Entwicklung einer den Bedingungen auf dem Schlachtfeld entsprechenden Ausrüstung und Bekleidung nur geringe, der glanzvollen Ausstaffierung auf dem Paradefeld jedoch große Aufmerksamkeit. Im allgemeinen ging man davon aus, daß die eigentlich für den Dienst in Europa vorgesehene Uniform gleichermaßen für die Verwendung bei Wintergefechten in Kanada, Strafexpeditionen in Afghanistan oder Buschkämpfen gegen die Maoris in Neuseeland geeignet sei. Bis in die letzten zwanzig Jahre des 19. Jahrhunderts war die Kampfbekleidung des Soldaten daher mehr oder minder dem Belieben des jeweiligen Regimentskommandeurs überlassen.
Zwischen 1816 und 1825 unternahm die britische Armee eine Reihe von Feldzügen in Indien und Burma; dabei bestand das einzige Zugeständnis an die ungeheure Hitze dieser Breiten darin, daß man den kämpfenden Truppen gestattete, den hohen, preußischem Modell nachgebildeten Tschako mit Ölhaut zu beziehen und leichte, im Land hergestellte Hosen zu tragen. So zeigen denn auch Drucke nach Zeichnungen von Augenzeugen die britische Infanterie bei der Erstürmung der Befestigungen von Rangun im Jahr 1825 in eben jenen roten Röcken, die sie in Europa während des auf Waterloo folgenden Jahrzehntes getragen hatte. In den Jahren 1829 und 1830 wurde die Uniform der Armee in erster Linie aus wirtschaftlichen Gründen leicht abgeändert; das Los des Infanteristen, dieses »Arbeitstieres der Kolonialkriege«, änderte sich aber dadurch nur wenig. Anstelle des nach preußischem Muster gefertigten Tschakos erhielt er eine ebenfalls oberlastige, jedoch glockenförmige Kopfbedeckung, während der langschößige Rock durch ein ähnliches, aber einfacheres Kleidungsstück ersetzt wurde. Dieser sogenannte *coatee* war immer noch vergleichsweise langschößig und wurde bis in das Jahr 1855 verwendet, obwohl sich der in jeder Beziehung zweckmäßigere Waffenrock bei den Armeen der kontinentalen Mächte schon seit 1840 durchgesetzt hatte. Die Kavallerie büßte einen Teil des goldenen Litzenbesatzes ein, behielt jedoch die zwar prächtigen, aber äußerst unbequemen Kopfbedeckungen.
In dieser Ausstattung unternahm die Armee den ersten großen Feldzug unter der Regierung der Königin Viktoria, den sogenannten Ersten Afghanischen Krieg von 1839 bis 1842. Obwohl die Truppen in schwierigstem Gelände ungewöhnlichen Temperaturschwankungen ausgesetzt waren, glich ihre Bekleidung, abgesehen von schwarzen oder weißen Tschakobezügen, vollständig derjenigen, mit der sie in England zur Parade zu erscheinen pflegten.
Der britische Offizier ist seit jeher – vor allem im Feld – für seine Gleichgültigkeit gegenüber den Bekleidungsvorschriften bekannt. Schon im burmesischen Krieg des Jahres 1825 zog er es – zweifellos im Bewußtsein der enormen Kosten und Unbequemlichkeit seiner prächtigen Paradeuniform – vor, mit Mütze und dunkelblauem *kleinen* Uniformrock auszurücken, den er später sogar durch eine leichte *Messejacke* ersetzte. Bei diesem Stück handelte es sich um eine einfache, hüftlange Jacke ohne Schöße aus rotem Tuch mit Kragen und Aufschlägen in der Abzeichenfarbe des jeweiligen Regiments. Nachdem im Jahr 1830 die *Messejacke* auch an Mannschaften ausgegeben worden war, gestatteten einsichtige Regimentskommandeure ihren Männern mitunter, sie zusammen mit einer Mütze auch im Dienst zu tragen; dagegen wurde aber für größere Gefechte gewöhnlich der besser geeignete *coatee* befohlen.
Während der Sikh-Kriege in den Jahren von 1845–1847 und von 1848–1849, die als Folge der Ausbildung und Organisation der Sikh-Armee durch europäische Offiziere eine gewisse Ähnlichkeit mit den in Europa geführten Kriegen aufwiesen, erschienen die britischen Regimenter in einer Mischung aus *großer* und *kleiner* Uniform. Ein britischer Offizier, Zeuge der Schlacht von Chillianwallah, notierte:

»Während das 24. Regiment in voller Uniform einschließlich des Tschakos ins Gefecht ging, erschien das 29. Regiment in Interimsuniform mit Mütze. Verschiedene Offiziere hatten ihre ›kleine‹ Uniform angelegt, andere dunkle Hosen und ›Messejacken‹, einige trugen sogar lange gesteppte rote oder blaue Baumwollröcke und Mützen, um die ein Turban gewickelt war. Das 9. Regiment schließlich kämpfte in einer gemischten Uniform und trug zur ›Messejacke‹ den weißbezogenen

Dieser Ausschnitt aus einem Gemälde von David Cunliffe zeigt Soldaten des 13. (1. Somersetshire) Leichten Infanterieregiments sowie Freiwillige Reiter des Schah Schujah bei einem Ausfall aus der belagerten Stadt Jellalabad im Afghanischen Krieg der Jahre 1839 bis 1842. Neben sogenannten Messejacken tragen die Infanteristen völlig unvorschriftsmäßige Hemden und die Feldmütze.

Tschako.« Dieser sogenannte »Albert-Tschako« von zylindrischer Form und mit jeweils einem Schirm auf der Vorder- und Rückseite war im Jahr 1844 eingeführt worden und trug seinen Namen, weil der Gemahl der Königin Viktoria, Prinz Albert, an seinem Entwurf beteiligt gewesen sein soll.

Auch bei den Regimentern der Leichten Dragoner und Ulanen setzte sich im Lauf der Zeit die gemischte Verwendung zu verschiedenen Uniformen gehöriger Stücke zunehmend durch. Tschako und Tschapka verschwanden unter gesteppten Bezügen, Mannschaften verwendeten gewöhnlich die *Messejacke,* Offiziere

Oben:
Der letzte Kampf des 24. Infanterieregiments in der Schlacht von Isandhlwana am 22. Januar 1879 während des Zulukrieges. Gemälde von C. E. Fripp.

Linke Seite:
Das Gemälde von Edward Armitage stellt das Gefecht bei Meanee am 17. Februar 1843 dar, in dem das 22. (Cheshire) Infanterieregiment sowie drei Regimenter eingeborener Infanterie unter dem Befehl des im Hintergrund erkennbaren Sir Charles Napier eine Abteilung der Belutschis angriffen und vernichteten.

Attacke des 16. (Queen's) Ulanenregiments auf Sikhs in der Schlacht bei Aliwal am 28. Januar 1846. Zur vorschriftsmäßigen vollen Uniform wird von den Ulanen ein weißer Bezug über der Tschapka getragen, Offiziere sind in kleiner Uniform dargestellt. Lithographie nach einem Gemälde von C. B. Spalding.

die *kleine* Uniform. Wie lästig die vorschriftsmäßige Kopfbedeckung war, ergibt sich aus den Aufzeichnungen eines Reiters vom 14. Regiment der Leichten Dragoner, in denen es heißt: »Den meisten Männern gelang es sehr schnell, ihren Tschako zu verlieren; meistens trugen wir ein in Wasser getränktes Tuch wie einen Turban um den Kopf gewickelt.«

Während Teile der Armee in Indien kämpften, waren andere Einheiten zwischen 1835 und 1853 in verschiedene kleinere Kriege im südlichen Afrika verwickelt, in denen ihnen sowohl Buren als auch aufständische Stämme an der Ostgrenze der Kapkolonie gegenüberstanden. Hier, wo er sich auf die Erfahrungen der europäischen Siedler stützen konnte, paßte der Soldat die vorschriftsmäßige Uniform sehr viel schneller den Erfordernissen des Buschkrieges an. Der *coatee* verlor bald jeden überflüssigen Schmuck, die *Messejacke* wurde gefüttert und mit Lederflecken verstärkt. Mützen versah man, soweit sie nicht gegen enganliegende Kopfbedeckungen oder breitkrempige Filz- und Strohhüte, sogenannte *Wideawakes* vertauscht wurden, mit breiten Schirmen. Die Hosen kamen in den verschiedensten Ausführungen und Farben, grau oder braun, aus Buckskin oder Englisch-Leder vor. Die schweren schwarzen Tornister mit weißen Traggurten wurden durch leichtere ersetzt, die man in Afrika ebenso wie besonders geeignetes Schuhwerk aus ungegerbtem Leder herstellte. Viele Offiziere verzichteten völlig auf irgendeine Uniformierung und statteten sich in den Geschäften der Grenzstädte mit zweckdienlichen Ausrüstungsstücken für den Buschkrieg aus. Von dieser Tatsache zeugt die zeitgenössische Beschreibung eines Offiziers, von dem berichtet wird: Er trug einen grünen *Wideawake,* eine Grenzerjacke von unbestimmbarer Farbe mit zahlreichen Taschen, dazu ein rosa Flanellhemd und zitronengelb gefleckte rote Kordhose sowie *Veldt*-Schuhe (*Veldt* ist der südafrikanische Busch). Die Bewaffnung bestand aus doppelläufiger Flinte und Coltrevolver; am um den Leib geschnallten Gurt hing ein großer Seehundsfellbeutel für die Kugeln und Patronen sowie ein kleinerer für Zündhütchen, während eine Tasche aus Schakalfell am Sattel befestigt war, auf dem ein eingerollter Rock oder Mantel lag. Die Kruppe des Pferdes schmückte ein Blechtopf.

Die ungewöhnlichste Bekleidung war allerdings die des 74. Regiments der Hochländer, die im Jahr 1851 den roten *coatee* ablegten und durch einen Segeltuchkittel von bräunlich-grau-roter Farbe ersetzten, wozu enge karierte Tartanhosen und Mützen mit breitem Lederschirm getragen wurden. Decke und Mantel hatte man zu einem Paket zusammengefaltet, an dem das Eßgeschirr befestigt wurde; Riemen, Beutel und Stiefel waren durchweg aus ungegerbtem Leder. Diese Aufmachung, die erste Spielart einer Khakiuniform im britischen Heer, wurde aber mehr wegen ihrer Zweckmäßigkeit als wegen der damit erzielten Tarnwirkung angelegt. Der Schutz vor feindlicher Sicht spielte in den Tagen der Feuerwaffe mit geringer Reichweite eine untergeordnete Rolle, obwohl natürlich die Möglichkeit einer unbemerkten Annäherung wichtigste Voraussetzung für die erfolgreiche Durchführung von Überraschungsangriffen war und ist. In diesem Zusammenhang sei angemerkt, daß die roten Röcke der britischen Soldaten keineswegs so gute Ziele boten, wie man vielleicht vermutet, da die rote Farbe eher stumpf war und nach längerem Gebrauch in Wind und Wetter eine Tönung annahm, die sich nur noch schwer von Braun unterscheiden ließ.

Bei Ausbruch des Krimkrieges im Jahr 1854 war es mehr oder weniger üblich geworden, daß der britische Soldat auch im Gefecht die *kleine* Uniform anlegte. Da man indessen die Erfahrungen aus den Feldzügen in Südafrika auf Kriege zwischen den Heeren europäischer Mächte nicht anwenden zu können glaubte, erschien die britische Armee in großer Uniform auf der Krim, wo sie sich, gemessen an Verbündeten und Gegnern, im Hinblick auf die Bekleidung allerdings recht altmodisch ausnahm. Zwar war schon im Jahr 1854 eine Entscheidung zugunsten des Waffenrockes gefallen; dieses neue Bekleidungsstück konnte aber erst in den Jahren 1855 und 1856 an die Truppe ausgeliefert werden, also zu einem Zeitpunkt, zu dem sich bereits völlig neue Entwicklungen abzeichneten. In den Jahren 1857 bis 1859 wurde nämlich erstmals eine aus khakifarbenem Tuch hergestellte Uniform in größerem Ausmaß an die zur Niederwerfung des Sepoy-Aufstandes nach Indien entsandten Einheiten verteilt. *Khaki* – der Ausdruck geht auf das hindustanische Wort *khak,* das Staub bedeutet, zurück – erschien in Indien zum erstenmal im Jahr 1846, als der im Dienst der Indischen Kompanie stehende Offizier Harry Lumsden den Mannschaften seines Regimentes, des *Corps of Guides,* gestattete, anstelle der vorschriftsmäßigen Uniformen locker geschnittene schlammfarbene Blusen und lange Hosen aus Baumwollstoff anzulegen, wie sie üblicherweise von den eingeborenen Soldaten getragen wurden. Diesem durchaus vernünftigen Beispiel waren jedoch die Regimenter der Königin und der Ostindischen Kompanie bis zum Ausbruch der Meuterei im Sommer 1857 nicht gefolgt, weil der üblicherweise auf die Winterzeit beschränkte kriegerische Einsatz der Truppen die Beschaffung sommerlich leichter und unempfindlicher Kleidung überflüssig erscheinen ließ. Das erste Regiment der Königlich Britischen Armee, das dann in khakifarbener Ausstattung erschien, war das 52. Leichte Infanterieregiment, das, als es im Mai 1857 zur Belagerung von Delhi kommandiert wurde, sämtliche weißen Uniformstücke – Weiß wurde gewöhnlich im Sommer getragen – in den örtlichen Basaren färben ließ. Der dabei entstandene Ton entsprach nach den Aufzeichnungen des Hornisten Johnson »der Farbe des Bodens«. Dieser Augenzeuge erinnerte sich weiter, »daß statt der weißen ›Messejacke‹ fast durchweg lockere, gefärbte Flanellhemden über der Hose, jedoch unter Schärpe und Gürtel zur vorschriftsmäßigen Mütze mit Khakibezug, Mückenschleier und Nackenschutz verwendet wurden«.

Etwa zur gleichen Zeit erhielten die weißen Uniformen des 61. Regiments eine bläulichbraune Färbung. Die vor Delhi eingesetzten Streitkräfte folgten dem Beispiel der genannten Regimenter sehr bald, und es dauerte nicht lange, bis sich diese zweckmäßige und bequeme Neuerung auch bei den in anderen Teilen Indiens kämpfenden Einheiten durchsetzte, so daß an den Anblick gepflegt wirkender Soldaten in roten und weißen Uniformen gewöhnte Europäer den Eindruck gewannen, es handle sich bei den bärtigen und vom Kampf gezeichneten Männern in locker sitzenden, staubfarbigen Hemden nicht um Angehörige europäischer, sondern erst kürzlich im Punschab ausgehobener Eingeborenen-Regimenter.

Erst mit Beginn der kühleren Jahreszeit kehrte man dann wieder zur Winteruniform aus vorschriftsmäßig gefärbtem Tuch zurück. Dagegen blieb den zur Verstärkung aus England eintreffenden Einheiten nichts anderes übrig, als auch bei größter Hitze in der mitgebrachten farbigen Dienstuniform auszuhalten, bis es auf irgendeine Weise gelang, Khakistoffe zu beschaffen. So ging beispielsweise das 2. Regiment der *Dragoon Guards* im März 1858 bei Lucknow in scharlachroten Waffenröcken und Messinghelmen ins Gefecht. Nach den Worten eines Augenzeugen, des Leutnants Majendie, sahen die Reiter aus, »als ob sie eigens zu dem Zweck aufgestellt worden seien, die Strahlen der Sonne auf sich zu ziehen«.

Einige ursprünglich nach China entsandte, dann aber eilends nach Indien umgeleitete Regimenter waren in der günstigen Lage, sich mit braunen Leinwandröcken behelfen zu können, die als Arbeitskleidung bei der Verlegung von Schiffen auf chinesischen Flüssen vorgesehen war. So trug das 93. Regiment der Hochländer während des ganzen Aufstandes die braunen Uniformen mit Federbaretts, an denen ein Schirm oder eine Sonnenblende angebracht worden war. Im übrigen bestand ihre Bekleidung jedoch aus Kilts, Sporrans, Strümpfen und Gamaschen.

Die Vielfalt der mehr oder weniger vorschriftsmäßigen Ausrüstungs- und Bekleidungsstücke bot beim Einmarsch in Lucknow im Jahr 1858 ein äußerst farbenprächtiges Bild. Der bereits genannte Leutnant Majendie berichtete von »fröhlich wippenden Federn auf den Mützen der Hochländer, dunklen Röcken der Schützen, roten Uniformen der Royal Fusiliers, in Blau gekleideten Bengal-Füsilieren und Artilleristen sowie der praktischen *karkee*-farbenen Ausstattung der Sikh-Infanterie.«

Gegen Ende des Aufstandes hatten sich die meisten an seiner Niederwerfung beteiligten Einheiten in irgendeiner Form khakifarbene Bekleidungsstücke zugelegt. Da die Möglichkeiten, Baumwolle zu färben, jedoch noch äußerst unvollkommen waren – verwendet wurden Schlamm, Teeblätter, Kaffee und Tinte –, schwankten die sich ergebenden Farbtöne zwischen Braun, Schiefer, Lavendel und Schmutzig-Weiß. An Kopfbedeckungen fanden sich neben der bereits getragenen vorschriftsmäßigen Mütze, um die jedoch ein Turban gewickelt wurde, der sogenannte »französische Tschako« des Modells 1855 mit Baumwollbezug oder der neu entwickelte und rasch Verbreitung findende Tropenhelm. Der

letztere wurde ursprünglich aus über einen geflochtenen Rahmen gespanntem und gefüttertem Baumwollstoff gefertigt, mit einer Art Turban umwunden, dessen Enden als Nackenschutz herabhingen, und er wies auf der Spitze einen Lufteinlaß in Form eines Kammes auf. Schon bald verwendete man für die Herstellung aber Pflanzenmark oder Filz. Während anfänglich nur Offiziere über diese zweckmäßige Neuerung verfügten, konnte sie mit Fortdauer des Feldzuges auch an Mannschaftsdienstgrade ausgegeben werden.
Erstaunlich ist, daß trotz der allgemeinen Verbreitung aus Khakistoff gefertigter Kleidungsstücke keinerlei Versuche unternommen wurden, vorschriftsmäßige Uniformen auf der Grundlage der gewonnenen Erfahrungen zu entwickeln. Dagegen wurde neben der *Messejacke* als Interimsuniform des Soldaten eine vereinfachte, locker geschnittene Abart des Waffenrocks aus lose gewebtem Serge in den traditionellen Farben, der sogenannte *Frock,* ausgegeben, der bald die Rolle des täglichen Dienstanzuges übernahm. Einer 1860 in China kämpfenden Abteilung waren zwar Khakiuniformen mitgegeben worden, befehlsgemäß blieben sie jedoch verpackt im Tornister, während die Truppe in roten *Frocks* und Tuchhosen mit Mütze im Überzug oder Tropenhelmen kämpfte. Ähnlich verfuhr man während der Umbeyla-Expedition an der Nordwestgrenze Indiens im Jahr 1863, während der zum gleichen Zeitpunkt in Neuseeland gegen die Maoris eingesetzten Infanterie blaue *Frocks* zugeteilt wurden, die man für Unternehmungen in waldigem Gelände für besser geeignet als rote hielt. Noch während des ersten Maorikrieges im Jahr 1845–1846 war durchgängig die rote *Messejacke* verwendet worden; als dann die Kämpfe jedoch 1860 wieder aufflammten, rückten die Truppen zunächst in dunkelgrauen Mänteln mit abgeschnittenen Schößen aus, die sich jedoch als äußerst unzweckmäßig erwiesen und die man daher sehr bald durch die erwähnten blauen *Frocks* mit dunklen Tuchhosen ersetzte. Da Helme nicht ausgegeben wurden, behalfen sich die Mannschaften mit einer kleinen, runden, puschelgeschmückten Mütze, die zwar jetzt etwas niedriger als das 1834 ein-

Britische Infanteristen in Cawnpore, Indien, während der Meuterei des Jahres 1857. Der rechte der beiden Soldaten trägt den Tschako des Modells 1855 im grauen Überzug. Lithographie von L. Sankey, Leutnant der in Madras stationierten Pioniereinheit.

Diese zeitgenössische Fotografie zeigt Angehörige des 71. Leichten (Hochland-)Infanterieregiments während des Umbeyla-Feldzuges an der Nordwestgrenze Indiens im Jahr 1863. Hauptbekleidungsstück ist das erste Modell des aus Serge hergestellten Waffenrockes. Als Scharfschützen sind die Männer durch an die Feldmütze gesteckte Kiefernzweige erkennbar.

geführte Modell, im Grunde aber von unveränderter Form und aus blauer – für die Leichte Infanterie und Schützen grüner – Wolle gestrickt war. Diese Kopfbedeckung war auf der Vorderseite mit einer Regimentsnummer aus Messing, bei Offizieren und Unteroffizieren zusätzlich mit einem flachen Schirm versehen. Zur Ausrüstung der Soldaten gehörte ferner das übliche Lederzeug, also Patronengurt, Leibriemen mit Bajonettschlaufe und Proviantbeutel sowie ein zusammengerollter und über der linken Schulter getragener Mantel; diese Tragweise hatte sich seit den Tagen des Indischen Aufstandes durchgesetzt.

Im Jahr 1868 wurde eine Abteilung aus Indien nach Abessinien in Marsch gesetzt, wo der geisteskranke Kaiser Theodor eine größere Zahl von Europäern gefangenhielt. Es war dies der erste Feldzug, in dem britische Einheiten außerhalb Indiens in khakifarbenen Uniformen auftraten, wobei hinzugesetzt werden muß, daß es sich eigentlich um den Sommeranzug handelte, der vor dem Aufbruch in Eile eingefärbt worden war. Farbigen Zeichnungen eines Offiziers, der das Unternehmen begleitete, zufolge wiesen Röcke und Hosen jedoch eher einen Grauton auf. Da die roten Waffenröcke für den Fall hereinbrechender kühlerer Witterung mitgenommen worden waren, wurden sie vereinzelt, auch im Gefecht, getragen, wie wir der Schilderung eines Augenzeugen entnehmen können, der folgende Beobachtung niederschrieb: »Einen prächtigen Anblick boten die langen Reihen von roten Röcken der mit Sturmleitern vorgehenden Royal Engineers, das 33., 45. und 4. (King's Own) Regiment in grauem Khaki, die Belutschis, das 21., aus Eingeborenen gebildete Infanterieregiment in dunkelgrünen und die königliche Artillerie in blauen Röcken.« Obwohl die Wendung »lange Reihe« darauf hindeutete, daß auch das 33. und 45. Infanterieregiment bei dieser Gelegenheit, der Erstürmung von Magdala, die den Feldzug beendete, wie die *Royal Engineers* rot uniformiert waren, können wir aufgrund der vorhandenen Zeichnungen, die im übrigen äußerst zuverlässig sind, davon ausgehen, daß tatsächlich Anzüge von grauer Khakifarbe getragen wurden. Weitere Ausrüstungsstücke, die Erwähnung verdienen, waren der mit kleinem Kamm versehene Tropenhelm, der erste an die britische Armee ausgegebene Hinterlader des Modells Snider-Enfield und kurze schwarze Ledergamaschen, die zur Schonung der seit den Tagen der napoleonischen Feldzüge stets offen getragenen und daher häufig unten ausgefransten Hosen schon neun Jahre vorher vorgeschrieben, aber nun zum erstenmal im Feld verwendet wurden.

Während man vor Ausbruch des Krimkrieges lediglich auf den verschiedenen afrikanischen Kriegsschauplätzen eine großzügige Haltung gegenüber der mitunter vorschriftswidrigen Anpassung von Bekleidung und Ausrüstung an die örtlichen Verhältnisse eingenommen hatte, gingen seit 1855 alle Entwicklungen in der Richtung auf eine zweckdienlichere Ausstattung im Feld von Indien aus. Aber

Offiziere und Soldaten des 4. (King's Own) Infanterieregiments nach der Eroberung von Magdala, Hauptstadt des Kaisers Theodor II. von Abessinien, am 13. April 1868. Die mit einem Kamm versehenen Tropenhelme und die ursprünglich weiße, in Indien getragene Sommeruniform, die für diesen Feldzug eigens khaki gefärbt wurde, sind deutlich zu erkennen.

auch im Mutterland blieb man nicht untätig. Als im Jahr 1873 ein Expeditionscorps unter dem Befehl des bedeutenden Heeresreformers Sir Garnet Wolseley England zu einem Feldzug gegen die Aschantis in Westafrika verließ, wurde ihm eine eigens für dieses Unternehmen und die besonderen Verhältnisse des Einsatzgebietes entworfene Ausrüstung mitgegeben. Zu ihr gehörte ein neuer Tropenhelm aus Kork und Segeltuch, an dem ein Nackenschutz befestigt war. Den kammartigen Lufteinlaß hatte man weggelassen, so wie dies bereits vorher bei den in Indien getragenen Modellen geschehen war. Für jeden Mann standen zwei Uniformen, bestehend aus *Frock* und in Segeltuchgamaschen zu tragenden elchgrauen Tweed-Hosen zur Verfügung. Eine Neuheit stellte die Anbringung zweier Seiten- und einer Brusttasche auf dem locker geschnittenen und bequem sitzenden, in Taillenhöhe durch einen Stoffgürtel zusammengehaltenen Rock mit weichem Kragen dar. Neu waren auch der eigens entworfene Tornister sowie die Gürtelrüstung, die das vorher getragene schwere Gepäck und die seit dem 18. Jahrhundert in Gebrauch gewesene, am Riemen über der linken Schulter getragene Patronentasche ablösten. Obwohl das Gepäck der Soldaten gewöhnlich beim Marsch verladen wurde, stellte die Einführung des kleineren Tornisters, dessen Form zudem eine bessere Verteilung des Gewichtes ermöglichte, sowie der Gürtelrüstung einen bedeutenden Fortschritt dar. Koppel, Tragriemen, Gepäck und Taschen waren aus ungefärbtem oder schwarzem Leder gefertigt, wobei zur Herstellung des Tornisters und der Patronentasche besonders leichtes und geschmeidiges Material verwendet worden war. Schließlich ersetzte eine neue Feldflasche, Modell Oliver, das bekannte »Fäßchen«. Die Bewaffnung der gegen die Aschantis entsandten Truppe erfuhr insofern eine Ergänzung, als ein besonders langes Bajonett mit geschwungener und gezahnter Klinge ausgegeben wurde, mit dem sich auch Offiziere anstelle des Säbels ausrüsteten. Die Offiziere des 42. Regiments der Hochländer beschafften sich zusätzlich Karabiner des Modells Snider. Trotz der unbestritten größeren Bequemlichkeit und Zweckmäßigkeit dieser neuen Uniform wurde die günstige Gelegenheit einer allgemeinen Einführung beim gesamten Heer jedoch abermals vertan; statt dessen wurde der aus Serge hergestellte *Frock* knapper geschnitten, im Schoß verkürzt und mit Vorstößen in der Farbe der Regimenter und Kragenabzeichen versehen. Abgesehen von der Zahl der Knöpfe auf der Brust war der *Frock* damit vom Tuchwaffenrock des Soldaten äußerlich kaum mehr unterscheidbar. Mit ihm sowie dunklen Hosen und schwarzen Ledergamaschen ging der britische Soldat in den Zulukrieg vom Jahr 1879 und in den 1881 beginnenden Ersten Burenkrieg. Der eigentlich weiße Helm ohne Nackenschutz und das Lederzeug wurden für den Einsatz zwar braun gefärbt, dennoch boten die in scharlachroten Röcken kämpfenden Briten den inzwischen mit weittragenden Hinterladern ausgerüsteten Buren ein vorzügliches Ziel. Es ist daher verständlich, daß die Offiziere, denen während dieser Feldzüge sowohl blaue wie rote Interimsjacken zur Verfügung standen, den blauen gewöhnlich den Vorzug gaben. Diese Wahl hatte neben der Tatsache, daß die Träger dunkler Uniformen weniger leicht ausgemacht werden konnten, den Vorteil, daß die Zulukrieger nur in rote Röcke gekleidete Männer für Soldaten hielten und bekämpften. Allein dem Umstand, daß er am Tag der Schlacht eine blaue Uniform getragen habe, berichtete ein Offizier, der der vernichtenden Niederlage der britischen Truppen bei Isandhlwana entging, habe er sein Leben zu verdanken.

In dem mittlerweile ausgebrochenen Zweiten Afghanischen Krieg finden wir britische Truppen sowohl im roten *Frock* mit nunmehr tief dunkelblauen Hosen wie auch in ehemals weißen, für den Feldzug eigens umgefärbten Khaki-Sommeruniformen. Der bitterkalte afghanische Winter machte indessen die Ausgabe eines der Norfolkjacke ähnlichen zusätzlichen Kleidungsstückes notwendig. Bei jedem Wetter wurde dazu der weiße Tropenhelm im Khakibezug oder außer Dienst ein dunkelblaues Schiffchen verwendet, das die bisher übliche runde Mütze bei Infanterie und Kavallerie verdrängte. Erstmals setzte sich während

Die Darstellung von W. H. Overend zeigt Offiziere und Mannschaften des 1. Regiments der Life Guards und des 1. Regiments der Garde zu Fuß (Grenadier Guards) in der für den Feldzug in Ägypten 1882 zusammengestellten Ausrüstung und Uniformierung. Bemerkenswert erscheinen hier die Gesichtstücher und erstmals an Truppen ausgegebenen Sonnenbrillen.

dieses Feldzuges die Verwendung von Wickelgamaschen, khakifarben für die Infanterie und dunkelblau für Kavallerie und Artillerie, in größerem Umfang durch, da sich herausstellte, daß sie das Bein sehr viel besser zu stützen vermochten als die bisher üblichen Ledergamaschen. Eine andere, das künftige Bild des britischen Offiziers prägende »Errungenschaft« ist die Einführung eines braunen Lederkoppels mit daran befestigtem Degen und Revolvertasche, das nach seinem Erfinder, Sam Brown, einem Veteranen aus der Zeit des Sepoy-Aufstandes, seither als Sam-Brown-Koppel bezeichnet wird. Bei Ende des Krieges wurde dann endlich eine vorschriftsmäßige Uniform mit durchgängig khakifarbenen Helmen, Waffenröcken, Hosen und Wickelgamaschen ausgegeben, die während aller späteren Feldzüge in Indien und Burma Verwendung fand. Dagegen blieb der aus Serge hergestellte *Frock* bei allen nicht in Indien stehenden Einheiten Vorschrift, und so finden wir denn auch Wolseleys Armee, die 1882 bei Tel-el-Kebir Arabi Pascha besiegte, bis auf eine kleine, aus Indien gesandte Abteilung, durchgängig mit roten Röcken, braunen Helmen, blauen Hosen und Ledergamaschen uniformiert. Beobachtern dieses Feldzugs fiel auf, daß die farbige Bekleidung in der Wüste auf größere Entfernung zwar weniger gut sichtbar war als der weiße Anzug der ägyptischen Einheiten, daß ein Vergleich zwischen den viel zu warmen, schweißfleckigen roten Uniformen und der kühlen, zweckmäßigen Khakiausrüstung jedoch ganz eindeutig zugunsten der letzteren ausfiel.

Diese Erkenntnis fand ihren Niederschlag bereits in der Ausgabe von zunächst grauen, später sandfarbenen Bekleidungsstücken an die 1884 bis 1885 im Sudan gegen die aufständischen Derwische des Mahdi kämpfenden oder zum Entsatz des in Khartum belagerten Generals Gordon entsandten Truppen. Dennoch ließen sich viele höhere Offiziere in ihrer Ansicht, beim Einsatz gegen Eingeborene habe die rote Uniform den Vorzug, den Soldaten ein kriegerischeres Aussehen zu verleihen, zunächst nicht erschüttern; es wurde daher in der Schlacht bei Ginnis einigen Regimentern

Attacke des 21. Ulanenregiments in der Schlacht bei Omdurman am 2. September 1898, die den Sudanfeldzug des Jahres 1898 entschied und beendete. Von den Offizieren des Regiments, dem übrigens auch Winston Churchill zugeteilt war, wird bereits der neue Tropenhelm des Modells Wolseley getragen, während die Mannschaft noch das Vormodell verwendet. Gemälde von R. Cato-Woodwille.

Eine Abteilung des Regiments der Queen's Own Cameron Hochländer während des Sudanfeldzuges 1898. Auch hier trägt der Offizier bereits den Wolseley-Helm, die Mannschaft Gepäck und Lederzeug des soeben eingeführten Modells Slade-Wallace.

der Befehl erteilt, die farbigen Röcke zu Khakihosen oder Wickelgamaschen anzulegen.
Bei den wenigen kriegerischen Unternehmungen, die während der Regierungszeit der Königin Viktoria in Kanada durchgeführt wurden – Kämpfe im Zusammenhang mit dem Aufstand der Jahre 1837 bis 1839, den Fenian-Überfällen von 1866 und der Red-River-Expedition des Jahres 1870 –, wurden sowohl von der britischen Regimentern als auch von der kanadischen Miliz die vorschriftsmäßigen, für den Gebrauch in England vorgesehenen Uniformen getragen. Noch die bei der Bekämpfung des von Louis Riel angezettelten Aufstandes eingesetzten kanadischen Regimenter erschienen in den scharlachroten, grünen und blauen Röcken der britischen Infanterie sowie Pickelhaube, während in den östlichen Teilen des Empire die traditionell farbige Bekleidung schon weitgehend durch khakifarbenes Tuch verdrängt worden war. Die Pickelhaube war nach dem Deutsch-Französischen Krieg von 1870/71, dem Vorbild der Sieger folgend, als Kopfbedeckung zur Heimatuniform der englischen Armee eingeführt worden. Obwohl sie bei der britischen Armee ein langes Leben führte, wurde sie nur ein einziges Mal, nämlich im Kampf gegen die Aufständischen Louis Riels, auch im Feld benutzt.

Wahrscheinlich war die letzte Gelegenheit, bei der britische Truppen in traditionellen Farben auf dem Schlachtfeld erschienen, der Einsatz gegen die Zulus im Jahr 1888, bei dem die 6. Dragoner und die *Royal Scots* in blauen bzw. roten Waffenröcken ausrückten, wobei die berittene Infanterie der *Royal Scots* mit Jacken aus blauem Jersey das erheblich bequemere Bekleidungsstück erhalten hatte. Noch im Jahr 1896 wurde zwar eine kleinere Abteilung zur Befriedung erneut ausgebrochener Unruhen bei den Aschantis aus verschiedenen Regimentern zusammengestellt, mit *Frocks* aus rotem Serge, blauen Hosen und Segeltuchgamaschen eingekleidet und nach Afrika entsandt; zu Kämpfen kam es jedoch bei diesem Unternehmen nicht mehr. Fortan und während der letzten zehn Jahre des Jahrhunderts blieb die farbige Uniform den in England stationierten Einheiten für Ausbildung und Manöver vorbehalten. Eine bereits im Jahr 1884 versuchsweise bei zwei in England stehenden Regimentern eingeführte Felduniform vermochte sich nicht durchzusetzen, da sie in der Öffentlichkeit wie auch bei den Angehörigen des Heeres auf einhellige Ablehnung stieß. Der Grund dafür mag vor allem bei den letzteren in der Befürchtung gesehen werden, des vorteilhaften Eindruckes, den der rote Rock vor allem beim

weiblichen Teil der Bevölkerung hervorrief, verlustig zu gehen. Erst als der Entwicklungsstand zwölf Jahre später die dauerhafte und gleichmäßige Khakifärbung des Tuches endgültig ermöglichte, wurde die Khakibekleidung als vorschriftsmäßiger Dienstanzug für alle im Ausland stehenden Truppen befohlen. Mit Ausnahme der Hochländer, die Kilts und farbig gemusterte Strümpfe beibehielten, waren daher die Einheiten, die unter Lord Kitchener 1898 den Sudan zurückeroberten, durchgängig mit khakifarbenen Jacken, Hosen, Helmen und Wickelgamaschen ausgestattet. Vom Feldzug berichtete ein Unteroffizier der Hochländer nach Hause:
»Da unser Gepäck, Seesäcke, Tornister, Mäntel und Decken teilweise mit Booten auf dem Nil und teilweise auf dem Rücken von Kamelen befördert werden, tragen wir zur leichten und bequemen Kleidung auf dem Marsch nur Koppel, Patronentaschen, Proviantbeutel und Wasserflasche sowie in der Patronentasche hundert Schuß, im Proviantbeutel zwanzig Schuß Munition. Vor dem Abmarsch aus Kairo erhielt jeder von uns ein Rückenpolster zum Schutz des Rückgrats, das wir ständig tragen, einen am Helm befestigten Nackenschutz, ferner ein Moskitonetz und eine Brille, die bei grellem Sonnenlicht und in Sandstürmen hervorragende Dienste leistet, und eine, ebenfalls sehr nützliche, gestrickte Nachtmütze. Schließlich vervollständigen Khakigamaschen und bezogene Tropenhelme mit Regimentsabzeichen unsere Ausrüstung. Während aber alle anderen zur Unterscheidung ein kleines Viereck aus farbigem Tuch am Helm tragen, glänzen wir in unseren Tartans und Federn.«
Zu dieser von einem Augenzeugen beschriebenen Uniform trug die Infanterie das neue, ebenfalls aus Büffelleder hergestellte, aber gegenüber dem vorhergehenden Modell erheblich verbesserte Lederzeug des Modells Slade-Wallace und das Lee-Metford-Mehrladegewehr, das seit 1888 das 1874 eingeführte Martini-Henry-Gewehr ersetzt hatte. Das einzige an diesem Unternehmen beteiligte Kavallerieregiment, die 21. Ulanen, glich in seiner äußeren Erscheinung der Infanterie, trug jedoch Reithosen und war mit Säbeln, Lanzen und Karabinern bewaffnet. Die Patronen trugen die Reiter, wie schon die Angehörigen einer im Jahr 1884 zum Entsatz von Khartum aufgestellten Kamelreitertruppe, in fünf Gruppen von jeweils zehn Schlaufen auf dem Lederbandolier. Mit dem Sudanfeldzug fällt auch die erstmalige Einführung eines neuen Tropenhelms mit flacherer Krempe des Modells Wolseley zusammen, der jedoch zu diesem Zeitpunkt Offizieren vorbehalten war und erst im Jahr 1905 für alle Dienstgrade vorschriftsmäßig wurde.
Im nächsten Feldzug der britischen Armee, dem Burenkrieg, der 1899 ausbrach, änderte sich das Erscheinungsbild der nach Südafrika entsandten Truppen gegenüber der vorstehend beschriebenen Ausrüstung nicht, allerdings hatte man die Kilts der Hochländer inzwischen mit khakifarbenen Schürzen bedeckt und den Nackenschutz des Tropenhelmes teilweise entfernt. Um den Schutz vor gegnerischen Scharfschützen, der durch Einführung des sandfarbenen Anzuges gegenüber dem Ersten Burenkrieg erheblich verbessert worden war, auch auf Offiziere auszudehnen, empfahl man diesen, im Feld den Mannschaftshelm zu verwenden und den Degen gegen ein Gewehr zu vertauschen. Da sich im Verlauf des Krieges herausstellte, daß der zur Herstellung der Uniformen verwendete Baumwolldrell weder strapazierfähig war noch in ausreichendem Maße Schutz vor Kälte bot, ersetzte man ihn bald. Auch der mitgebrachte und vorschriftsmäßige Tropenhelm erwies sich wegen seiner steil abfallenden Krempe namentlich beim Feuern aus liegender Stellung als denkbar unbequem und wurde daher von vielen Soldaten und Offizieren gegen einen breitkrempigen Filzschlapphut ausgetauscht, wie ihn südafrikanische, australische und neuseeländische Einheiten zu tragen pflegten. Der Tropenhelm konnte allerdings durch diese leichte und bequeme Kopfbedeckung bis zum Ende des Krieges im Jahr 1902 nicht verdrängt werden, weil sie nach Auffassung vieler Offiziere dem Träger ein unmilitärisches Äußeres verlieh und die Verwendung daher bei manchen Einheiten nicht gestattet war. Als unbefriedigend

erwiesen sich im Feldgebrauch auch die doppelten Patronentaschen aus Leder, weil sie nicht genug Munition aufnehmen konnten und die Patronen häufig schon herausfielen, wenn sich die Soldaten auf den Boden warfen, um im Liegen zu schießen. Bis zur Einführung eines neuen geflochtenen Patronengurtes aus nur lose gewebtem Material versorgten sich daher Teile der Infanterie mit zusätzlichen Bandolieren, wie sie von der Kavallerie getragen wurden. Die später gelieferten Gurte aus Webstoff sollten eigentlich nach Verbrauch der darin befestigten Patronen weggeworfen werden, wurden aber von den Soldaten häufig aufgehoben, die sie wieder auffüllten und weiterbenutzten. Da der verwendete Webstoff jedoch von sehr schlechter Haltbarkeit war, weiteten sich die Schlaufen bei längerem Gebrauch zunehmend aus und boten den eingeschobenen Patronen nur noch sehr geringen Halt. Die Folge war, daß ein großer Teil der mitgeführten Munition schon vor Gebrauch verlorenging und von den Buren aufgesammelt werden konnte. Kritische Beobachter haben gemeint, die Buren hätten den Krieg nur deshalb über einen so langen Zeitraum fortführen können, weil ihr Bedarf an Munition durch Verwendung von verlorenen und aufgesammelten Patronen habe gedeckt werden können.

Nach dem Krieg wurden die Fehlentwicklungen von Uniformierung und Ausrüstung der Armee, die sich während des Feldzuges gezeigt hatten, sehr eingehend untersucht; man stellte indessen nicht nur Untersuchungen an, sondern handelte auch. Eine aus Serge hergestellte Khakiuniform von etwas dunklerer Tönung wurde fortan für alle Truppen im Land und in Übersee – außer für Paraden – durchweg vorschriftsmäßig. Für den Feldgebrauch wurde zunächst die Verwendung des Hutes, seit 1908 jedoch einer Khakischirmmütze angeordnet, die zusammen mit neuem Koppel und Tragriemen aus Webstoff zur Ausgabe gelangte.

Zum erstenmal war die Entwicklung einer Kampfuniform mit Erfolg wissenschaftlich geplant worden, und als der britische Soldat 1914 in den Ersten Weltkrieg zog, war er wahrscheinlich der am zweckmäßigsten ausgerüstete und bekleidete Kämpfer in Europa.

Die Entstehung der Massenarmeen 1815-1860

JOHN MOLLO

Nach dem Wiener Kongreß im Jahr 1815 waren die europäischen Armeen durchweg mit Aufgaben beschäftigt, die wir heute als solche zur Stabilisierung internationaler Sicherheit bezeichnen würden. Diese Aufgabenstellung erforderte in erster Linie kleine, aber zuverlässige und schlagkräftige Berufsheere. Die ständige Furcht, ein kleiner Zwischenfall könne außer Kontrolle geraten, veranlaßte jedoch Rußland ebenso wie Österreich, sehr große – und möglicherweise unzuverlässige – Heere beizubehalten. Während die preußische Armee aus wirtschaftlichen Gründen zunächst klein blieb und den jeweiligen Nachbarn daher ungefährlich erschien, erschlaffte das französische Heer in einer Art Isolierung, gehaßt vom Proletariat und gemieden vom Bürgertum, das einem Leben in Luxus und Bequemlichkeit den Vorzug gab.

Die sozialen und politischen Kämpfe dieser Epoche fanden jeweils dann auch im äußeren und modischen Erscheinungsbild der handelnden Personen einen bestimmten Ausdruck, wenn sich der Einfluß der einen oder anderen Großmacht auf Verbündete oder abhängige Staaten ausweitete. So erwies sich besonders Paris während der Besetzung des Jahres 1814 und dann wieder – nach Waterloo – 1815 als ein wahrer Schmelztiegel, in dem sich die verschiedensten Entwicklungslinien militärischer Tracht berührten und vermischten. Dem Beispiel der Franzosen, Preußen und Österreicher folgend, ersetzten Russen und Engländer die bislang getragene Kopfbedeckung durch den zylinderförmigen Tschako, die Preußen übernahmen lange Überhosen, wie sie in der russischen Armee üblich waren; die Uniformen sämtlicher Armeen aber wurden im Lauf der Zeit knapper und steifer, das heißt für den Felddienst untauglicher.

Portugal, einige der neu entstandenen südamerikanischen Staaten sowie die Vereinigten Staaten von Amerika wurden in der Ausgestaltung ihrer militärischen Tracht von England beeinflußt, die italienischen Staaten folgten dem Vorbild Österreichs, die deutschen zu einem Teil dem Preußens, zum anderen dem Österreichs, während die preußische Armee in vielen Einzelheiten russische Entwicklungen nachahmte. Auch wurde in den Jahren vor

1830 die Uniformierung einzelner Armeen weitgehend von den persönlichen Wünschen und Vorstellungen verschiedener Herrscher bestimmt, die in dieser Epoche – wie nie zuvor oder später – ihrer Phantasie freien Raum gaben. Als sich nach 1830 in der bis dahin so festgefügten Fassade der Heiligen Allianz die ersten Risse zeigten, überschwemmte eine Woge romantischer Vorstellungen auch das Gebiet der militärischen Tracht. Zu Anfang der vierziger Jahre erschien erstmalig der später so weitverbreitete Helm mit Spitze, die Pickelhaube, deren Erfindung sowohl von Rußland als auch von Preußen für sich in Anspruch genommen wurde. Im Revolutionsjahr 1848 erhielten die verschiedenartig gestalteten Uniformen darüber hinaus sogar politische Bedeutung: Die knapp geschnittenen, steifen Uniformen der Russen und Preußen standen für Reaktion und Unterdrückung, während die locker geschnittene französische Militärmode Freiheitskämpfern jedweder Couleur als Symbol liberaler Gesinnung erschien, dem sie in der eigenen Ausstaffierung folgten.
Die russische Armee, die mit einer Kopfstärke von annähernd 800 000 Mann seinerzeit die größte der Welt war, zeigte trotz ihrer gewaltigen Stärke und ungeachtet der Aufmerksamkeit, die ihr Zar Nikolaus I. während seiner ganzen Regierungszeit schenkte, unter der glänzenden Oberfläche bereits schwerwiegende Mängel, die trotz ihres fast ununterbrochenen Einsatzes während des annähernd dreißig Jahre dauernden Krieges im Kaukasus und während der Feldzüge gegen die Perser, die Türken, die Polen und die Ungarn nicht behoben werden konnten.
Unter dem pedantischen Blick eines Herrschers, den man in der Öffentlichkeit nie anders als in makellos sitzender Uniform sah, erlangte die russische Armee einen Grad von Adrettheit, wie er wahrscheinlich von keiner anderen Armee zu irgendeiner Zeit erreicht worden ist. Dennoch waren die russischen Uniformen einfach im Schnitt und von äußerster Einförmigkeit. Dem Zuschnitt der gewöhnlich sehr derben Stoffe wurde jedoch große Sorgfalt gewidmet. Während die Soldaten Hemden, Stiefel und Unterwäsche selbst anfertigten, Uniformen und Mäntel aber bei den einzelnen Regimentern hergestellt wurden, erfolgte die Lieferung der Kopfbedeckungen und des Lederzeuges – gewöhnlich alle zehn Jahre – durch die Regierung. Erhalten gebliebene Uniformen aus dieser Periode zeigen sorgfältig durchgeführte Ausbesserungen und Reparaturen, stumme Zeugnisse für die Sparsamkeit des einfachen russischen Soldaten.
Nach 1815 ersetzte die russische Armee den charakteristischen *kiwer* durch den großen Tschako französischer Form, der mit geringen Änderungen von Infanterie, den Dragonern, den Cheveaulegers, den Husaren und der Artillerie bis zur Einführung der Pickelhaube im Jahr 1844 getragen wurde.
Nach 1844 wurde die russische Version der Pickelhaube, bei der die Spitze durch eine Kugel ersetzt worden war, an alle Einheiten ausgegeben, die vorher Tschakos getragen hatten. Eine Ausnahme bildeten hierbei jedoch die Husaren. Die Kürassierregimenter, die im Jahr 1844 zunächst mit einem provisorischen Helmmodell ausgestattet wurden, erhielten 1846 schließlich Ganzmetallhelme nach preußischem Muster. Schon 1845 war aber auf den Helmen der Garderegimenter ein Doppeladler angebracht worden. Die Mannschaften – nach 1825 auch die Offiziere – des Pawlowski-Garderegimentes trugen abweichend von der übrigen Gardeinfanterie Grenadiermützen mit einem Messingschild, die Grenadiere zu Pferd einen Helm mit querliegender Raupe und rotem, hinten herabhängenden Stoffbeutel, die Ulanen die Tschapka mit viereckigem Deckel, die Marinetruppen den sich nach oben verjüngenden sogenannten Marinetschako.
Infanterie, Artillerie und Dragoner erschienen während dieser ganzen Periode in der traditionellen dunkelgrünen Uniform. Eine der ersten Anordnungen des Zaren Nikolaus I. nach seiner Thronbesteigung war die Anschaffung einreihig geknöpfter Uniformjacken und langer, im Winter grüner, im Sommer weißer Hosen anstelle der bisher getragenen Überhosen. Die Kürassiere behielten weiterhin weiße Kolletts, die Ulanen blaue und die Husaren je nach Regiment in verschiedenen Farben ausgeführte Uniformen. Seit 1829 entwickelte das

Parademarsch eines russischen Grenadierregiments während der Manöver bei Wosnesensk im September 1837.

selbständige Kaukasuscorps einen eigenen Uniformstil. Die Elitetruppe der Nijegorodski-Dragoner übernahm einen Tschako mit Pelzbesatz, Kosakenblusen sowie bauschige Hosen und führte hierzu einen Säbel, der nach Landessitte am schmalen Schulterriemen getragen wurde. Nach 1848 gelangte jedoch der Waffenrock auch beim Kaukasuscorps zu allgemeiner Einführung.
Während des Krimkrieges kämpfte die russische Infanterie gewöhnlich in Mänteln, bei denen die Schöße hochgehakt waren; die weißen Hosen steckte man in die Stiefel. Wegen ihres großen Gewichtes und der unbequemen Tragweise wurde die Pickelhaube im allgemeinen nicht verwendet, sondern blieb gewöhnlich bei dem zurückgelassenen Gepäck. An ihre Stelle trat eine schirmlose Mütze in den Kompaniefarben oder eine weiche weiße Leinenschirmmütze, wie sie im Kaukasus getragen wird. Die Kavallerie trug – dies ist jedenfalls aus der Schlacht von Balaklawa überliefert – ihre Paradeuniform unter dicken, gegen Säbelhiebe Schutz bietenden Mänteln.
Die preußische Armee war der russischen ähnlich – wenn auch nicht an zahlenmäßiger Stärke, so doch im äußeren Erscheinungsbild –, in der hervorragenden Disziplin und in der Konsequenz, mit der die Uniformität der Einheiten gewahrt wurde. Die Tatsache, daß die dynastischen Bindungen zwischen beiden Ländern außerordentlich eng waren, blieb nicht ohne Auswirkungen auf das Verhältnis der beiden Armeen. Im Jahr 1835 nahmen die Garden sowohl Rußlands wie auch Preußens an gemeinsamen Manövern in Preußisch-Polen teil.
Vergeblich bemühte sich Preußen, eine euro-

Die Attacke der Schweren Kavalleriebrigade in der Schlacht bei Balaklawa am 25. Oktober 1854. Unter dem Kommando von Generalmajor J. Y. Scarlett vereitelt die Schwere Kavalleriebrigade – 2. Dragoner Rgt. (Royal North British Dragoons), 6. Dragoner Rgt. (Inniskilling), 4. Garde Dragoner Rgt. – in einer glänzenden Attacke den Versuch des russischen Oberbefehlshabers, Fürst Menschikow, mit massiertem Einsatz von Kavallerie die rückwärtigen Verbindungslinien der Belagerungsarmee vor Sewastopol zu durchbrechen.

päische Großmacht zu bleiben, ohne die Kosten für ein starkes stehendes Heer aufbringen zu müssen. Die Zahl der Wehrpflichtigen blieb klein, und die Kopfstärke der Armee überschritt daher nur selten die Zahl von 200 000. Die Schwierigkeit bestand darin, daß die Armee ohne zusätzliche Aushebungen zu klein war, um schlagkräftig zu sein, durch eine Vermehrung im Wege zusätzlicher Aushebungen jedoch möglicherweise politisch unzuverlässig geworden wäre. Da sie im eigenen Land nicht sonderlich geachtet war, formte sie sich gewissenhaft nach dem Vorbild des mächtigen russischen Heeres.

Von 1816 bis 1843 trug die Infanterie verschiedene Tschakos, die jedoch durchgehend kleiner waren als die bei der russischen Armee eingeführten Modelle. 1824 wurden Grenadiermützen mit einem Metallschild – nach der Überlieferung ein Geschenk des Zaren Alexander I. – an beide Bataillone des 1. Garderegiments zu Fuß ausgegeben. Die gesamte Infanterie trug blaue Uniformen, wobei die Garderegimenter durch Litzen an Aufschlägen und Kragen ausgezeichnet waren; eine Ausnahme bildeten lediglich die grasgrün gekleideten Jäger- und Schützenbataillone. 1836 waren allgemein graue Hosen mit rotem Vorstoß in Gebrauch, die jedoch auf dem Marsch manchmal mit braunen Gamaschen getragen wurden. Die Kürassiere hatten Lederhelme nach russischem Modell, weiße Kolletts und Messingkürasse, die zum Teil 1814 in den Arsenalen von Versailles erbeutet worden waren, im Jahr 1821 aber größtenteils durch solche aus Stahl ersetzt wurden. Bei besonderen Anlässen erschien das Regiment der Garde du Corps in geschwärzten Kürassen, die ihm vom Zaren Alexander I. zum Geschenk gemacht worden waren. Die Dragoner trugen hellblaue Kolletts und Tschakos, die Ulanen doppelreihig geknöpfte dunkelblaue Kolletts mit Paßgürtel und der traditionellen Tschapka. Die Gardekavallerie unterschied sich mit Ausnahme der Husaren durch Litzen auf Kragen und Aufschlägen von den Regimentern der Linie.

Die Uniform der Husarenregimenter wurde im Lauf der Zeit verschiedenen Änderungen unterworfen, von denen die augenfälligste im

FRANKREICH
Grenadier 1853

Offizier der Mobilgarde (Bataillonskommandeur) 1870

Zuave 1859

Grenadier der Kaisergarde 1870

Jäger zu Fuß der Kaisergarde 1857

FRANKREICH
Carabinier Rgt. der Kaisergarde, Carabinier 1869

Artillerieoffizier 1849

Dragoner 1860

Lancier Rgt. der Kaisergarde, Lancier 1859

Kürassier 1870

FRANKREICH
1. Husaren Rgt., Husar 1853

Dragoner Rgt. der Kaisergarde, Dragoner 1857

Lancier 1870

Afrikanischer Jäger zu Pferd (Chasseur d'Afrique) 1870

Jäger zu Pferde 1870

OLDENBURG
Infanterist 1849

BAYERN
8. Infanterie Rgt., Infanterist 1870

WÜRTTEMBERG
7. Infanterie Rgt., Infanterist 1870

HESSEN-KASSEL
Jäger 1866

HANNOVER
Infanterist 1866

Jahr 1836 stattfand, als der Dolman verlängert wurde und die geflochtenen Verschnürungen eine andere Form erhielten. Die Landwehrkavallerie war nach Art der Ulanen ausgerüstet, trug aber bis 1822 den Tschako und erhielt erst in diesem Jahr die mit dem Landwehrkreuz auf der Vorderseite geschmückte Tschapka. Die Regimenter der Gardelandwehrkavallerie waren durch Litzen an Kragen und Aufschlägen ausgezeichnet.

1843 wurde die preußische Pickelhaube mit eckigem metallgefaßten Schirm eingeführt, die bei der Garde auf der Vorderseite den Stern des Schwarzen-Adler-Ordens zeigte, während die Linie ein neues Modell des Helmadlers erhielt. Der zunächst auch an die Jäger ausgegebene Helm wurde jedoch 1855 gegen einen niedrigen und sich nach oben verjüngenden Tschako mit Schirm auf der Vorder- und auf der Rückseite ausgetauscht, der dem russischen Marinetschako in mancher Hinsicht nicht unähnlich war.

Dragoner und Artillerie erhielten ebenfalls die Pickelhaube, die Artillerie jedoch mit einer Kugel anstelle der Spitze, den Kürassieren wurde ein Ganzmetallhelm befohlen. Die Regimenter der Garde du Corps und der Gardekürassiere konnten bei der Paradeuniform die Helmspitze abschrauben und durch einen Adler aus Metall ersetzen.

Gleichzeitig mit dem Helm wurde der Waffenrock eingeführt, so daß die preußische Armee bereits 1843 das charakteristische Aussehen erhielt, das ihr bis zum Jahr 1914 eigen war. Der Wegfall des bisher üblichen gekreuzten Lederzeuges und die Beschaffung eines neuen Modells, bei dem die Patronentasche am Gürtel getragen wurde, gaben der Infanterie nach 1847 ein noch moderneres Aussehen. Auch die Regimenter der Kavallerie erhielten Waffenröcke; bei den Kürassieren wurde ein Koller eingeführt, das vorne herunter, auf Kragen und Aufschlägen mit farbiger Borte besetzt und an den hinteren Säumen und Armlöchern in der Regimentsfarbe vorgestoßen war. Zur gleichen Zeit erhielt das Regiment der Garde du Corps für den Hofdienst Superwesten und im Jahr 1856 Reithosen und sogenannte altbrandenburgische Stiefel. 1855 wurde der Dolman der Husaren durch den Attila ersetzt; einige Regimenter trugen nun hohe Pelzmützen, andere die sogenannte Flügelmütze. Die Ulanen behielten das Kollett noch bis 1853; in diesem Jahr gelangte der Waffenrock, die Ulanka, bei den Garde-Ulanen zur Einführung. In das Jahr 1843 fällt auch die Anschaffung des Waffenrockes und des Helmes – dieser mit dem üblichen Kreuz versehen – für die Landwehr. 1852 schließlich wurde die Landwehrkavallerie in verschiedene Gattungen eingeteilt und übernahm damit die jeweilige Uniform ihrer Waffe, behielt jedoch das eigentümliche Kreuz auf der Kopfbedeckung.

Der nach Rußland mächtigste unter den »reaktionären« Staaten Europas, Österreich, unterhielt weiterhin eine große Armee, um die Ruhe in seinem ausgedehnten Staatsgebiet und vor allem in Italien aufrechterhalten zu können. Da die österreichische Armee ständig im Einsatz war, litt sie weniger als andere unter der langen Friedensperiode nach 1815; zu dieser Zeit hielt man sie daher für die beste in Europa.

Die Unruhen der Jahre 1848/49 in Österreich, Ungarn und Italien nahmen die österreichische Armee jedoch so stark in Anspruch, daß sich der junge Kaiser Franz Joseph gezwungen sah, den Zaren Nikolaus I. um Hilfe bei der »Pazifizierung« Ungarns zu bitten. Die erfolgreiche Niederwerfung dieses Aufstandes und die Siege, die der alte Feldmarschall Radetzky in Italien errang, stärkten die Machtstellung Österreichs – allerdings nicht für lange Zeit. Die schwankende Politik Österreichs während des Krimkrieges sowie der Verlust aller italienischen Provinzen mit Ausnahme von Venezien im Krieg gegen Savoyen, Sardinien und Frankreich im Jahr 1859 führten zu einem schnellen Verfall der militärischen Stärke der Habsburger Monarchie.

Zwischen 1816 und 1836 änderte sich das Erscheinungsbild der österreichischen Infanterie nur unwesentlich. Die deutschen Regimenter trugen Tschakos, enganliegende weiße Uniformröcke und Kniehosen sowie schwarze Gamaschen, die ungarischen zu weißen Röcken mit den ihnen eigentümlichen Ärmelaufschlägen blaue Pantalons mit gelber Verschnürung. Die Grenztruppen erschienen in einer Uniform, die völlig der ungarischen Infanterieuniform entsprach, jedoch wiesen die kurzschößigen Fracks dunkelbraune und das Lederzeug schwarze Farbe auf. Ab 1830 wurden von den deutschen Regimentern gewöhnlich graue Hosen getragen, und 1836 erfolgte eine Änderung des Tschakos dahingehend, daß der Schirm geradegestellt wurde, um dem Soldaten das Zielen zu erleichtern. An den Bärenfellmützen der Grenadiere fiel im Jahr 1840 der große Messingbeschlag fort und wurde durch eine kleine gelbe Granate ersetzt. Gleichzeitig wurden zur Galauniform der Offiziere deutscher Regimenter hellblaue Hosen eingeführt, die ab 1851 auch die Offiziere ungarischer Regimenter zunehmend verwendeten. Während dieses Zeitraumes trugen die Dragoner- und Chevaulegers-Regimenter sowie die Kürassiere der österreichischen Armee einen ledernen Helm, der zunächst mit einer schwarz-gelben wollenen Raupe geschmückt war, die indessen im Jahr 1827 verschwand, hierzu weiße Kolletts, deren Kragen bei den Kürassierregimentern einen kleinen in der Abzeichenfarbe gehaltenen Spiegel aufwiesen. Der Tschako der Husarenregimenter erfuhr 1836 die gleichen Änderungen wie der der Infanterie. Im Jahr 1849 wurden zugleich mit dem Waffenrock neue Rangabzeichen eingeführt, die aus kleinen und auf dem Kragen zu befestigenden Sternen bestanden. Im Feld verwendete die Infanterie jedoch gewöhnlich Leinenjacken mit Kragenspiegeln in der Abzeichenfarbe und den mit Ölhaut überzogenen, mit einem weißen Nackenschutz versehenen Tschako. Den Dragonern wurden doppelreihig, den Kürassieren einreihig geknöpfte weiße Waffenröcke mit Kragenspiegeln befohlen.

Während des ungarischen Aufstandes der Jahre 1848/49 entstand ein eigenes ungarisches Nationalheer, die Honved-Armee. Während die rebellierenden ungarischen Regimenter der regulären Truppe ihre gewöhnlichen Uniformen weitertrugen, jedoch mit rot-weiß-grünen Schärpen und Kokarden versahen, folgten die Honved-Einheiten in ihrer Uniformierung in verschiedener Hinsicht dem Vorbild der ungarischen Nationaltracht und verwendeten Tschakos sowie nach Husarenart verschnürte Waffenröcke und blaue, enganliegende Hosen. Dem Zeitgeist und dem Charakter der Erhebung Rechnung tragend, erschienen die Rebellen darüber hinaus in den ungewöhnlichsten Kostümierungen, u. a. in breitkrempigen federgeschmückten Hüten, die während des amerikanischen Bürgerkrieges nochmals in Mode kommen und bei der Reiterei der Südstaaten so beliebt werden sollten.

Schon im Jahr 1855 fiel einem amerikanischen Beobachter, dem General George McClellan, anläßlich einer Reise durch Europa die besondere Zweckmäßigkeit der von der österreichischen Armee verwendeten Uniformen auf; er erwähnte in seinem Bericht besonders die Jäger und Schützen im blaugrauen Waffenrock und dem auf der Seite hochgeschlagenen und mit Hahnenfedern geschmückten Hut, ferner Ulanen in dunkelgrünem Waffenrock und Tschapka, Husaren in hell- oder dunkelblauem Attila und Tschako sowie die schwere Kavallerie mit dem ledernen und messingbeschlagenen Helm.

Nach Beendigung der Napoleonischen Kriege und mit Rückkehr der Bourbonen auf den französischen Thron begann ein Zeitabschnitt, währenddessen die französische Armee bei fast allen gesellschaftlichen Schichten des Landes auf große Zurückhaltung, wenn nicht gar Ablehnung stieß. Diese in den Jahren der Restauration offen zutage tretende Voreingenommenheit gegen das Militär schwand jedoch seit Errichtung des Bürgerkönigtums im Jahr 1830 zunehmend, und nachdem die Armee 1859 ihre großartigen Siege bei Magenta und Solferino errungen hatte, waren Ruf und Anerkennung in Frankreich wie im Ausland vollständig wiederhergestellt.

Die Wende war mit dem Jahr 1830 eingetreten, in dem sich Frankreich dazu aufraffte, eine nicht enden wollende Fehde mit den Seeräubern, die, von der algerischen Küste aus operierend, seit mehr als 300 Jahren das Mittelmeer und seine Anliegerstaaten bedroht hatten, nunmehr gewaltsam zu einem Abschluß zu bringen. Im Juni des genannten

PREUSSEN
Infanterie Rgt. Nr. 21, Infanterist 1849

2. Garde Rgt. zu Fuß, Offizier 1870

Jäger 1866

Pionier 1864

Füsilier Rgt. Nr. 33, Füsilier 1870

BAYERN
Kürassier 1870

BADEN
Dragoner 1870

HESSEN-KASSEL
2. Husaren Rgt., Husar 1866

MECKLENBURG-SCHWERIN
Dragoner 1866

SACHSEN
1. Schweres Reiter Rgt., Reiter 1864

PREUSSEN
Kaiser Franz Garde-Grenadier Rgt. Nr. 2, Tambour 1860

Reitende Artillerie, Kanonier 1870

See-Artillerie-Abteilung, Kanonier 1870

3. Reserve-Husaren Rgt., Husar 1870

9. Dragoner Rgt., Trompeter 1867

PREUSSEN
Litauisches Dragoner Rgt. Nr. 1, Dragoner 1866

Kavallerie-Stabswache 1870

Schlesisches Kürassier Rgt. Nr. 1, Kürassier 1870

Brandenburgisches Husaren Rgt. Nr. 3, Husar 1870

2. Brandenburgisches Ulanen Rgt. Nr. 11, Ulan 1864

Jahres landete ein Expeditionscorps in Stärke von 37 000 Mann auf afrikanischem Boden und schloß Algier ein, das bereits am 5. Juli die Waffen streckte. Dieser schnelle Sieg trug der Armee hohe Anerkennung ein und förderte die Entwicklung eines neuen Selbstbewußtseins. Als die Unruhen des Revolutionsjahres 1848 auch Frankreich erschütterten, bewies die bei der Bekämpfung innerer Unruhen einge-

In der Schlacht bei Magenta am 4. Juni 1859 besiegen die verbündeten Piemontesen unter König Viktor Emanuel II. und Franzosen unter Kaiser Napoleon III. die österreichischen Truppen des Feldmarschalls Grafen Franz Guylai. Giovanni Fattori malte das nebenstehende Bild: »Das Lager der piemontesischen Truppen bei Magenta.«

setzte Armee ihre Befähigung, Leben und Eigentum zu schützen. Sie errang dadurch zumindest den grollenden Respekt der wohlhabenden Klassen; und 1849 brachte ihr das erfolgreiche Eingreifen in Italien, wo Garibaldi und Mazzini den Papst vertrieben hatten, neuen Ruhm.

1852 bestieg Napoleon III., der erst im Vorjahr nach einem Staatsstreich zum Präsidenten der Republik gewählt worden war, den Thron, stellte die erbliche Monarchie wieder her und herrschte autokratisch im eigenen Land bis zum Jahr 1870.

Aus dem Krimkrieg kehrte die französische Armee ruhmreich zurück, begann jedoch unmittelbar darauf mit den Vorbereitungen für einen zwischen Frankreich und Sardinien abgesprochenen Feldzug, der die Vertreibung der

DÄNEMARK

Leibgarde-Regiment, Infanterist 1864

Infanterist 1848

Offizier der Leibjäger 1859

Infanterist 1864

Dragoner 1864

ÖSTERREICH

Infanterie Rgt. Prinz Wilhelm von Glücksburg Nr. 80, Infanterist 1864

Reitende Artillerie, Offizier 1866

Infanterie Rgt. Kaiser Nr. 1, Grenadier 1850

Generalfeldzeugmeister im Paletot 1855

Jäger 1866

ÖSTERREICH
Ulanen Rgt. König beider Sizilien Nr. 12, Offizier 1866

Husaren Rgt.. Kurfürst von Hessen Nr. 8, Offizier 1859

Dragoner Rgt. Nr. 4, Dragoner 1861

Ulanen Rgt. Nr. 1, Ulan 1849

Kürassier Rgt. Kaiser Franz Joseph Nr. 1, Offizier 1859

ÖSTERREICH
Infanterie Rgt. Nr. 18, Tambourmajor 1859

Offizier der Freiwilligen Krakusen 1866

Offizier der Steiermärkischen Freiwilligen Schützen 1848

UNGARN
Honved Infanterie, Unteroffizier 1848–1850

Ulanencorps Poninski, Ulan 1848–1849

Angriff der Piemontesen bei San Martino in der Schlacht von Solferino am 24. Juni 1859.

Österreicher aus Italien zum Ziel hatte. Die glänzenden Siege, die sie bei Magenta und Solferino errang, trugen ihr den Ruf der Unbesiegbarkeit ein mit der Folge, daß so ferngelegene Länder wie die Vereinigten Staaten, die Türkei und Japan französische Militärberater anzuwerben und den Stil der bequem geschnittenen französischen Uniformen zu übernehmen begannen.

Die folgenden Jahre brachten dann aber eine entscheidende Wende. Das gescheiterte militärische Eingreifen Napoleons III. in Mexiko während der Jahre 1863 bis 1867 wie auch das wachsende Gewicht der preußischen Armee, der es 1866 bei Königgrätz gelungen war, die Österreicher vernichtend zu schlagen, führten zu einem allmählichen Vertrauensschwund gegenüber der Stärke des französischen Kaiserreiches. Als Frankreich im Jahr 1870 Preußen den Krieg erklärte, ihn dann jedoch gegen alle deutschen Staaten führen mußte, war die französische Armee zwar wie in der Vergangenheit bereit, den Kampf aufzunehmen, sie war indessen nicht auf die Tatsache vorbereitet, daß sich die Zeiten selbst und damit die Art der Kriegsführung entscheidend geändert hatten.

Unter den in Nordafrika herrschenden Bedingungen hatte die französische Infanterie Jacken und Tschakos bald abgelegt und kämpfte lediglich in Mänteln und Mützen. Aus der Vielzahl von nicht vorschriftsmäßigen Kopfbedeckungen ging 1833 die *casquette* hervor, ein hoher Tschako aus Tuch, der im Lauf der Zeit immer mehr die Form des Képi annahm. Gleichzeitig wich das kreuzweise getragene Lederzeug der Infanterie einem schwarzen Koppel mit daran befestigter Munitionstasche und Seitengewehr.

Attacke des 4. Regiments der Chasseurs d'Afrique in der Schlacht bei Smala während des Feldzuges gegen Abd-el-Kader in Algerien am 10. Mai 1843.
Ausschnitt aus einem Gemälde von Horace Vernet.

Die Ausweitung der Kampfhandlungen in Nordafrika machte die Aufstellung neuer Einheiten notwendig, die in der Folgezeit weltweite Berühmtheit erlangen sollten, nämlich die der *Chasseurs d'Afrique,* der *Zuaven* und der *Spahis.* Die praktische und zugleich kleidsame Uniform der afrikanischen Jäger bestand aus einem hellblauen Waffenrock mit Messingepauletten, blauer und roter Schärpe sowie weiten roten Hosen. Die erst im Jahr 1841 uniformierten Spahis erschienen in blauen Westen arabischen Schnitts, roten Jacken und grünen Burnussen. Zunächst uneinheitlich uniformiert, trugen die Zuaven etwa seit der Zeit des Krimkrieges den roten Fez mit langer Quaste – bei Paraden zusätzlich einen Turban –, blaue Jacken und Westen sowie sehr weite weiße Hosen und gelbe Ledergamaschen. General McClellan hielt diese Aufmachung für die »bequemste Uniform, die sich denken läßt«.

Von den in Afrika gewonnenen Erfahrungen ausgehend, beschritt man bei der Uniformierung und Ausrüstung eines 1839 in Vincennes aufgestellten Bataillons *Chasseurs à Pied* neue Wege und ließ diesem ersten versuchsweise aufgestellten Bataillon im nächsten Jahr neun weitere folgen, die unter dem Befehl des Herzogs von Orleans in St. Omer versammelt wurden. Da die neue Uniform ihre Bewährungsprobe glänzend bestand, fanden die ihr zugrunde liegenden Ideen Eingang in die neue Bekleidungsvorschrift von 1845, die das Erscheinungsbild des französischen Soldaten für nahezu dreißig Jahre festlegte. Diese Verordnung sah für die Infanterie einen neuen Tschako vor, der dem bei den *Chasseurs d'Orleans* eingeführten Modell glich und dessen

SARDINIEN
Grenadier Rgt. der Garde-Brigade, Grenadier 1848

1. Grenadier Rgt., Grenadier 1855

MODENA
Infanterist 1859

KÖNIGREICH BEIDER SIZILIEN
Offizier der Carabiniers zu Fuß 1859

KÖNIGREICH ITALIEN
Bersagliere 1866

KÖNIGREICH SARDINIEN
Dragoner Rgt. Nizza 1844

PARMA
Reitende Artillerie, Kanonier 1853

KÖNIGREICH ITALIEN
Dragoner 1866

KÖNIGREICH BEIDER SIZILIEN
Ulan 1859

1. Dragoner Rgt., Dragoner 1859

GROSSBRITANNIEN
77. Rgt. zu Fuß (East Middlesex), Offizier 1854

19. Rgt. zu Fuß, Infanterist 1853

2. Regiment der Garde zu Fuß (Coldstream), Füsilier des III. Bataillons 1854

89. Rgt. zu Fuß, Grenadier 1854

23. (Welsh) Füsilier Rgt., Offizier 1855

GROSSBRITANNIEN
17. Ulanen Rgt., Ulan 1854

8. Husaren Rgt., Husar 1854

2. (North British) Dragoner Rgt., Dragoner 1854

Reitende Artillerie, Offizier 1854

4. Leichtes Dragoner Rgt., Dragoner 1854

Deckel nach vorne leicht abfiel. Befohlen wurden ferner ein blauer Waffenrock, Gürtelrüstung und rote Hose. Hierzu erhielt die Linieninfanterie blaue Kragen, rote Aufschläge mit blauer Patte und gelben Knöpfen, die Leichte Infanterie gelbe Kragen, blaue, gelb vorgestoßene spitze Aufschläge und weiße Knöpfe. Zur Uniform der Offiziere gehörten darüber hinaus goldene oder silberne Epauletten, Ringkragen und ein am Leibgurt mit zwei Tragriemen befestigter Degen. Bei der Kavallerie trugen Carabiniers hellblaue, Kürassiere dunkelblaue und Dragoner grüne Spenzer und alle genannten Waffengattungen verschiedenartig gestaltete Helme aus Metall. Lanciers erschienen in der Kurtka und bedienten sich als Kopfbedeckung der Tschapka oder einer kleinen Mütze mit Schirm, auf deren Vorderseite gekreuzte Lanzen eingestickt waren. Von den Änderungen, die die Uniform der Jäger zu Pferde erfuhr, ist die Ausgabe eines verschnürten Dolmans im Jahr 1839 und die Einführung eines roten Tschakos im Jahr 1848 hervorzuheben. Husaren trugen den Tschako, einen kurzen, auf der Brust verschnürten Dolman und lange lederbesetzte Hosen, deren Farbe von Regiment zu Regiment wechselte. Als Napoleon III. im Jahr 1854 die Kaiserliche Garde wieder errichtete, erhielt diese eine Ausstattung, in der sich Stilelemente der Garden des Ersten Kaiserreiches mit solchen des am Hofe bevorzugten »Rothschild-Stils« vereinten. Bei Paraden in den Straßen von Paris boten die aus Grenadieren, Leichter Infanterie und Jägern bestehende Gardeinfanterie sowie die Gardekavallerie mit Kürassieren, Lanciers, Dragonern, Jägern zu Pferd und Guiden in ihren Uniformen daher ein äußerst farbenprächtiges Bild.

Im Jahr 1861 wich dann der Tschako einem neuen und etwas kleineren Modell, während der einreihig geknöpfte Waffenrock im folgenden Jahr zwei Knopfreihen erhielt. Nachdem schon 1860 für die Kürassierregimenter ein Waffenrock mit einer Reihe von weißen Knöpfen und durchweg krapprotem Kragen, Aufschlagpatten und Epauletten eingeführt worden war, wurde dieses Bekleidungsstück 1868 auch für Dragoner und Carabiniers vorschriftsmäßig. Die Ausgabe dieses Bekleidungsstückes auch für die Lanciers konnte dagegen wegen der Kriegsereignisse des Jahres 1870 nicht mehr zu Ende gebracht werden, wie auch die geplante Einführung eines Attila für die Husarenregimenter zunächst zurückgestellt werden mußte und erst 1872 erfolgte.

Abweichend von der Linie trug die mobile Nationalgarde – eine Art Miliz, die aus vom normalen Wehrdienst zurückgestellten Männern bestand – zur üblichen Uniform blaugraue Hosen. Verschiedene Freiwilligeneinheiten, die 1868 unter der Bezeichnung *franc-tireurs* aufgestellt worden waren, legten sich eine äußerst buntscheckige Bekleidung mit breitkrempigen, federgeschmückten Hüten, graubraunen oder blauen Blusen, sehr weiten Hosen und Gamaschen nach Art der Zuaven zu. Da diese Einheiten im deutsch-französischen Krieg jedoch wegen der fehlenden Uniformierung vom Gegner als reguläre Einheiten nicht anerkannt, ihre Mitglieder daher häufig nach der Gefangennahme erschossen wurden, beeilte man sich, auch an diese Truppenteile soweit wie möglich Uniformen nach Art der Mobilgarde auszugeben.

Im Hinblick auf die große Zweckmäßigkeit der für die französische Armee eingeführten Bekleidungsstücke erstaunt es nicht, daß andere Heere dem Beispiel Frankreichs folgten. Unter diesen ist Sardinien hervorzuheben, dessen König Viktor Emanuel II. erster König des geeinten Italien wurde. Bezeichnenderweise beobachtete General McClellan bei seiner Reise durch Europa eine verblüffende Ähnlichkeit zwischen dem Erscheinungsbild der sardinischen Infanterie in Tschakos, blauen Mützen und Waffenröcken sowie hellblaugrauen Hosen und dem Aussehen des zeitgenössischen amerikanischen Soldaten.

Innerhalb des sardinischen Heeres sind wegen ihrer charakteristischen Uniformierung noch die Bersaglieri hervorzuheben, die als leichte Elitetruppe im Jahr 1833 von General Lamarmora aufgestellt worden waren und zu weiten Hosen und blauen Waffenröcken einen breitkrempigen Hut mit grünem Hahnenfederbusch trugen. Daneben erschien die sardische Kavallerie in dunkelblauen Waffenröcken und

Die Schlacht von Inkerman am 5. November 1855. In der Absicht, die rückwärtigen Verbindungslinien der alliierten Belagerungsarmee zu unterbrechen und diese von ihrem Stützpunkt Balaklawa abzuschneiden, unternahmen die Russen am 5. November 1855 einen erneuten Ausfall. Die Aufgabe, den Durchbruch zu verhindern, fiel in erster Linie englischen Truppen zu, die erst durch das spätere Eingreifen der französischen Division Bosquet entlastet werden konnten. Auf der zeitgenössischen Darstellung erkennt man im Vordergrund im Infanteriekampf Russen und englische Garde, im Hintergrund die zur Unterstützung ihrer Verbündeten heranrückenden Franzosen.

blaugrauen Hosen, zu denen entweder ein niedriger Tschako mit gewöhnlich gelbem Ölhautbezug oder aber ein raupengeschmückter Helm gehörten. Nach Ansicht sachkundiger Beobachter war die einfache Ausrüstung und Bekleidung des sardinischen Soldaten jedenfalls der seines englischen, wenn nicht auch der seines französischen Verbündeten weit überlegen.

Es mutet merkwürdig an, daß zu Beginn der sechziger Jahre auch in Rußland Bestrebungen deutlich wurden, die durch Frankreich eingeleitete Entwicklung auf dem Gebiet der militärischen Bekleidung zu übernehmen. Diese Tatsache mag darauf zurückzuführen sein, daß kurz nach Beendigung des Krimkrieges freundschaftliche Beziehungen zwischen beiden Ländern angeknüpft wurden, die sich im Lauf der Jahre noch verstärkten und bis zum Ersten Weltkrieg anhielten. Nach den inneren Schwierigkeiten und äußeren Demütigungen, die der Krimkrieg für Rußland mit sich gebracht hatte, setzte unter Alexander II. eine Reformbewegung ein, die neben vielen Bereichen des zivilen Lebens auch das militärische Gebiet erfaßte. Die im Zusammenhang mit der allgemeinen Reformbewegung durchgeführten Neuerungen innerhalb des Heeres wurden von der Einführung eines lockeren und bequemen Uniformstils begleitet, der in krassem Widerspruch zu dem stand, was Nikolaus I. befürwortet und gefördert hatte. Die kurze, knapp geschnittene Jacke des Soldaten war schon während des Krimkrieges bei allen Waffengattungen fortgefallen und durch den Waffenrock oder Halbkaftan ersetzt worden. Nunmehr mußte die Pickelhaube, die künftig den Generalen und dem Preobraschenski-Garderegiment vorbehalten war, dem schon erwähnten Marinetschako weichen, der einen kleinen Doppeladler mit aufgerichteten Schwingen zeigte. Im Jahr 1862 wurde ein Tschako nach französischem Muster sowie eine Mütze zur kleinen Uniform aller Waffengattungen mit Ausnahme der Kürassiere und Ulanen befohlen, der Waffenrock erhielt bei unveränderten Abzeichen einen bequemeren Schnitt. Ein weiterer wichtiger Schritt war die Einführung gold- oder silbergeflochtener flacher Achselstücke für Offiziere, die allmählich im Dienst an die Stelle der Epauletten traten. Diese typisch russischen Achselstücke

Nächtlicher Angriff der französischen Truppen auf Constantine über die El-Cantara-Brücke am 23. November 1836. Aquarell von Simeon Fort.

gehen wahrscheinlich darauf zurück, daß die Offiziere, die keine besonderen Übermäntel besaßen, im Feld Soldatenmäntel zu tragen pflegten, auf deren farbige Achselstücke sie Litzen nähen ließen. Stabsoffiziere zeichneten sich durch einen breiten und zwei schmale, Subalternoffiziere dagegen durch zwei breite Streifen aus.

Wir sind nunmehr auf halbem Weg in der Geschichte der Uniformentwicklung zwischen 1815 und 1914 angelangt. Bis zum Jahr 1870 hatten die Heere Europas fast ausnahmslos ihre unbequemen, aufwendigen Uniformen gegen eine modernere und zweckmäßige Bekleidung eingetauscht, wobei Frankreich in vielem als Vorläufer den Weg gewiesen hatte. Die durch den Ausgang des Deutsch-Französischen Krieges von 1870/71 mitverursachte Störung des europäischen Gleichgewichtes bewirkte in der Folgezeit bei allen Nationen Rüstungsanstrengungen in bisher unbekanntem Ausmaß. Wir werden sehen, welche Auswirkungen sie auf die Entwicklung der militärischen Tracht hatten.

Der amerikanische Bürgerkrieg und die Zeit von 1860-1914

JOHN MOLLO

Von den Ländern, deren militärische Tracht durch das französische Vorbild am stärksten geprägt wurde, standen die Vereinigten Staaten von Nordamerika bis etwa 1850 im wesentlichen unter britischem Einfluß. Im Jahre 1851 wurde jedoch der Waffenrock nach französischem Schnitt sowie die *casquette* für die gesamte Armee eingeführt. Die *casquette* erhielt eine farbige Troddel, ein Mützenblech, das einen Adler zeigte, sowie bei der Kavallerie dicke geflochtene Behänge.

Die Abzeichenfarbe war bei den Dragonern orange-gelb, bei den berittenen Schützen grün, der Artillerie rot und der Infanterie blau. Die Infanterie erhielt schwarzes Lederzeug, bestehend aus einem Koppel, an dem das Bajonett hing, sowie kreuzweise getragenen Gurten für eine Patronentasche. Gleichzeitig wurden an die Infanterie auch eine blaue Bluse mit vier Knöpfen und ein Képi ausgegeben, eine Zusammenstellung, die in der Bürgerkriegsperiode das typische Erscheinungsbild des amerikanischen Soldaten prägen sollte.

Schon 1854 erhielt die Kavallerie jedoch wieder ein kurzes Jackett, und die im folgenden Jahr neu errichteten Kavallerieregimenter Nr. 1 und Nr. 2 erschienen in Filzhüten, deren Bezeichnung als *Hardee* oder *Davis* auf einen Major gleichen Namens vom 2. Kavallerieregiment bzw. auf den Kriegsminister zurückgeführt wird.

Im Jahr 1861 bestellte die Regierung der Vereinigten Staaten in Frankreich eine Lieferung von zehntausend kompletten Uniformen nach Art der *Chasseurs à Pied,* mit der fast die gesamte Infanterie ausgerüstet wurde.

Als 1861 der Bürgerkrieg ausbrach, waren es in erster Linie die freiwilligen Einheiten und Milizen der einzelnen Staaten, die der bedrängten Bundesregierung zu Hilfe kamen. Unter diesen Einheiten, die in den Jahren vor dem Krieg hinsichtlich der Wahl ihrer Uniformierung keinerlei Beschränkungen unterworfen waren, gab es Hochländer in Federhüten, »Hochlandfüsiliere« in karierten Tartanhosen, Grenadiere in Waffenröcken und mit Bärenfellmützen, »Deutsche Artilleristen« in Pickelhauben, Ulanen mit Tschapkas und die New Yorker Garibaldi-Garde in Zuavenhosen, roten Hemden und mit Hahnenfedern ge-

schmückten Bersaglierihüten. Die New Yorker »Feuerzuaven« waren in ihrer Ausrüstung typisch für verschiedene Einheiten, die auf beiden Seiten zumindest in den ersten Jahren des Krieges in einer vollständig arabischen Kostümierung ins Feld rückten.
Im Gegensatz zu einer weit verbreiteten Vorstellung waren die Truppen der Nordstaaten nicht ausschließlich blau uniformiert, wie umgekehrt die konföderierten Einheiten ebenfalls nicht durchgängig in grauen Uniformen erschienen.
So ordnet beispielsweise die Bekleidungsvorschrift des Jahres 1861 für die Armee von Georgia, das zu den Südstaaten gehörte, an, daß als Arbeitsuniform eine locker geschnittene blaue Flanelljacke und ein schwarzer Filzhut getragen werden solle, während den Offizieren das Képi weiterhin gestattet war; andererseits sollten aber die Mannschaften der Armee von Nord-Carolina locker geschnittene graue Drillichjacken und Hosen sowie Filzhüte tragen, während auch hier wiederum den Offizieren außerhalb des Dienstes Képis nach französischem Vorbild erlaubt waren.
Die Kavallerie der konföderierten Staaten erschien häufig in einer sehr »lässigen« Aufmachung, die in vielen Einzelheiten an die Truppen Garibaldis oder Kossuths, des Führers der ungarischen Aufständischen, erinnerte. Hierzu gehörten Hüte mit wallenden Federn und kurze graue Jacken mit gelben Aufschlägen und Rangabzeichen in der Form ungarischer Knoten aus geflochtener Schnur, die auf den Ärmeln getragen wurden.
Nach wenigen Monaten der Kriegführung schwand jedoch der Glanz der von den Armeen beider Parteien getragenen prächtigen Uniformen kläglich dahin. Uniformen und Ausrüstungsgegenstände wurden im Feld zunehmend abgetragen und vorschriftswidrig, ihre Instandsetzung immer oberflächlicher. Es dauerte daher nicht lange, bis verblichene blaue Waffenröcke und Hosen auf der einen Seite, selbstgefärbte *butternuts*-Uniformen auf der anderen Seite an der Tagesordnung waren und die übliche Bekleidung der Soldaten im Felde bildeten.
Der tägliche Kampfeinsatz führte darüber hinaus dazu, daß eine ganze Reihe von vorschriftsmäßigen Uniformteilen und Zubehörstücken geändert oder abgeschafft wurde. So wurden die weißen Képibezüge und der Nackenschutz – deren Bezeichnung *Havelock* auf den während des Sepoy-Aufstandes berühmt gewordenen General Havelock zurückgeht – schon sehr bald zu Wischtüchern und Kaffeesieben zweckentfremdet. Der steife Jeff-Davis-Hut – nach dem Präsidenten der Südstaaten benannt –, dessen Krempe von den Offizieren und den Kavalleristen auf der rechten, von der Infanterie auf der linken Seite aufgeschlagen wurde, und sogar das Képi wurden häufig zugunsten eines weichen Filzhutes aufgegeben, während der elegante, aber unbequeme hellblaue Mantel verschwand.
Statt der Stiefel bevorzugte man breite Schuhe mit flachen Absätzen, soweit vorhanden; kurze oder lange Gamaschen wurden, wenn überhaupt ausgegeben, bald weggeworfen und vielfach dadurch ersetzt, daß man die Strümpfe über die Hosenbeine zog. Der Tornister, der, wenn er nicht sorgfältig gepackt war, schwer auf den Rücken des Trägers drückte, wich zugunsten einer über der Schulter getragenen Deckenrolle, in die Ersatzkleidungsstücke eingeschlagen werden konnten. Wäsche und Unterwäsche häufig zu wechseln, galt im Feld als überflüssiger Luxus, bequemer war es, sich voll einzukleiden und diese Ausstattung zu tragen, bis der erbeutete Tornister eines Gegners oder ein Aufenthalt bei der Familie die Möglichkeit zum Wechsel boten.
Die Feldflaschen aus Holz oder Blech wichen in der Regel großen Blechbechern, die sowohl als Trinkgefäß wie auch als Kochgeschirr verwendet werden konnten und häufig einfach weggeworfen wurden. Daß diese bequeme Methode, sich unerwünschter Ausrüstungsgegenstände zu entledigen, mitunter beträchtliche Kosten verursachte und daher offiziell nicht gebilligt wurde, ist verständlich.
Bei der Kavallerie fand der steife Hut zunehmend weniger Verwendung, und auch das Bandolier wurde bei den kämpfenden Einheiten im Feld bald abgeschafft. Die Tragweise des Säbels änderte sich; dieser wurde links vorn am Sattelknauf so mit dem Korb nach

Die Schlacht von Gettysburg am 1. bis 3. Juli 1863. Angriff des II. Korps der konföderierten Armee unter General Richard Ewell auf den von föderierten Truppen verteidigten Cemetary Hill am 2. Juli 1863.

vorne befestigt, daß er leicht mit der rechten Hand gefaßt und gezogen werden konnte. Die Offiziere übernahmen allmählich eine mit vier Knöpfen geschlossene Bluse anstelle des langen Waffenrockes, und bei Ende des Krieges war auch die rote Schärpe, mit der man noch wenige Jahre vorher ausgerückt war, praktisch verschwunden.

Im allgemeinen kann gesagt werden, daß die Truppen der Nordstaaten durchaus vernünftig uniformiert und ausgerüstet in den Bürgerkrieg gegangen waren. Engpässe in Bekleidung und Ausrüstung traten im allgemeinen nur vorübergehend auf. Auf der anderen Seite war der fühlbare Mangel an den notwendigsten Dingen bei der konföderierten Armee geradezu chronisch. Trotzdem gelang es den »Rebellen« dank tatkräftiger häuslicher Unterstützung sowie mit Hilfe einer fortlaufenden Ergänzung ihrer Ausrüstung durch Plünderung reichlich gefüllter gegnerischer Magazine, den Krieg über Jahre fortzuführen; die

Angriff der konföderierten Truppen unter General James Longstreet auf das von föderierten Truppen unter General Ambrose Burnside verteidigte Fort Saunders am 29. November 1863.

Fähigkeit der konföderierten Soldaten, hervorragend zu kämpfen, litt zu keinem Zeitpunkt unter einem ständigen Mangel an Ausrüstungs- und Bekleidungsstücken.
Nach dem Bürgerkrieg trug die reguläre amerikanische Armee ihre Vorkriegsuniformen ohne jegliche Veränderung bis zum Jahr 1872 weiter.
Nach ihrem Sieg im Preußisch-Österreichischen Krieg von 1866 war die bis dahin unbedeutende preußische Armee zu einem Machtfaktor geworden, der durch die Truppenkontingente des Norddeutschen Bundes weiter verstärkt wurde. Im Krieg gegen Frankreich 1870/71 konnten die deutschen Staaten unter Führung Preußens schon etwa 1 180 000 Mann – einschließlich der Truppen der süddeutschen Staaten – ins Feld stellen.
Die kleidsame und praktische Uniform der preußischen Armee blieb im Grunde von 1870 bis 1914 unverändert. Ähnliches gilt mit geringen Abweichungen auch für die Uniformen der übrigen deutschen Staaten. Die Infanterie trug in Preußen Pickelhaube und blauen Waffenrock mit grauschwarz melierten Hosen für den gewöhnlichen Dienst, bei Paraden waren teilweise weiße Hosen und anstelle der Spitze am Helm ein Roßhaarbusch gebräuchlich.
Der im Lauf der Zeit wiederholt geringfügig veränderte Helm hatte zuletzt eine sehr niedrige Form mit vorne und hinten abgerundetem Schirm.
Die Veränderungen im Schnitt des Waffenrockes führten auf die Dauer zu einer erheblichen Verkürzung der Schöße; in den Feldzügen von 1864, 1866 und 1870/71 entwickelte sich aus praktischen Gründen die Gewohnheit, die Hose in die Stiefel zu stecken. Jäger und Schützen trugen weiterhin einen niedrigen Tschako mit Vorder- und Rückschirm sowie grasgrüne Waffenröcke.
Die Änderungen in der Uniformierung der Kavallerie waren fast noch geringfügiger. So behielten die Kürassiere ihre Helme aus Metall und die weißen Koller, der Küraß wurde nach 1889 jedoch im Feld nicht mehr verwendet. Wie die Offiziere aller Kürassierregimenter trugen auch die Unteroffiziere und Mannschaften der beiden Garderegimenter etatmäßig sowie die Unteroffiziere und Mannschaften der Linienregimenter, obwohl nicht etatmäßig, den dunkelblauen einreihigen Waffenrock. Die Dragoner behielten Pickelhauben und kornblumenblaue Waffenröcke bei, die Ulanen Tschapkas und dunkelblaue Ulankas. Die einzelnen Husarenregimenter unterschieden sich durch farbige Beutel an der niedrigen Pelzmütze sowie durch die Farbe des Attila. Die preußischen Husaren behielten die traditionellen Ausrüstungsstücke ihrer Waffe, wie Husarenschärpe und Säbeltasche, bei. Alle Garderegimenter, mit Ausnahme der Husaren, hatten an Kragen und Aufschlägen bei den Offizieren goldene oder silberne, bei den Mannschaften gelbe bzw. weiße Litzen.
Die Armeen der anderen Bundesländer des deutschen Reiches behielten vielfach die Eigentümlichkeiten ihrer traditionellen Uniformierung bei. So erschien beispielsweise die sächsische Kavallerie auch nach Gründung des Reiches in Hellblau, die Artillerie in Dunkelgrün, während die traditionelle hellblaue Farbe weiterhin das Bild der bayrischen Infanterie, das charakteristische Grün jenes der Chevaulegers bestimmte.
Während aber Eigenarten der Uniformierung weitgehend erhalten blieben, wurden die Einheiten der deutschen Bundesstaaten mit Ausnahme derjenigen Bayerns, umnumeriert – der Numerierung der preußischen Armee folgend. Alle Kontingente trugen zwei Kokarden, eine in den Landesfarben, eine zweite in den Farben des deutschen Reiches.
Nach 1880 begann auch Deutschland langsam, sich ein Kolonialreich aufzubauen und stellte zum Schutz seiner neuen Besitzungen in Afrika und im Fernen Osten verschiedene Polizei- und Schutztruppen auf, von denen einige erstmals in einer grauen Uniform mit farbigen Vorstößen, Reithosen und Stiefeln erscheinen, die in Abwandlungen für die spätere Entwicklung der deutschen Uniformen in den Jahren von 1914 bis 1945 typisch werden sollte.
Zu den Manövern des Jahres 1898 erschienen die Truppen zwar noch in der farbigen Uniform, aber bereits mit grauen Helmbezügen. Drei Jahre später wurde dann versuchsweise

eine graue Uniform, bestehend aus Filzpickelhaube, Bluse, Hose, braunen Stiefeln und Lederzeug während des Boxeraufstandes im Fernen Osten erprobt. In das gleiche Jahr fällt die Aufstellung verschiedener Maschinengewehr-Einheiten, die graugrüne Uniformen erhielten, und im Februar 1910 wurde dann endlich nach verschiedenen anderen Versuchen die feldgraue Dienstuniform, in der die deutschen Truppen 1914 in den Krieg zogen, eingeführt.

Im Jahr 1859 hatte Österreich im Feldzug gegen Frankreich und Sardinien eine schwere Niederlage hinnehmen müssen. Nachdem es im Krieg von 1866 gegen Preußen ebenfalls besiegt und von der Mitwirkung bei der Bildung eines deutschen nationalen Staates ausgeschlossen worden war, sah es sich gezwungen, ungarischen Forderungen entgegenzukommen und einen Ausgleich herbeizuführen. Im Jahr 1867 wurde Kaiser Franz Joseph zum König von Ungarn gekrönt, es entstand die österreichisch-ungarische Doppelmonarchie.

1878 hielt sich Österreich-Ungarn auf Drängen Deutschlands aus dem russisch-türkischen Krieg heraus und erhielt zum Ausgleich auf dem Berliner Kongreß Verwaltungsrechte in den ehemaligen türkischen Provinzen Bosnien und Herzegowina. Als in den Jahren 1908 und 1909 die Annexion dieser Gebiete den Widerspruch der europäischen Mächte hervorrief, konnte Österreich seine Ziele auf dem Balkan nur dank deutscher Unterstützung erreichen. Damit war ein Präzedenzfall geschaffen, der 1914 verhängnisvolle Folgen haben sollte.

Zwischen 1859 und 1870 änderte sich die österreichische Armee in ihrem äußeren Erscheinungsbild nur wenig. Im Jahr 1861 wurde ein neuer Waffenrock mit kürzeren runden Schößen und Umlegekragen eingeführt. Im Dienst trug die Infanterie jedoch – wie zum Beispiel die französische Infanterie – nur Mäntel, wobei die Schöße hier auf der Innenseite hochgehakt wurden. Bei der Kavallerie wurde im Jahr 1860 den Kürassieren der Küraß genommen, 1868 verschwand die Kürassierwaffe dann ganz, die Regimenter wurden zu Dragonerregimentern umgewandelt.

Unter dem Aspekt einer Entwicklungsgeschichte der Uniform bestand die vielleicht bedeutsamste Änderung in der Aufstellung einer Anzahl von Regimentern, die sich aus ungarischen Freiwilligen zusammmensetzten und für den Dienst in Italien bestimmt waren. Diese Regimenter führten die romantischen Traditionen der Honved-Armee von 1848–1849 fort und trugen eine Vielzahl von Uniformen, die zum Teil auf national-ungarischen Elementen beruhten. Die Bedeutung liegt darin, daß aus dieser Vielfalt von Pelzen, Federn, pelzbesetzten Mänteln, weiten Hosen und hohen Stiefeln schon 1866 die Vorläuferin einer modernen Dienstuniform mit Klappentaschen an Brust und Hüften hervorging.

Die zweckmäßig gestaltete Uniform der österreichischen Armee nach 1870 war mit kleinen Änderungen bis 1914 im Gebrauch. Die Infanterie hatte ihre in Ehren gehaltene weiße Uniform, die künftig nur noch den Generälen vorbehalten war, mit einem einfachen dunkelblauen Waffenrock samt gleichfarbigem Kragen und Aufschlägen in der Regimentsfarbe vertauscht. Als Kopfbedeckung diente ein schwarzer Tschako. Während zur Uniform der deutschen Regimenter blaugraue Hosen gehörten, trugen die Infanteristen der ungarischen Einheiten enganliegende blaue Pantalons und, als besondere Eigenart, die traditionellen Ärmelaufschläge. Offiziere hatten einen auf der Vorderseite vorgestoßenen Waffenrock, dazu den mit goldenen Litzen geschmückten Tschako und eine gelbe Schärpe. In abweichender Uniformierung erschienen die Tiroler Kaiserjäger sowie die selbständigen Schützenbataillone, zu deren grauen Uniformen mit grünen Vorstößen ein Hut mit aufgeschlagener Krempe und Hahnenfederbusch gehörte.

Im Jahr 1882 kam eine Interimsuniform zu allgemeiner Verwendung, die für Offiziere aus einer schwarzen Mütze sowie dunkelblauer Bluse mit vier Außentaschen und Kragenspiegeln in der Regimentsfarbe bestand, wobei auf den letzteren Sterne als Rangabzeichen angebracht waren. Die gleiche Bluse für Mannschaften war lediglich auf der rechten Schulter mit einer Stoffrolle versehen, die ein Abrutschen des am Riemen getragenen Gewehrs

TÜRKEI
Artillerist 1855

Infanterist 1855

Kavallerist 1855

Artillerieoffizier 1855

Kavallerist 1877–1878

RUSSLAND
Stabsoffizier eines Infanterie Rgts. des Unabhängigen Kaukasischen Corps 1855

Infanterist 1849

Grenadier 1854

Infanterist 1877–1878

Sergeant eines Kaukasischen Schützen-Bataillons 1854

RUSSLAND

Chevalier-Garde Rgt. der Kaiserin, Unteroffizier 1850

Dragoner 1850

Husar 1850

Ulanen Rgt. des Großfürsten-Thronfolgers, Ulan 1850

Garde-Grenadier Rgt. zu Pferd, Grenadier 1850

RUSSLAND

Gendarmerie der Garde 1852

Artillerieoffizier 1877–1878

Leib-Garde-Grenadier Rgt., Grenadier 1855

Grenadier-Garde, Palastgarde, Gardist 1855

Artillerist der Kaukasischen Kosaken 1840

Deutsch-Französischer Krieg 1870/71. Badische Infanterie und preußische Landwehr in Verteidigungsstellung am Bahndamm von Béthoncourt am 16. Januar 1871.

verhindern sollte. Als Kopfbedeckung wurde eine leichte Feldmütze mit schwarzem Lederschirm, gelber Metallkokarde und zwei Ohrenklappen, die hochgestellt und vorne zusammengeknöpft waren, eingeführt.

Abweichend von der Linieninfanterie trugen die Jäger hecht- oder hellgraue Blusen, die Landwehrinfanterie solche von hellgrauem Tuch mit grünen Achselstücken, dazu blaugraue Hosen mit grünem Streifen und eine Feldmütze von gleicher Farbe. Die ungarische Honved-Infanterie unterschied sich von der deutschen Infanterie bei ebenfalls dunkelblauen Blusen durch roten Besatz auf Kragen und Aufschlägen sowie hellblaue, rot vorgestoßene Pantalons, trug aber ebenfalls die normale Feldmütze.

Die Dragoner behielten schwarze Lederhelme mit jeweils einem Schirm auf der Vorder- und Rückseite, gelbmetallenen Beschlägen sowie einem Doppeladler mit dem kaiserlichen Wappen. Die Feldmütze bestand völlig – einschließlich des Schirmes – aus krapprotem Stoff. Der einreihige blaue Waffenrock hatte Kragen und Aufschläge in der jeweiligen Regimentsfarbe, der hellblaue Pelzrock mit

schwarzem Astrachankragen war, anders als bei den Husaren, groß genug, um über den Waffenrock gezogen zu werden. Krapprote Reithosen und schwarze Stiefel mit geraden Schäften vervollständigten die Uniform.
Die Kopfbedeckung der Husaren bestand aus einem Tschako in Regimentsfarbe mit geradem schwarzen Roßhaarbusch sowie einer krapproten Feldmütze. Hierzu gehörte ein Attila von hell- oder dunkelblauer Farbe mit gelb-schwarzer Verschnürung sowie ein mit schwarzem Astrachan gefütterter Pelz. Die engen krapproten Reithosen wurden in ungarischen Stiefeln getragen. Auch die Ulanka der Ulanen war durchgängig von hellblauer Farbe, hatte drei Außentaschen, krapproten Kragen und ebensolche Aufschläge. Ein hellblauer Pelz, krapprote Reithosen und hohe Stiefel sowie eine Tschapka, deren oberer Teil in den Regimentsfarben gehalten und die mit einem herabhängenden schwarzen Roßhaarbusch geschmückt war, vervollständigten die Uniform der Ulanen.
Die neben der Linienkavallerie bestehende Landwehrkavallerie war nach Art der Ulanen oder Dragoner uniformiert, die Honved-Kavallerie nach Art der Husaren mit dem Tschako in der Regimentsfarbe, krapproter Feldmütze, dunkelblauem, rot vorgestoßenem Attila, dunkelblauem Pelz mit rotem Besatz, krapproter Reithose mit rotem Besatz und ungarischen Stiefeln.
Die österreichische Armee, die mit Recht die Erfindung der modernen Dienstuniform mit Bluse und Feldmütze für sich in Anspruch nehmen konnte, brauchte allerdings sehr lange, um diese einmal begonnene Entwicklung zu ihrem konsequenten Abschluß zu bringen.
Seit 1890 trug zwar die ganze Armee mit Ausnahme von Kavallerie und Artillerie die Feldmütze, aber erst im Jahr 1909 wurde die hechtgraue Dienstuniform – zunächst nur an Infanterie und Landwehr – ausgegeben. Sie bestand lediglich aus Bluse, Hose und Mantel, die alle aus dem gleichen hellgrauen Material gefertigt waren. Die Mannschaften behielten die alte hellblaue Feldmütze, Offiziere bekamen nunmehr eine ähnliche Kopfbedeckung, die an die Stelle der alten dunkelblauen Mütze trat. In dieser Uniform zog die österreichische Infanterie in den Ersten Weltkrieg.
Nachdem wir die Uniformierung der Mittelmächte Deutschland und Österreich untersucht haben, wollen wir unsere Aufmerksamkeit jetzt auf die ihrer zukünftigen Gegner, der Vereinigten Staaten, Englands, Frankreichs und Rußlands richten.
Nach dem Bürgerkrieg wurde die Armee der Vereinigten Staaten in erster Linie zum Schutz der westlichen Grenzen gegen die Indianer sowie zur gelegentlichen Durchführung von Polizeiaufgaben verwandt. Dieser Aufgabenstellung entsprechend wurde sie stark verkleinert und zählte im Jahr 1890 nur etwa 25 000 Mann. Die Kavallerie wurde jedoch, da sie bei den Indianerkämpfen an der Grenze dringend vonnöten war, in einer Stärke von zehn Regimentern beibehalten.
In den späten neunziger Jahren gerieten die Vereinigten Staaten aufgrund widerstreitender Interessen auf Kuba in einen Konflikt mit Spanien und erwarben in der Folge des sich daraus entwickelnden Krieges nicht nur Kuba, sondern auch die vormaligen spanischen Besitzungen Puerto Rico und die Philippinen. Sie waren damit plötzlich in die Reihe der Kolonialmächte eingetreten.
Im Jahr 1900 wurde während des Boxeraufstandes ein amerikanisches Expeditionscorps zur Mitwirkung bei der Befreiung der belagerten Gesandtschaften in Peking nach China entsandt; eine Entwicklung setzte ein, in deren Verlauf der amerikanische Einfluß sich auf weite Teile der Welt, besonders aber auf Lateinamerika und auf den Fernen Osten ausweitete.
Erst im Jahr 1872 erfolgte die erste große Uniformänderung seit den Tagen vor dem Bürgerkrieg, wobei die augenfälligste Neuerung in einer nach deutschem Vorbild aus schwarzem Filz gefertigten Pickelhaube für die berittenen Truppen bestand. Dieser Helm hatte für Offiziere gelbmetallene Beschläge und Behänge, jeweils einen mit Leder gefaßten vorderen und hinteren Schirm sowie ein adlergeschmücktes Blechschild vorne und herabhängenden Roßhaarbusch. Die Roßhaarbüsche und die Helmeinfassungen der Mannschaften waren in der

RUSSLAND
Dragoner 1897 — Infanterist 1905 — General 1905 — 3. Regiment der Orenburg Kosaken, Kosak 1905 — Artillerieoffizier 1905

JAPAN
Garde-Infanterie, Infanterist 1905 — Infanterist 1905 — Offizier 1905 — General 1905 — Kavallerist 1905

SPANIEN
Kubanisches Freiwilligen-Bataillon feldmarschmäßig 1898

Infanterist 1900

Artillerist 1900

Kubanisches Freiwilligen-Bataillon, Garnisonsanzug 1898

Kavallerie der Kubanischen Freiwilligen 1898

VEREINIGTE STAATEN VON AMERIKA
General 1901

1. Freiwilliges Kavallerie Rgt. (Rough Riders), Reiter 1899

Infanterist 1898

Infanterist 1898

Offizier in China 1901

Farbe der Waffengattung, Gelb für die Kavallerie, Rot für die Artillerie und Orange für die Nachrichtentruppen.
Die Uniform selbst bestand aus einem einreihigen dunkelblauen Waffenrock und blaugrauer Hose, Kragen und Aufschläge waren ebenso wie Vorstöße und Hosenstreifen in der Farbe der Waffengattung gehalten. Abweichend hiervon trugen Offiziere zweireihige Waffenröcke mit goldenen Epauletten von erstaunlicher Größe und Häßlichkeit. Als Interimsuniform trug die Truppe eine dunkelblaue Mütze und seit 1874 eine mit fünf Knöpfen geschlossene Bluse von der gleichen Farbe, deren Kragen und Aufschläge einen Besatz in der Waffenfarbe zeigten.
Die Felduniform der Kavallerie, in der General Custers berühmt gewordenes 7. Kavallerieregiment 1876 gegen die Stämme der Sioux und Cheyennes am Little Big Horn in den Tod ritt, bestand aus schwarzem Schlapphut, der erwähnten Bluse, einem blauen Hemd, schwarzen Reitstiefeln, die über mit Segeltuch verstärkten Reithosen getragen wurden, und Handschuhen. Offiziere trugen doppelreihig geknöpfte und manchmal mit weißem oder gelbem Besatz versehene Hemden.
Der Hut machte eine Vielzahl von Änderungen durch. Der *Hardee* war bei heißem Wetter zu schwer und wurde daher durch den *Andrews-Hut* ersetzt, der schon im Jahr 1851 an einen Teil der Kavallerie ausgegeben worden war. Der *Andrews-Hut* war aus perl- oder steingrauem Filz und hatte eine sehr breite Krempe, die aufgeschlagen werden konnte. Die mit diesem Modell gemachten Erfahrungen führten 1872 zur Einführung eines Feldhutes aus schwarzem, samtähnlichem Filz, der sich im Felddienst jedoch sehr schnell als mangelhaft erwies und nach verschiedenen Versuchen, das Modell zu verbessern, schließlich durch den solideren grauen *Buschhut,* wie ihn die Pfadfinder tragen, ersetzt wurde. Im Jahr 1872 erhielt die Infanterie – nunmehr in Waffenröcken mit hellblauem Besatz – einen neuen Tschako, der ganz offensichtlich französischem Vorbild folgte, bereits im Jahr 1881 aber einem Helm mit weißem Busch weichen mußte. Der Farbe des Helmbusches entsprechend wurde die Waffenfarbe der Infanterie 1884 in Weiß umgeändert. Der ebenfalls im Jahr 1872 ausgegebene neue Tornister sowie verbesserte Patronentaschen wurden im Dienst wenig getragen und bald aufgegeben. Der amerikanische Soldat zog es vor, sein Marschgepäck in einer Deckenrolle über der Schulter und die Munition in einem Patronengürtel zu tragen.
Zwischen 1880 und 1898 wurden in der Uniformierung der amerikanischen Armee nur kleinere Änderungen vorgenommen. Im Jahr 1881 erhielt die Truppe zur Sommeruniform mit weißem Drell bezogene Kork- oder sogenannte »Papier«-Helme, im Jahr 1892 bekamen die Offiziere, die bis dahin eine Abart der mit fünf Knöpfen geschlossenen Bluse einschließlich der alten Rangabzeichen aus dem Bürgerkrieg getragen hatten, eine kunstvoll verschnürte *Patrouillenjacke* nach britischem Vorbild. Diese Jacke wurde aber bereits 1895 durch einen knopflosen dunkelblauen Rock mit ringsum dunkelblauem Mohairbesatz ersetzt. Hierzu wurde für Offiziere eine neue Dienstmütze mit steifer Krone und geradem Schirm angeordnet.
Als der amerikanisch-spanische Krieg ausbrach, war zwar eine khakifarbene Tropendienstuniform vorhanden, diese konnte aber nur in sehr geringem Umfang an die kämpfenden Truppen ausgegeben werden. Die Mehrzahl der im Feld stehenden Einheiten war mit einer Abart der in den achtziger Jahren verwendeten Felduniform ausgerüstet, die aus einem grauen Hut, blauem Hemd, blaugrauer Hose und braunen Segeltuchgamaschen bestand. Hierzu gehörte das in eine Zeltbahn eingeschlagene und über der Schulter getragene Marschgepäck sowie ein gewebter Patronengürtel, an dem Proviantbeutel und Bajonett befestigt waren.
Die hastig einberufenen Freiwilligen trugen verschiedenartige Uniformen; als Beispiel sei das berühmte 1. Amerikanische Freiwilligen-Kavallerieregiment des späteren Präsidenten Theodore Roosevelt, die »Rauhreiter«, genannt, das in Feldhüten, braunen Segeltuchblusen und Gamaschen ausrückte.
Da die Vereinigten Staaten in der Folgezeit starke Garnisonen im Fernen Osten unterhiel-

ten, wurden in zunehmendem Maße Stoffe in Khaki oder von khakiähnlicher Farbe zur Herstellung von Uniformen verwendet. Im Jahr 1902 erscheint die amerikanische Armee dann durchgängig in einer olivgrauen Dienstuniform, bestehend aus grauem Feldhut, olivgrünem Waffenrock mit hochgeschlossenem Kragen, bronzenen Waffenabzeichen, Reithosen und braunen Lederstiefeln für Offiziere sowie Segeltuchgamaschen für die Mannschaften. Eine weitere praktische Verbesserung bestand in der Einführung gewebter Gurte und Tragriemen im Jahr 1903. Das Koppel wies neun einzelne, jeweils verschließbare Taschen sowie eine Reihe von gestanzten Löchern auf, in die Proviantbeutel, Seitengewehr und Schanzzeug eingehakt werden konnten. An der Tragweise des verbleibenden Gepäcks, das nach wie vor in eine Decke gerollt über der Schulter getragen wurde, änderte sich zunächst nichts. Erst 1910 gelangte dann ein völlig neuartiges Tragesystem zur Einführung, bei dem Deckenrolle, Proviantbeutel, Bajonett und Schanzzeug an einer Art Gepäckträger befestigt waren, der nach Indianerart auf dem Rücken getragen wurde. Dieses Modell wurde im wesentlichen bis 1956 beibehalten.

In den Jahren nach 1871 war Frankreich von der Idee beherrscht, eine Gelegenheit zur Vergeltung der Demütigungen herbeizuführen, die es im Krieg von 1870–1871 gegen Deutschland hatte hinnehmen müssen. Das im unmittelbaren Anschluß an die Niederlage geschwächte Selbstvertrauen der Armee war jedoch nach einer Reihe erfolgreicher Kolonialfeldzüge in Nordafrika und anderen Teilen der Welt bis zum Jahr 1890 wieder völlig hergestellt.

Das geheime Militärbündnis mit Rußland, die *Entente Cordiale* mit Großbritannien aus dem Jahr 1904 und deutsche Ungeschicklichkeiten bei der Behandlung der Balkanfrage trugen dazu bei, daß sich der Ring um die Mittelmächte Deutschland und Österreich in den Jahren vor 1914 immer stärker schloß.

Ein Blick auf die französische Armee in den Jahren vor dem heraufziehenden Weltkrieg zeigt, daß hier seit den Tagen des Zweiten Kaiserreiches nur geringfügige Veränderungen stattgefunden hatten. Zwar war in der Dritten Republik sowohl die Kaiserliche Garde wie auch die Garde Nationale Mobile aufgelöst worden, darüber hinaus hatte das französische Heer im wesentlichen aber keine strukturellen Änderungen erfahren. So glich auch im Hinblick auf Bekleidung und Ausrüstung der französische Soldat der Vorkriegszeit in vielen Einzelheiten seinen Vorgängern aus dem Kaiserreich. Die augenfälligsten Veränderungen bestanden, abgesehen von der Entfernung der kaiserlichen Embleme, zunächst nur in einer Senkung der Tschako- und Képischirme von der Horizontalen um einen Winkel von dreißig Grad. Noch im Jahr 1872 war ein Unterschied zu den Uniformen der Kaiserzeit praktisch nicht festzustellen.

Die Offiziere trugen einen Waffenrock ähnlich dem der Mannschaften, der allerdings dann im Jahr 1884 durch einen dunkelblauen Dolman mit sieben schwarzen Schnurreihen auf der Brust ersetzt wurde. Im folgenden Jahr wurde für Offiziere auch der Tschako abgeschafft, so daß das Erscheinungsbild von Offizier und Mannschaftsdienstgrad nunmehr völlig unterschiedlich war. Eine Angleichung setzte erst wieder 1886 ein, als ein versteiftes rotes Képi den Tschako der Mannschaft ablöste, und wurde im Jahr 1893 fortgeführt, als für Offiziere nunmehr ein kurzer einreihiger, locker geschnittener Waffenrock mit rotem Kragen und ebensolchen Ärmelaufschlägen befohlen wurde. Die Epauletten, die zum Dolman nicht getragen worden waren, gehörten nun wieder zur Uniform. Als dann 1899 schließlich der einreihige Waffenrock auch für Mannschaften vorschriftsmäßig wurde, war die Einheitlichkeit wiederhergestellt.

Die *Chasseurs à Pied* machten eine ähnliche Wandlung durch, behielten aber die ihnen eigentümliche Farbe der Uniform sowie die weißmetallenen Knöpfe bei. Die Hosen der Infanterie blieben während dieser ganzen Periode krapprot, seit 1880 waren die Mäntel für die gesamte Armee blaugrau.

Auch die Uniformierung der Kavallerie war im Lauf der Zeit verschiedenen Änderungen unterworfen. Bei den Kürassierregimentern war lediglich den Offizieren gestattet, den

VEREINIGTE STAATEN
VON AMERIKA – NORDSTAATEN

Freiwillige von Indiana
(Wallaces Zuaven) 1860–1864

Kavallerist 1860–1864

Infanterieoffizier 1860–1864

Infanterist 1860–1864

Sergeant der Leichten Artillerie
1861

NORDSTAATEN

Infanterist im Marschanzug
1860–1864

Kavallerist im Mantel
1860–1864

Generalleutnant 1860–1864

Generalmajor 1860–1864

Artillerieoffizier 1860–1864

KONFÖDERIERTE STAATEN – SÜDSTAATEN
Kavallerist 1860–1864

Infanterist 1860–1864

Artillerieoffizier 1860–1864

Kavallerieoffizier 1860–1864

Infanterieoffizier 1860–1864

SÜDSTAATEN
Kavallerist 1860–1864

General (Kavallerie) 1860–1864

General (Infanterie) 1860–1864

Kanonier der Reitenden Artillerie 1860–1864

Infanterist 1860–1864

Deutsch-Französischer Krieg 1870/71. Erstürmung des Gehöftes von Sévigny durch das französische 11. Jägerregiment.
Gemälde von W. Beauquesne.

Dolman zu tragen, dagegen war dieses Bekleidungsstück bei den Dragonern zeitweise für alle Dienstränge vorschriftsmäßig. Die bei der Schweren Kavallerie bis zum Jahr 1883 verwendeten Waffenröcke mit langen Schößen, die man beim Aufsitzen zurückschlagen mußte, so daß das rote Futter erschien, wurden in diesem Jahr durch ein anderes Modell mit kürzeren Schößen ersetzt. Die gesamte Leichte Kavallerie trug den hellblauen Dolman mit neun Reihen von Verschnürungen auf der Brust. Die *Chasseurs à Cheval* hatten hellblaue, mit einem metallenen Horn auf der Vorderseite, die Husaren mit einem ungarischen Knoten geschmückte Tschakos. 1881 wurde an die 11. Chasseurs probeweise ein Helm ausgegeben, der dem amerikanischen Modell nicht unähnlich, aber mit hellblauem Stoff bezogen war. Vorne und hinten war ein schwarzer Lederschirm angebracht, über die Vorderseite verlief diagonal ein Kinnriemen mit darübergelegter Schuppenkette. Neben einer kleinen dreifarbigen Kokarde sollte ein metallenes Horn den Helm der Chasseurs, ein ungarischer Knoten denjenigen der Husaren schmücken.

In den neunziger Jahren erfreuten sich über den Knien besonders weit geschnittene Hosen bei den Offizieren großer Beliebtheit. 1897 erschienen die *Chasseurs Alpins* in großen blauen Baretts, blauen Waffenröcken mit weitem Umlegekragen, blaugrauen Überfallhosen und blauen Gamaschen, die sich offenbar an britische Vorbilder anlehnten.

Trotz zahlreicher Versuche hatte aber die französische Armeeverwaltung mit ihren Bemühungen, eine praktische Dienstuniform zu schaffen, keinen Erfolg. In den Kolonien bestand die Uniform der europäischen Truppen aus einem weißen Helm mit Khakibezug, weißem oder khakifarbenem Anzug und schwarzen oder khakifarbenen Gamaschen; im französischen Mutterland dagegen dominierten nach wie vor rote Hosen und Képis.

Im Jahr 1903 wurden probeweise Versuche mit einer blaugrauen Uniform durchgeführt, die für Offiziere aus einem Schlapphut, der auf der rechten Seite aufgeschlagen war, einem taschenlosen Waffenrock sowie blaugrauen Hosen bestand. Ein vereinfachtes System von Rangabzeichen auf den Ärmeln diente der Unterscheidung, zur Paradeuniform wurden jedoch Epauletten getragen. Diese Uniform, für Mannschaften ebenfalls mit Schlapphut, einer losen Bluse mit breitem Umlegekragen, Hose und ledernen Gamaschen, fand aber weder bei der Armee noch in der Öffentlichkeit Anklang und wurde daher sehr bald wieder verworfen. Auch der Vorschlag, das Képi durch einen Helm zu ersetzen, blieb ohne Widerhall und wurde nicht verwirklicht.

Das gleiche Schicksal widerfuhr im Jahr 1911 einer aus niedrigem, khakibezogenem Helm mit blauer Einfassung, blauer Schärpe, Khakibluse, Hose und Gamaschen bestehenden Versuchsuniform sowie einem im Jahr 1913 von dem berühmten Schlachtenmaler Detaille entworfenen Helm, der dem der Pikeniere des 17. Jahrhunderts deutlich nachempfunden war.

Da sich nicht einer der zahlreichen Vorschläge zur Modernisierung der Uniform durchsetzen konnte, zog die französische Armee 1914 noch in der farbigen Uniform in den Krieg, die Infanterie mit blaubezogenen Képis, während Kürassiere und Dragoner ihre blitzenden Helme mit khakifarbenem Stoff bedeckt hatten.

Der Geist der Reform war in Rußland nicht von langer Dauer, und seit etwa 1870 waren die vom Liberalismus geprägten Reformideen Zar Alexanders II. als Folge der wachsenden revolutionären Umtriebe nicht weiter verwirklicht worden.

Im Jahr 1881 wurde Alexander II. ermordet. Sein Nachfolger, Alexander III., ein Reaktionär, dessen auf alle Lebensbereiche gerichtete Russifizierungspolitik die Hälfte der Bevölkerung des Reiches zu potentiellen Gegnern machte, förderte damit unbewußt die Betätigungsmöglichkeiten revolutionärer »Aktivisten«.

Da das russische Eingreifen in den Befreiungskampf der Balkanvölker gegen die Türken lediglich zu einer Verschlechterung der Beziehungen zu Großbritannien, Deutschland und Österreich führte, verstärkte die russische Regierung ihre Bemühungen zum Ausbau der Bindungen an Frankreich, das seinerseits riesige Geldmengen, unter anderem zum Aufbau einer modernen und schlagkräftigen Armee, nach Rußland fließen ließ.

Mit Hilfe dieser für die Rüstung aufgewendeten Mittel konnte zwar erreicht werden, daß das russische Heer binnen kurzer Zeit auf einen modernen Stand gebracht wurde, eine Fülle einschneidender Mängel ließ sich damit jedoch nicht beheben.

Ein Blick auf die Uniformierung der kaiserlichen Armee in diesen Jahren zeigt, daß trotz der Hinwendung zu Frankreich deutsche und britische Einflüsse vorherrschend waren.

Während in den letzten Jahren der Regierung Alexanders II. die Uniformierung nur geringfügigen Änderungen unterworfen war – eine Ausnahme bildete hier die Einführung einer neuen Offiziersschärpe ohne Quasten, die vorne nach Art eines Paßgürtels geschlossen wurde –, entwickelte sich in den folgenden Jahren jedoch eine neue Art von Dienstuniform aus der zuerst in Zentralasien von russischen Soldaten getragenen landesüblichen Bluse mit Stehkragen und seitlichem Verschluß. Diese Bluse wurde über der Hose getragen und von einem Gürtel zusammengehalten. Die vom Waffenrock abgetrennten und auf die Bluse genähten Schulterstücke gaben der sogenannten *gymnasterka* ein ausgesprochen militärisches Aussehen. Dazu wurden Mützen mit weißen Bezügen und Nackenschutz und in Turkestan rotgefärbte Rohlederhosen, die sich als wirksamer Schutz gegen den Biß von Skorpionen erwiesen, getragen.

Schon im Russisch-Türkischen Krieg 1877/78 hatten die russischen Soldaten als normale Dienstuniform im Winter den Mantel, die weiße *gymnasterka* – Offiziere den Waffenrock – im Sommer. Als Kopfbedeckung diente die weiße Leinenschirmmütze ohne jegliche farbige Verzierung, die bereits im Kaukasus und auf der Krim verwendet worden war.

Im November 1881 schaffte Alexander III. den mit Knöpfen geschlossenen Waffenrock

Spähtrupp der 10. Bengalischen Lancers in Felduniform, 1890. Farbige Zeichnung von R. Simkin.

aus wirtschaftlichen Erwägungen ab und führte für die ganze Armee eine neue Uniform ein. Sämtliche Regimenter der Linienkavallerie wurden in Dragoner umgewandelt, erhielten als Kopfbedeckung die *dragonka,* eine kleine runde Pelzmütze mit einer auf der Vorderseite befestigten und in den Farben des Regiments vorgestoßenen steifen Krone, einen zweireihigen Waffenrock oder *kaftan,* der vorne mit Haken geschlossen wurde, sowie blaugraue Reithosen und weiche Stiefel. Der sehr locker und bequem gearbeitete Waffenrock wies an der Taille auf jeder Seite Taschen zur Unterbringung zusätzlicher Patronen auf. Zur kleinen Uniform trugen Offiziere und Unteroffiziere eine Mütze mit Schirm, die Mannschaft dagegen eine solche ohne Schirm. Der Säbel *(schaschka),* der nach altslawischer Sitte an zwei Ringen über der Schneide befestigt war und an einem schmalen Schulterriemen hing, wurde in verschiedenen Formen für den größten Teil der Armee befohlen. Die Infanterie er-

hielt eine ähnliche Uniform, ebenfalls mit kleiner runder Pelzmütze und weiten dunkelgrünen Hosen, die meist in die Stiefel gesteckt wurden. Bei Gardeinfanterie und Gardedragonern schmückten Litzen den Kragen und die Ärmelaufschläge, der Stern des St.-Andreas-Ordens das Mützenblech. Eine Ausnahme unter den Infanterieregimentern bildete das Pawlowski-Garderegiment, das die Grenadiermützen beibehielt; dagegen verblieb der gesamten Gardekavallerie sowie den Kosaken ihre bisherige Uniform. Die neue Uniform, die die Thronbesteigung Zar Nikolaus II. 1894 überdauerte, wurde sogar noch während des Russisch-Japanischen Krieges in den Jahren 1904 – 1905 getragen, als Zugeständnis an den Winterkrieg jedoch durch eine große zottige Pelzmütze für die an der Front stehenden Truppen ergänzt.

Die demütigende Niederlage, die Rußland in diesem Krieg erlitt, blieb nicht ohne schädliche Folgen für das Selbstbewußtsein der Ar-

Soldaten des 20. Bengalischen (Pundschab) Eingeborenenregiments in Felduniform begleiten einen Transport.
Zeichnung von R. Simkin.

mee, so daß man sich ab 1908 gezwungen sah, gewisse Reformen zur Widerherstellung ihrer Schlagkraft und ihrer Moral einzuleiten. Im Zug dieser allgemeinen Reformen wurden auch auf dem Gebiet der Ausrüstung und Uniformierung eine Reihe von Änderungen beschlossen. Zunächst erhielt die Kavallerie, dann aber auch die Infanterie, wieder vorne mit Knöpfen geschlossene Waffenröcke; die bei der Truppe äußerst unbeliebte Pelzmütze wurde abgeschafft und durch eine Mütze ersetzt, die vorübergehend mit dem Mützenblech der großen Uniform geschmückt war. Die Dragonerregimenter erhielten wieder ihre früher getragenen Namen und Uniformen, allerdings mit einem neuen Helmmodell; diejenigen Regimenter, die vor der Reorganisation von 1881 Kürassierregimenter gewesen waren, wurden als solche wieder errichtet und trugen zur Unterscheidung von den Dragonern weiße Helmraupen, abzeichenfarbige Kragen und Aufschläge sowie eine Kollerborte an Kragen, Aufschlägen und auf der Brust. Lediglich die Dragonerregimenter 16 bis 18 behielten die Pelzmütze.

In einem letzten Versuch der Wiederbelebung militärischer Romantik wurden den Garderegimentern die ehemals getragenen farbigen Brustaufschläge sowie eine moderne Abart des Tschakos von 1812 – allerdings von kleinerer Form und aus farbigem Stoff mit schwarzem Lederdeckel – befohlen. In das Jahr 1908 fällt auch die Einführung einer Khaki-Dienstuniform, die aus Schirmmütze mit ovaler Kokarde und *kittel* – bei den Offizieren mit, bei den Mannschaften ohne Taschen – bestand. Der *kittel* der Mannschaften wich allerdings schon zwei Jahre später einer aus Khakistoff gefertigten *gymnasterka.* Wie bisher trug die Infanterie die nunmehr khakifarbenen Hosen in den Stiefeln; Kavallerie und Artillerie behielten die traditionellen, gewöhnlichen blaugrauen Hosen sowie Reitstiefel. Die zunächst goldenen bzw. silbernen Schulterstücke an der Dienstuniform der Offiziere wichen sehr bald khakifarbenen Proben, bei der Mannschaft dagegen gelangten Schulterstücke zur Einführung, die auf der einen Seite aus Khakistoff, auf der Rückseite aber farbig waren und je nach Bedarf gewechselt werden konnten. Zur Uniform der Offiziere gehörte 1913 ein ledernes Koppel mit zwei Schulterriemen nach britischem Vorbild.

Als die Dynastie der Romanows im Jahr 1913 ihr dreihundertjähriges Bestehen feierte, nahm man an den Khakiuniformen geringfügige Änderungen vor, um den Truppen, die bei den in Rußland stattfindenden Feierlichkeiten zugegen waren, ein prächtigeres Aussehen zu verleihen. Zu diesem Zweck sollten falsche Brustklappen mit Knöpfen und daran befestigtem Kragen auf den *kittel* und die *gymnasterka* genäht werden; die völlige Durchführung dieser auf Verschönerung gerichteten Maßnahme scheiterte jedoch an den vorhandenen Möglichkeiten. Die 1913 ebenfalls ausgegebene Pelzmütze mit Ohrenklappen, die sich nach oben verjüngte, gehörte jedoch künftig zur Winterausrüstung; sie wurde während des ganzen Ersten Weltkrieges und der folgenden Revolutionsjahre getragen.

Schon vor Beginn des Ersten Weltkrieges hatte das goldene Jahrhundert der militärischen Tracht ein Ende gefunden, ein Jahrhundert, in dem der Geschmack von Alleinherrschern, die romantischen Neigungen von Revolutionären sowie die Bedürfnisse einer wachsenden Industrie und keineswegs zuletzt die Erfahrungen aus vielen Kriegen Uniform auf Uniform hervorgebracht und wieder verworfen hatten. Fast überall auf der Welt hatten moderne Dienstuniformen in Grau oder Khaki den Sieg über die vielfarbige militärische Tracht der Vergangenheit davongetragen.

Erster Weltkrieg und unruhiger Friede 1914-1939

GUIDO ROSIGNOLI

In den ersten Jahren des Jahrhunderts ließen wachsende politische Spannungen unter den Staaten Europas ebenso wie der Zusammenschluß der Großmächte in zwei gegeneinander gerichtete Verteidigungsbündnisse die Möglichkeit einer bevorstehenden kriegerischen Auseinandersetzung immer wahrscheinlicher werden. Angesichts dieser Lage begannen die Generalstäbe der großen europäischen Armeen mit den für die erwartete militärische Kraftprobe notwendigen Vorbereitungen, was natürlich die Planung von Ausrüstung und Bekleidung der im Ernstfall ins Feld zu stellenden Truppen einschloß. Um die Jahrhundertwende waren die in Europa unterhaltenen Streitkräfte durchweg mit herkömmlichen farbigen und metallglänzenden Uniformen ausgestattet. Aufgrund der in den überseeischen Besitzungen gewonnenen Erfahrungen mit leichten und bequemen, dabei aber äußerlich unauffälligen Bekleidungsstücken setzte jedoch bald eine Entwicklung ein, die auf Einführung eines zweckmäßigen, strapazierfähigen und bequemen Anzuges für den Feldgebrauch des Soldaten abzielte, daneben aber auch von dem Gedanken beeinflußt war, die bei der Ausrüstung und Uniformierung ständig wachsender Armeen aufzubringenden Kosten einzuschränken.

Die Streitkräfte der Großmächte beschritten bei der Lösung dieser Aufgabe verschiedene Wege. Während der Feldzüge in Indien um die Mitte des 19. Jahrhunderts hatte sich im britischen Heer die Benutzung khakifarbener Bekleidungsstücke als zweckmäßig erwiesen, ein Eindruck, der sich während zahlreicher in den Kolonien geführter Kriege bestätigte. Folgerichtig entschied sich daher Großbritannien bei der Einführung neuer Uniformen für solche aus khakifarbenem Stoff. Die Offiziere erhielten Schirmmütze, Waffenrock, Reithose in Stiefeln oder Ledergamaschen und zunächst ein braunes Koppel mit zwei, sich auf dem Rücken kreuzenden Schulterriemen, an dem Patronen- und Revolvertasche sowie der Degen getragen wurden. Der Waffenrock wich indessen schon sehr bald einer Jacke mit vier aufgesetzten Taschen und offenem Kragen, unter der Hemd und Krawatte sichtbar wurden, das Koppel einem neuen Modell mit nur

DEUTSCHES REICH
BAYERN
Leib-Infanterie Rgt., Infanterist in Felduniform 1914

PREUSSEN
Infanterie Rgt. Freiherr v. Sparr (3. Westfälisches) Nr. 16, Offizier 1914

HESSEN-DARMSTADT
Infanterie-Leib Rgt. Großherzogin (3. Hessisches) Nr. 117, Infanterist 1918

PREUSSEN
Ulanen Rgt. Graf Haeseler (2. Brandenburgisches) Nr. 11, Ulan 1914

Husaren Rgt. Zar Nikolaus von Rußland (1. Westfälisches) Nr. 8, Husar 1914

BULGARIEN
Infanterieoffizier 1914

TÜRKEI
Kavallerist 1915

Infanterieoffizier 1915

Infanterist 1915

BULGARIEN
Infanterist 1915

ÖSTERREICH
Infanterie Rgt. Ernst Ludwig Großherzog von Hessen Nr. 14, Infanterist 1914

Dragoner Rgt. Fürst zu Windisch-Graetz Nr. 3, Dragoner 1914

Infanterie Rgt. Freiherr v. Georgi Nr. 84, Infanterist 1918

Husar im Mantel 1914

Tiroler Kaiserjäger, Offizier 1914

GRIECHENLAND
Infanterist 1916

MONTENEGRO
Maschinengewehrabteilung, Unteroffizier 1914

RUSSLAND
Tschechische Legion in Russischen Diensten 1914

SERBIEN
Infanterist 1914

PORTUGAL
Infanterist 1917–1918

noch einem Schulterriemen, und der Degen verschwand völlig aus dem täglichen Dienstgebrauch. Abgesehen von kleineren Änderungen wird diese Jacke auch heute immer noch verwendet.

Die zunächst eingeführte Kopfbedeckung für Mannschaften und Unteroffiziere, die sogenannte *Broderick*-Mütze nach Art eines Seemannshutes wurde schon sehr bald von einer runden Mütze mit stoffbezogenem Schirm verdrängt. Später während des Krieges folgten noch andere, den besonderen Erfordernissen angepaßte Kopfbedeckungen, so eine Schirmmütze mit eingefalteten Ohrenklappen, eine andere mit durch Stichreihen verstärktem Stoffschirm und endlich der Stahlhelm, der allerdings erst im Jahr 1917 für alle Einheiten zur Verfügung stand. Zum einreihig geknöpften Waffenrock mit Umlegekragen sowie vier aufgesetzten Taschen mit Patte und Quetschfalte, auf den unter den Schulterriemen zur Verstärkung zusätzliche Stoffstreifen genäht waren, wurden lange Hosen und seit 1908 Gamaschen getragen. Diese unterschieden sich ebenso wie Koppel und Tragriemen bei Infanterie und Kavallerie. Wie auch in früheren Zeiten durchbrachen die schottischen Regimenter durch eine Anzahl von Extras namentlich Barett, Waffenrock mit vorne abgerundeten Schößen und während des Krieges einen den Kilt ringsum bedeckenden Schurz, das einheitliche Erscheinungsbild der englischen Einheiten. Für den Einsatz in sehr heißen Gegenden war ein dem vorstehend beschriebenen Anzug entsprechendes Modell aus leichtem Khakidrell mit kurzen Hosen und Korkhelm vorgesehen. Bei geringfügigen Abweichungen im Schnitt von Waffenrock und Taschenpatten folgte die an die Streitkräfte des Commonwealth ausgegebene Bekleidung im wesentlichen dem britischen Vorbild, unterschied sich aber fast durchweg durch die Art der Kopfbedeckung, die nationalen Traditionen folgte. Zu nennen wären an dieser Stelle die breitkrempigen Hüte der australischen und neuseeländischen Truppen sowie die Turbane der indischen.

Aus den zunächst auf dem Rücken des Waffenrockes befindlichen, im weiteren Verlauf des Krieges jedoch auf den Oberarm versetzten farbigen Abzeichen entwickelte sich in späteren Jahren eine äußerst zweckmäßige militärische Heraldik, die schnell von den Heeren anderer Staaten übernommen wurde.

In dem der Entwicklung weitreichender Waffen Rechnung tragenden Bemühen, die Soldaten möglichst wirkungsvoll vor feindlicher Sicht zu schützen, entschieden sich andere Armeen für die Einführung grauer oder grünlicher Stoffe, weil man davon ausging, daß sich diese Farben dem in Europa vorherrschenden Landschaftsbild besonders gut anpassen würden. Daß die kommende große Auseinandersetzung vor allen Dingen ein schlammiger Grabenkrieg werden würde, war zu diesem Zeitpunkt noch nicht vorauszusehen.

Seit dem Jahr 1907 wurde die österreichisch-ungarische Infanterie mit hechtgrauen Uniformen ausgerüstet, die in Schnitt und Ausstattung dem farbigen Vormodell, das nun zur Ausgeh- und Paradeuniform aufstieg, folgte. Dabei wurden traditionelle Abzeichen und nationale Unterscheidungsmerkmale, wie etwa der von den mohammedanischen Bosniaken getragene Fes mit Quaste, soweit wie möglich gewahrt. Der einreihige Waffenrock, der vier aufgesetzte Taschen mit spitzen Patten, Stehkragen und farbige Spiegel mit Waffen- und Dienstgradabzeichen aufwies, zeigte ursprünglich keinerlei Knöpfe. Die rechte Schulterklappe war am äußeren Ende zu einer Rolle ausgebildet, die das Abrutschen des am Riemen getragenen Gewehrs verhindern sollte. Zu dem merklich kürzeren und knapper geschnittenen Waffenrock trug der Offizier eine schwarze steife Mütze mit Lederkinnriemen und Schirm oder ein weiches Modell, das dem der Mannschaften ähnlich war. Im Jahr 1916 wurden diese Kopfbedeckungen durch einen Stahlhelm deutschen Musters ergänzt. Ab 1915 gelangten für Mannschaften und Unteroffiziere feldgraue Uniformen mit Umlegekragen zur Ausgabe, der sich im folgenden auch auf den hechtgrauen Waffenröcken der Offiziere durchzusetzen begann. 1917 endlich wurden die Kragenspiegel der Mannschaften und Unteroffiziere durch einen schmalen senkrechten Streifen aus farbigem Filz ersetzt,

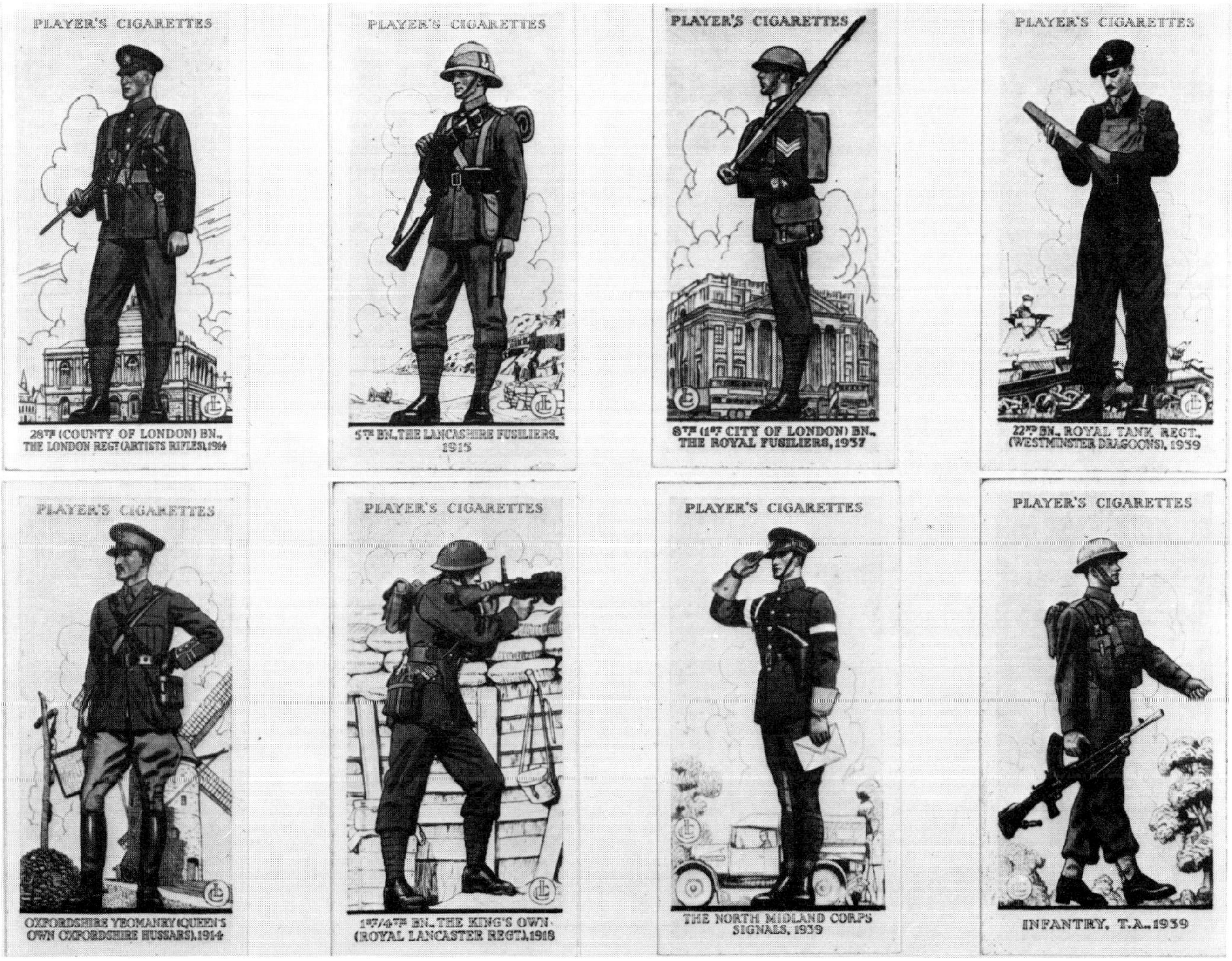

Englische Zigarettenbilder mit Darstellungen verschiedener Truppenteile in Uniformen des Ersten Weltkrieges und der ausgehenden dreißiger Jahre.

der hinter den Rang- und Waffenabzeichen angebracht wurde. Unvorschriftsmäßig waren dagegen die in diesem Jahr erstmals erscheinenden kleinen farbigen Stoffspiegel, die, mit Nummern oder Abkürzungen versehen, an Mützen oder Schulterklappen von Waffenröcken und Mänteln befestigt wurden und anzeigten, in welchen Einheiten der Träger gedient, an welchen Schlachten er teilgenommen hatte.

In Preußen wurden zunächst seit 1907 feldgraue Uniformen an Infanterie und Pioniere, solche von graugrüner Färbung an die Angehörigen der Schützen- und Jägerbataillone sowie Maschinengewehrabteilungen ausgegeben. Die Neueinkleidung der Artillerie erfolgte im November desselben Jahres, die der Dragoner und Ulanen im folgenden Jahr. Bis 1910 stand feldgraue Bekleidung für die gesamte preußische Armee zur Verfügung, und die Heere der anderen deutschen Bundesstaaten folgten diesem Beispiel sehr rasch. Hervorzuheben ist, daß die neue Ausstattung nach Schnitt und Form durchaus dem farbigen Vormodell entsprach und daß Vorstöße, Litzen und Abzeichen übernommen wurden, während lediglich die Uniform selbst aus feldgrauem oder graugrünem Tuch hergestellt worden war. Ein gleiches gilt für die Bekleidung der Kavallerieregimenter, die für den Feldgebrauch Waffen-

FRANKREICH
Infanterist 1914

Infanterist 1915–1918

Infanterieoffizier im Marschanzug 1918

Kürassieroffizier 1914

Infanterist der Polnischen Haller-Legion in Französischen Diensten 1916

GROSSBRITANNIEN
13. Husaren Rgt., Husar 1914

Royal Fusilier Regiment, Füsilier 1914

Ulan 1918

AUSTRALIEN-NEUSEELAND
Sergeant der Feldartillerie 1917

Infanterist 1916

RUSSLAND
Feldartillerie, Unteroffizier 1914

Garde-Infanterist 1914

Kavallerist 1914

Infanterieoffizier 1917

RUMÄNIEN
Infanterist 1916

VEREINIGTE STAATEN
VON AMERIKA
Infanterieoffizier 1917

BELGIEN
Infanterist 1914

Infanterist 1918

ITALIEN
Bersagliere 1915

Infanterieoffizier 1916

Eine Gruppe österreichischer Offiziere, aufgenommen im Oktober 1915 an der italienischen Front.

röcke, Attilas, Koller und Ulankas im üblichen Schnitt aus grauem Tuch erhielten. Neben Pickelhaube bzw. Helm, Pelzmütze und Tschapka trugen Offiziere und Unteroffiziere eine Schirmmütze mit zwei Kokarden – der des Deutschen Reiches oben und der des Landes auf dem Mützenband –, die Mannschaften ein ebenfalls mit Kokarden geschmücktes, jedoch schirmloses Modell. Im Feld verschwanden Pickelhaube, Tschako und andere traditionelle Kopfbedeckungen zunächst unter einem Schutzbezug, bis sie ab 1916 durchgängig dem nun für alle Einheiten zur Verfügung stehenden Stahlhelm weichen mußten. An der Mütze wurde der farbige Streifen mit feldgrauem Tuch bedeckt. Eine neue, aufgrund der Erfahrungen im Krieg entwickelte vereinfachte Uniform wurde im Jahr 1915 eingeführt. Sie bestand aus einer Bluse mit verdeckter Knopfleiste, Umlegekragen und Hüfttaschen, jedoch bis auf den Vorstoß der Achselstücke ohne jegliche farbige Verzierung. Dies bedeutete indessen nicht, daß nicht auch Stücke getragen wurden, auf denen man besondere Ärmelaufschläge angebracht hatte, während andererseits die alten, mit einer Knopfreihe versehenen Waffenröcke ohne Ärmelaufschläge und farbige Schulterklappen verwendet wurden.

Mit der Fortdauer des Krieges und als Folge der immer ernster werdenden Rohstoffknappheit wurde die Qualität der vom deutschen

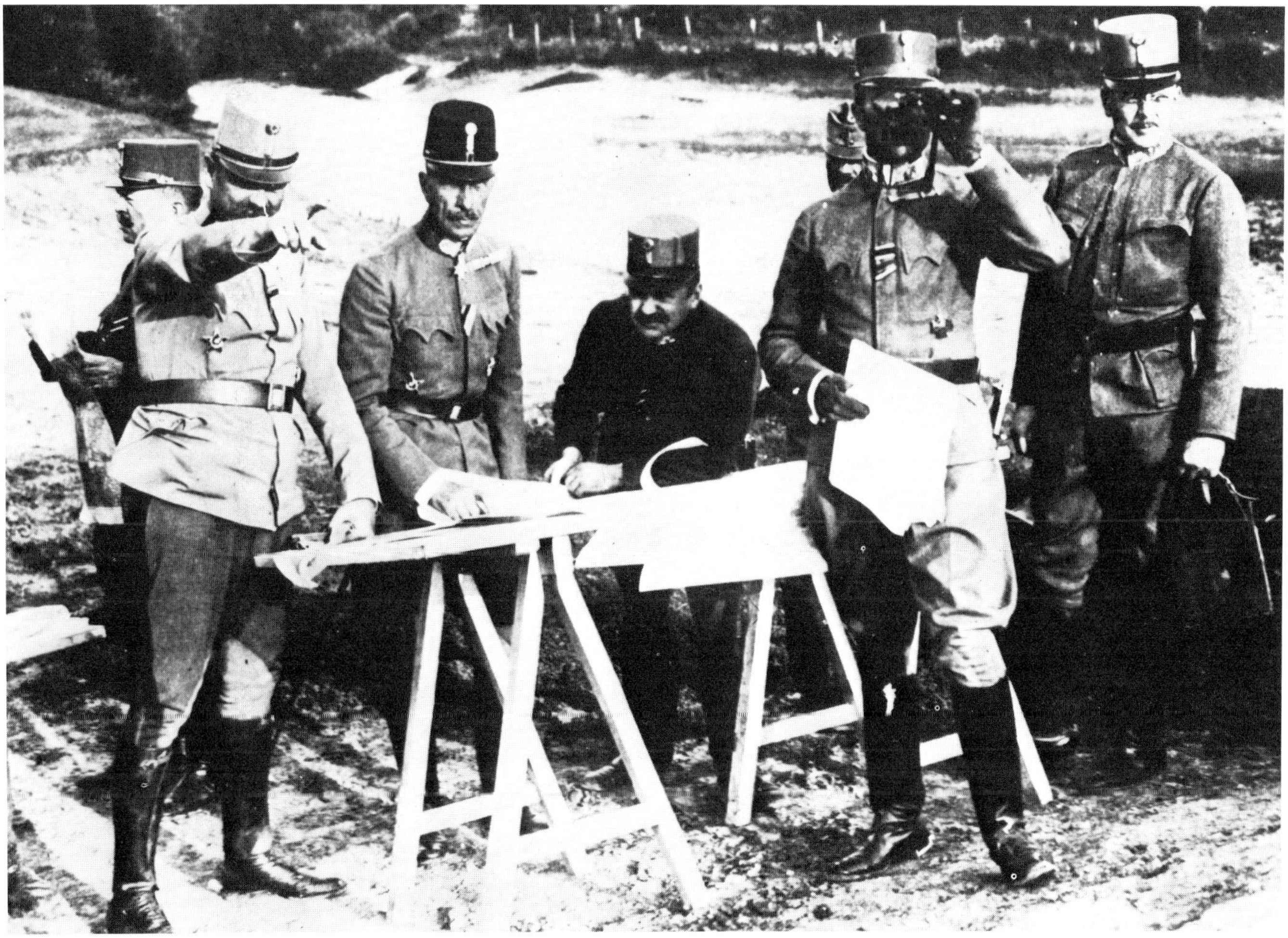

und österreichischen Heer getragenen Uniformen, ja selbst der Abzeichen, Litzen und Offiziersausrüstung zunehmend schlechter, obwohl man sich große Mühe gab, den Mangel durch Entwicklung von Ersatzstoffen auszugleichen. Die zunehmende Verwendung gewickelter oder kurzer Gamaschen anstelle lederner Stiefel geht wahrscheinlich unter anderem auf diese Tatsache zurück.
Nachdem schon in den Jahren 1887 bis 1898 khakifarbene Feldbekleidung an die in Übersee eingesetzten Einheiten ausgegeben worden war, entschied sich die italienische Armee im Jahr 1906 für die Einführung einer graugrünen Uniform, die dann ab 1909 vorschriftsmäßig wurde. Während sich die Bekleidung der Mannschaften je nach Waffengattung in Schnitt und Ausstattung unterschied, trugen Offiziere aller Truppenteile grundsätzlich eine gleichartige Bluse mit vier Taschen. Neben der von der Infanterie getragenen weichen Mütze mit schwarzem Lederschirm und breitem Kinnriemen finden wir bei den berittenen Einheiten Helme und Pelzmützen, während Bersaglieri und Alpini durch Beibehaltung der für sie charakteristischen federgeschmückten Hüte ausgezeichnet waren. Die Bluse mit verdeckter Knopfleiste hatte nur bei den Radfahrtruppen einen Umlegekragen, bei allen anderen Einheiten einen schmalen Stehkragen mit farbigen Spiegeln und dem fünfzackigen weißen Metallstern, bei Reitern und Radfah-

Eroberung von Czernowitz in der Bukowina durch österreichische und deutsche Truppen im August 1917. Die Aufnahme zeigt den Gefechtsstand des österreichischen Oberbefehlshabers Feldmarschall Freiherrn von Boehm-Ermolli am 3. August 1917.

rern Taschen, bei Infanteristen runde Schulterwülste. Dazu wurden Hosen mit gewickelten oder ledernen Gamaschen und Koppel sowie Tragriemen von je nach Waffengattung unterschiedlicher Art getragen. Im Kriegsjahr 1916 trat dann eine neue runde Filzmütze, die sogenannte »Tasse« an die Stelle des Vormodells, und der Stahlhelm nach französischem Muster wurde an alle Fronttruppen ausgegeben.
Beachtung verdient die mit der Aufstellung eigener Sturmeinheiten einhergehende Entwicklung einer damals eher ungewöhnlich wirkenden Uniform, die aufkam, als die Mannschaften dieser Einheiten – dem zivilen modischen Trend folgend – begannen, den Kragen der Bluse mit schwarzen Spiegeln und Stern offen zu tragen und als Kopfbedeckung einen schwarzen Fes mit Quaste zu verwenden. (Diese Aufmachung sollte den nach 1919 aufgestellten faschistischen Parteimilizen als Bekleidung dienen).
Zur Zeit des Kriegseintritts von Portugal im März 1916 erschienen die Angehörigen des zur Unterstützung der englisch-französischen Front nach Frankreich in Marsch gesetzten Expeditionscorps durchweg in grauer Felduniform britischen Zuschnitts mit gleichfarbiger Schirmmütze oder dem ebenfalls englischem Vorbild folgenden Stahlhelm, der sich von diesem jedoch durch die eigenartige, geriffelte Helmglocke unterschied. An die Stelle der vorschriftsmäßigen ledernen Koppel und Tragriemen traten dann bald englische Stücke aus Webstoff, weil diese aus vorhandenen Beständen leichter ergänzt werden konnten.
Die Armee Rumäniens, das den Mittelmächten im Jahr 1916 den Krieg erklärte, erschien in einer soeben eingeführten grauen Uniform mit Stahlhelm französischen Musters und naturfarbenem Lederzeug. Die Feldbluse mit einer Reihe verdeckter Knöpfe, vier Taschen und Rangabzeichen auf den Schulterklappen zeigte am Umlegekragen die für das Erscheinungsbild des rumänischen Soldaten charakteristischen speerförmigen Spiegel und wurde zu ebenfalls grauen Hosen und Wickelgamaschen getragen. Die Offiziere hatten runde Képis französischer Art, die Mannschaften waffenfarbig vorgestoßene Mützen mit Stoffschirm.
Die bereits am 1. August 1914 angeordnete Generalmobilmachung überraschte die belgische Armee in einem Zustand, der den Erfordernissen der Zeit weder im Hinblick auf Ausrüstung noch auf Bekleidung gerecht werden konnte. Trotz tapferen Widerstandes mußte sie dem raschen deutschen Vormarsch weichen und wurde, soweit nicht gefangengenommen, auf französisches Gebiet gedrängt, wo sie sich mit französischen und englischen Streitkräften vereinigte. Im März 1915 erfolgte eine Umgruppierung, in deren Verlauf sich das äußere Erscheinungsbild des belgischen Soldaten vollständig veränderte. Zum khakifarbenen Waffenrock nach britischem Vorbild mit Stehkragen, farbigen Spiegeln und abnehmbaren Schulterstücken mit zwei Knöpfen gehörte ein französischer Stahlhelm, der auf der Stirnseite den belgischen Löwen zeigte, und braunes Lederzeug. Die Hosen wurden in hohen Schnürstiefeln oder Wickelgamaschen getragen.
In der Armee der Vereinigten Staaten von Amerika war die Khakiuniform generell schon 1902 eingeführt worden. Fotografien aus dem Jahr 1917, auf denen die Ankunft des Generals Pershing und seines Stabes in England festgehalten ist, zeigen Offiziere in Schirmmütze mit braunem Lederkinnriemen, Waffenrock mit einer Reihe von fünf bronzierten Knöpfen auf der Bluse, Stehkragen mit ebenfalls bronzierten Waffenabzeichen und vier aufgesetzten Taschen mit Patte sowie Reithosen in Stiefeln oder Ledergamaschen. Das zunächst einfache Koppel wurde später durch ein nach britischem Muster gefertigtes Modell ersetzt. Zu der entsprechenden, jedoch aus derbem Stoff gefertigten Uniform der Mannschaften trugen diese gewebte Koppel und Tragriemen sowie Segeltuch- oder Wickelgamaschen. Der eigenartige amerikanische Feldhut aus biberfarbenem Filz mit breiter Krempe und umlaufender Kordel, die bei Soldaten in waffenfarbigen, bei Offizieren in goldfarbigen Eicheln endete, wich schon sehr bald der zweckmäßigeren Feldmütze. Nachdem zunächst sowohl britische als auch französische Stahlhelme an die Einheiten ausgegeben und erprobt worden waren, entschied sich die amerikanische Armee

Französischer Infanterist in Felduniform, 1916. Die Aufnahme wurde am 28. Dezember 1916 bei der Bekleidungsstelle der Armee in Vanves gemacht.

Weißrussische Offiziere und
Soldaten an Bord eines
Truppentransporters in Südrußland,
September 1918.

für die Einführung des britischen Modells, das bis in den Zweiten Weltkrieg hinein Verwendung fand.
Da alle Versuche, bei der französischen Armee vor Ausbruch des Krieges eine zweckmäßige und einfache Felduniform einzuführen, gescheitert waren, rückte das Heer im Sommer 1914 in der farbigen Friedensuniform aus. Zum dunkelblauen Waffenrock und Mantel trug der Infanterist rote Hosen, schwarzes Lederzeug, Stiefel und Gamaschen, während die blauen und roten Mützen in letzter Minute mit einem graublauen Bezug versehen wurden. Eine khakifarbige Verkleidung hatten auch die Kürassiere – mit blauem Waffenrock und roten Hosen – für den glänzenden Helm und den immer noch getragenen Küraß erhalten. Trotz der veralteten Ausrüstung und Bekleidung gelang es den französischen Truppen jedoch früher als erwartet, den deutschen Vormarsch bereits an der Marne aufzuhalten.
Aufgrund der während der ersten Kriegsmonate gesammelten Erfahrungen wurde schon 1915 mit der Ausgabe graublauer (horizontblauer) einreihiger Waffenröcke, Hosen, Wickelgamaschen, Mäntel mit großem Umlegekragen und zurückgeknöpften Vorderschößen sowie naturfarbigen Lederzeuges an Infanterie, Artillerie und Kolonialtruppen begonnen. Lediglich die afrikanischen Einheiten, Zuaven, Algerier, Marokkaner und Senegalschützen, erschienen in khakifarbiger Bekleidung, während Jäger und Alpenjäger den neuen horizontblauen Mantel über der alten blauen oder grauen Uniform zu tragen pflegten. Als erste der kriegführenden Mächte erkannte Frankreich die Notwendigkeit eines zuverlässigen Schutzes für den Kopf des Soldaten und führte bald den berühmten Stahlhelm des Modells *Adrian* ein.
Die Erfahrungen des Krieges gegen Japan im Jahr 1905 veranlaßten den russischen Generalstab, eine Reform der Armee sowie eine Modernisierung der Bekleidung durchzuführen. Folglich wurden sogleich khakifarbene Uniformen für die gesamte Armee befohlen. Zu Schirmmütze, Waffenrock mit einer Reihe von fünf Knöpfen, vier Taschen und Schulterstücken aus Gold- oder Silberlitze trug der Offizier enganliegende Reithosen und Stiefel, der einfache Soldat die eigenartige russische, auf der Brust mit zwei größeren und drei kleineren Knöpfen geschlossene *gymnasterka* mit Stehkragen, Ärmelbund und Schulterstücken sowie in hohe Stiefel gesteckte Hosen und braunes Lederzeug einschließlich Patronentaschen. Als Kopfbedeckung diente ihm ursprünglich eine Art Matrosenmütze, der später jedoch ein kleiner Schirm angefügt wurde. Für den kalten russischen Winter stand eine wärmere Ausrüstung mit sehr langen Mänteln und Pelzmützen zur Verfügung. Abweichend von der Infanterie behielt die Kavallerie blaue Reithosen.
Waffengattung, Dienstrang und Regimentszugehörigkeit des Trägers waren ersichtlich aus der Anordnung von kleinen Sternen, Nummern und farbigen Vorstößen auf den Schulterstücken, wobei die Abzeichen der Offiziere golden auf silbernem Grund oder silbern auf goldenem Grund, die der Mannschaften in der Waffenfarbe waren. Dagegen bezeichnete die Farbe der Kragenspiegel auf den Mänteln die Reihenfolge der Regimenter innerhalb einer Division. Den Kosakenregimentern wurde keine Neueinkleidung zuteil, sie behielten ihre alte Uniform.
Die Bekleidung der Armee Bulgariens, das auf der Seite der Mittelmächte am Weltkrieg teilnahm, lehnte sich wie übrigens auch diejenige des montenegrinischen und des serbischen Heeres im Schnitt, nicht dagegen in der Farbgebung, sehr stark an das russische Vorbild an; bei der serbischen Uniform, zu der eine eigenartige Mütze, für Offiziere mit, für Mannschaften ohne Schirm getragen wurde, finden sich allerdings auch Merkmale der österreichischen Bluse, wie etwa der Schnitt der Taschenpatten.
Die türkischen Streitkräfte kämpften in einer seit 1909 eingeführten Khakiuniform mit je nach Waffengattung verschiedenfarbigen Kragenspiegeln und Pelzmützen für die berittenen, Tropenhelm für alle anderen Truppen. Die Anordnung der Rangabzeichen für Offiziere, die durchweg bei allen Waffengattungen die Pelzmütze verwendeten, folgte dem deutschen Muster.

Von den größeren am Krieg beteiligten Staaten bleibt Japan zu erwähnen, dessen Heer in einer dem westlichen Vorbild angepaßten Khakiuniform erschien, mit der bereits im Russisch-Japanischen Krieg experimentiert worden war und deren letzte Ausführung noch bis etwa 1930 verwendet wurde.
Mit Ausbruch der Oktoberrevolution vom Jahr 1917 wurden die von der zaristischen Armee getragenen Schulterstücke und Abzeichen als äußere Merkmale einer privilegierten Klasse abgeschafft. An ihre Stelle traten die neuen Symbole, rote Fahnen, Armbinden und Sterne, die zunächst Hammer und Pflug, später Hammer und Sichel zeigten, sowie zur Kennzeichnung von Dienstgrad und Truppengattung rote Sterne über gleichfarbigen Rauten, Drei- und Vierecken, die auf dem Unterarm getragen wurden. Auch die überkommenen Rangbezeichnungen mußten den neu eingeführten Kommandobezeichnungen weichen, so daß beispielsweise der Oberst forthin Regimentskommandeur, der Major Bataillonskommandeur hieß. Während der Unruhen des Bürgerkrieges war allerdings ein durchgehend einheitliches Erscheinungsbild der roten Truppen nicht herzustellen. Die Soldaten trugen weiter die alten und durch unvorschriftsmäßige Stücke ergänzten Uniformen der Kriegsjahre, zu denen 1919 eine neue Kopfbedeckung, die sogenannte *budionowka* befohlen wurde. Diese Mütze tauchte erstmals bei den von General Budjenny befehligten Verbänden im Bürgerkrieg und im Feldzug gegen Polen auf und war mit einem roten Stern, der seinerseits auf einem größeren Stoffstern in der Waffenfarbe steckte, geschmückt. Erst mit dem Ende des Bürgerkrieges im Jahr 1922 wurden neue Uniformen eingeführt und zwei Jahre später auch neue Rangabzeichen auf ihren Kragenspiegeln.
Innerhalb der mit dem Ende des Ersten Weltkrieges zusammenbrechenden Reiche kämpften verschiedene Völker um ihre in greifbare Nähe gerückte nationale Unabhängigkeit; Finnland und die baltischen Staaten, Litauen, Lettland und Estland lösten sich von Rußland; und auf dem Gebiet des ehemaligen österreichisch-ungarischen Reiches entstanden die neuen Staaten Tschechoslowakei, Ungarn und Jugoslawien, und nach über hundert Jahren erschien erstmals wieder ein unabhängiges Polen auf der Landkarte Europas.
Schon während des Krieges waren viele finnische Freiwillige bei der deutschen Armee ausgebildet und schließlich in einem eigenen, dem 27. Jägerbataillon zusammengefaßt worden, das im Februar 1918 nach Finnland geschickt und in den Kämpfen gegen die russischen Truppen eingesetzt wurde. Nach der Unabhängigkeitserklärung bildete Finnland eine eigene Armee, die es seit 1922 in an das deutsche Vorbild angelehnte graue Uniformen einkleidete; diese wurden allerdings zuerst 1927 und dann nochmals 1936 abgeändert.
Da viele Polen in der durch den Ersten Weltkrieg verursachten Erschütterung der Kräfteverhältnisse in Europa eine Möglichkeit zur Wiederherstellung eines polnischen Staates sahen, schlossen sie sich in großer Zahl jeweils der kriegführenden Seite an, von der sie nach dem Sieg ein Entgegenkommen in der nationalen Frage erwarteten. Aus Freiwilligen konnten daher in Frankreich, Österreich, Ungarn, Deutschland und Rußland polnische Legionen aufgestellt werden, die auf den verschiedenen Kriegsschauplätzen in die Kämpfe eingriffen. Gleiches gilt für die Tschechoslowaken, die im österreichisch-ungarischen Heer kämpften, jedoch in großer Zahl nach ihrer Gefangennahme auf die Gegenseite übertraten und in Frankreich, Italien und Rußland ebenfalls Verbände – die sogenannten Legionen – bildeten.
Bei der Aufstellung eigener Armeen nach dem Krieg erschienen Polen, Tschechoslowaken und Ungarn dann in eigenen khakifarbenen Uniformen, die sich teilweise eng an das Vorbild der Streitkräfte anlehnten, in deren Reihen die Legionen gekämpft hatten; das Erscheinungsbild des ungarischen Soldaten entsprach jedoch noch in vielen Einzelheiten demjenigen der kaiserlich-königlichen Armee der Doppelmonarchie.
Aus Serbien sowie den ehemals unter österreichischer Herrschaft stehenden Gebieten Slowenien und Kroatien wurde im Dezember 1918 der neue selbständige Staat Jugoslawien

Aufständische Soldaten auf einem Auto während der Revolutionsunruhen in Petersburg 1918.

gebildet, dessen Armee in ihrer Bekleidung die Vermischung unterschiedlicher militärischer Entwicklungen widerspiegelte. In Übereinstimmung mit dem deutschen und österreichischen Vorbild war die Uniform von feldgrauer Farbe; dazu wurde eine Art serbische Kopfbedeckung getragen; nur die Garde hatte eine Schirmmütze und die Offiziere trugen goldene Schulterstücke, die bei den Generalen geflochten waren. Diese hatten zusätzlich auf den Ärmelaufschlägen ihres Waffenrockes sechszackige Sterne.

Die in den Jahren des Weltkrieges von den Völkern sehnlichst herbeigewünschte Friedensperiode wurde von endlosen Revolutionen, Bürgerkriegen und Grenzstreitigkeiten geprägt, die Europa zwischen 1918 und 1939 von der Ostsee bis zur Adria erschütterten; dies führte in vielen Ländern zur Gründung radikaler politischer, auf eigene paramilitärische Verbände gestützter Parteien. In Mailand wurde bereits am 23. Mai 1919 eine militante Organisation unter dem Namen *Fasci di combattimento* gegründet, aus der sich schon in sehr kurzer Zeit die faschistische Bewegung entwickelte, die das politische Leben Italiens während der nächsten zwanzig Jahre bestimmen sollte. Die Mitglieder der faschistischen Partei und ihrer Untergruppen traten in einer (an die 1917 entwickelte Aufmachung der Sturmtruppen erinnernden) Uniformjacke ohne Knöpfe und Aufschläge mit quastengeschmücktem Fes und Lederzeug von schwarzer Farbe sowie Kniehosen und Reitstiefeln auf. Die bequem geschnittene graugrüne Jacke mit offenem Kragen fand jedoch in den folgenden Jahren auch bei der italienischen Armee und einige Zeit später, in schwarzer Ausführung, bei den SS-Verbänden des Dritten Reiches Eingang, deren Bekleidung in Schnitt und Ausstattung sonst eher dem deutschen militärischen Vorbild folgte.

Der italienische Faschismus und der deutsche Nationalsozialismus wurden insbesondere durch das gemeinsame Eingreifen beider Mächte in den Spanischen Bürgerkrieg immer enger miteinander verkettet; eine verheerende Entwicklung hatte sich angebahnt, die zum Ausbruch des Zweiten Weltkrieges führte.

Der Zweite Weltkrieg 1939-1945

GUIDO ROSIGNOLI

Obwohl die Friedenszeit nach dem Ersten Weltkrieg für Großbritannien keine innenpolitischen Umwälzungen brachte, zeigte sich jedoch sehr bald, daß aufkommende wirtschaftliche Schwierigkeiten die finanziellen Möglichkeiten der Nation immer mehr einschränkten. Die Kürzungen des Militärhaushaltes führten bereits in den zwanziger Jahren dazu, daß die Armee verkleinert und verschiedene Regimenter zusammengelegt werden mußten. Auch an eine Weiterentwicklung von Uniformen und Ausrüstung des britischen Heeres war zunächst und für die folgenden zwei Jahrzehnte nicht zu denken. Erst im Jahr 1936 wurde aus Anlaß der Krönung König Georgs VI. eine dunkelblaue Ausgehuniform eingeführt, für gewöhnlich blieb jedoch die Bekleidung der Mannschaften auf die alten Khaki-Felduniformen beschränkt. Das dazu getragene gewebte Koppel wollte indessen zu diesem Aufzug nicht so recht passen. In dem Bemühen, der praktischen, aber keineswegs eleganten Uniform wenigstens bei der Parade ein vorteilhaftes Aussehen zu geben, verfielen einzelne Soldaten sogar auf die Idee, die Hosenbeine knapp unterhalb des oberen Endes der Wickelgamaschen abzuschneiden.

Erst im Jahr 1937 wurde eine neue Khaki-Felduniform, der sogenannte *battle dress,* mit ebenfalls weiterentwickelten gewebten Tragegurten, ausgegeben. Dieser Kampfanzug bestand aus einer kurzen, an die Hose geknöpften Bluse mit Umlegekragen und aufgesetzten Taschen auf der Brust. Auch die Hose wies hinten und seitlich Innentaschen, vorne zwei Außentaschen auf, von denen die größere mit Klappe auf dem linken Oberschenkel, die kleine mit Quetschfalte auf der rechten Hüfte saß und der Aufnahme des Verbandpäckchens diente. Stahlhelm, Feldmütze, gewebtes Koppel, Gamaschen und Lederstiefel – braun für Offiziere, schwarz für Mannschaften – vervollständigten die Uniform. Die Bluse wurde in zwei Ausführungen hergestellt, wobei das eine Modell alle Knöpfe zeigte, während bei dem anderen, besser gearbeiteten Stück alle Knöpfe von Knopfleisten verdeckt waren. Offiziere trugen abweichend von der Mannschaft Schirmmütze sowie Pistolen- und Munitionstasche am gewebten Koppel. Da die alte Kha-

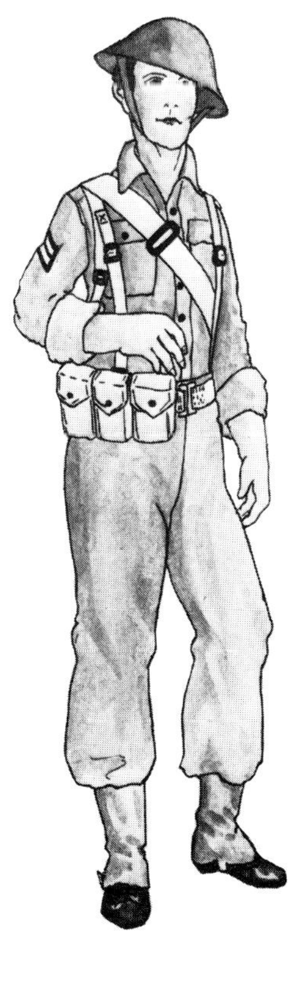

kiuniform indessen noch jahrelang weiter hergestellt und später an die Heimatstreitkräfte ausgegeben wurde, kam es vor, daß zur neuen Uniform alte Koppel oder neue Koppel zur alten Uniform getragen wurden. Als Besonderheit zu erwähnen sind verschiedenfarbige Baretts: schwarz für die Panzertruppe, kastanienbraun für die Fallschirmjäger, dunkelgrün für Kommandoeinheiten. Erst im Jahr 1943 wurde dann ein khakifarbenes Barett für die ganze Armee vorschriftsmäßig.

Für den Dienst unter tropischen Bedingungen waren Buschjacken, lange Hosen oder Shorts aus leichtem Khakidrell, Feldmützen, Baretts oder, falls erforderlich, Tropen- bzw. Stahlhelme vorgesehen. Die hemdartige Buschjacke mit Kragen und Manschetten besaß vier aufgesetzte Taschen mit Klappen und einen Gürtel aus Stoff. Später war im Fernen Osten diese Buschjacke olivgrün und wurde durch eine gleichfarbige Hose sowie einen für die besonderen Bedingungen hervorragend geeigneten breitrandigen Hut australischer Art ergänzt. Die gewöhnlich nur zum Hemd getragenen kurzen Hosen waren sehr weit geschnitten, mit Seitentaschen und der üblichen Hüfttasche für das Verbandpäckchen versehen. Befestigt wurden sie mit zwei kleinen, auf der Vorderseite angebrachten Riemchen.

Fallschirmjäger und Motorradfahrer verwendeten vom üblichen Modell abweichende, runde Stahlhelme, Panzertruppen besondere Anzüge, die über der Uniform getragen wurden. Wollene Pullover, braune Lederwesten und Mäntel sollten die Ausrüstung im Winter ergänzen.

In Deutschland übernahm die Reichswehr zunächst die Uniformen der Alten Armee, wie sie im Ersten Weltkrieg entwickelt worden waren, änderte jedoch alle Abzeichen. So wurden beispielsweise im Februar 1919 die Rangabzeichen zunächst auf dem linken, kurze Zeit später jedoch auf beiden Ärmeln angebracht. Kragenabzeichen in Form von silbernen Litzen wurden im Mai desselben Jahres befohlen und bis Januar 1921 verwendet; zu diesem Zeitpunkt führte man die traditionellen Achselstücke wieder ein. Im Jahr 1927 wurde die Mütze mit einer Kordel versehen, sechs Jahre später, nach der Machtergreifung der Nationalsozialisten, änderten sich nochmals verschiedene Einzelheiten, und 1936 wurde schließlich eine völlig neue, feldgraue Uniform für alle Gelegenheiten mit dunkelblaugrünem Kragen, Kragenspiegeln und Schulterklappen, vier aufgesetzten Taschen mit Klappe und Quetschfalte sowie in die Stiefel zu steckenden Hosen von etwas dunklerer Farbe eingeführt. Panzertruppen erhielten eine schwarze Uniform, während an die Einheiten der Panzerjäger eine feldgraue Uniform vom Schnitt der von den Panzertruppen getragenen Bekleidung ausgegeben wurde. Schon im Jahr 1935 war ein gegenüber dem Vormodell verkleinerter Stahlhelm eingeführt worden; nun erhielt die Fallschirmtruppe ein auf ihre besonderen Bedürfnisse zugeschnittenes Muster. Daneben wurden in der Armee die Schirmmütze, das Schiffchen sowie die charakteristische Mütze der Gebirgstruppen mit weichem Schirm getragen, wie sie später während des Krieges an alle Einheiten ausgegeben wurde. Das ursprünglich bei der Panzertruppe eingeführte Barett wich im Lauf der Zeit einem schwarzen, in der Waffenfarbe vorgestoßenen Schiffchen.

Die Ausdehnung des Krieges auf die Steppen Rußlands und die Wüsten Afrikas machte in späteren Jahren die Bereitstellung von Winterbekleidung und Tropenuniformen notwendig. Da sich mit der Fortdauer des Krieges ein zunehmend fühlbar werdender Mangel an guten Rohstoffen bemerkbar machte, entschloß man sich 1944, den Waffenrock durch eine kurze Feldbluse, die ledernen Knobelbecher durch Schnürstiefel und Segeltuchgamaschen zu ersetzen. Von der bei der Waffen-SS Ende der dreißiger Jahre eingeführten Tarnuniform machten während des Krieges auch andere deutsche Verbände ausgiebig Gebrauch und verwendeten verschiedene Arten von Kitteln, Umhängen, Anzügen und Helmbezügen aus gefleckteṁ Material. Um sich den Bedingungen der Jahreszeit und des jeweiligen Geländes besser anzupassen, fertigte man sogar Tarnstoffe, die von beiden Seiten getragen werden konnten und dementsprechend verschiedene Muster und Farbzusammenstellungen aufwiesen.

Englische Infanteristen des Royal East Kent Regiments. Aufnahme vom 3. April 1940.

Während die russische Armee diesem Beispiel folgte und zunächst weiße, ab 1943 auch farbige Anzüge in großer Zahl an die kämpfenden Einheiten ausgab, waren die westalliierten Heeresleitungen in dieser Hinsicht sehr viel zurückhaltender. Allerdings ist bekannt, daß die britischen Fallschirmeinheiten mit einer kittelartigen Tarnjacke vom Typ Denison, die Marineinfanterie der Vereinigten Staaten mit einem farbigen Schutzbezug der Helme und einige andere Verbände – namentlich für die Landung in der Normandie – mit Tarnanzügen ausgerüstet waren.

Der Zweite Weltkrieg begann am 1. September 1939 mit dem deutschen Angriff auf Polen. In den zwanzig Jahren seiner Existenz hatte Polen eine leistungsfähige Armee aufbauen können; ihre Regimenter waren noch von einem in alten Traditionen wurzelnden Kampfgeist beseelt, was sich u. a. im äußeren Erscheinungsbild des polnischen Soldaten widerspiegelte, dessen Uniform eine Reihe überlieferter Besonderheiten aufwies. Zum Waffenrock mit vier aufgesetzten Taschen, Umlegekragen und farbigen Spiegeln der 1936 eingeführten polnischen Khakiuniform wurde

Während der Kämpfe in Nordafrika von den Engländern geschlagene italienische Truppen treten den Weg in die Gefangenschaft an. Aufnahme vom Dezember 1940.

die typisch polnische *chapska,* eine Schirmmütze mit viereckigem Deckel, von allen Truppen, mit Ausnahme der Leichten Reiterregimenter sowie der Grenzeinheiten, getragen.
In den zwischen den beiden Weltkriegen liegenden Jahren führten die meisten Heere die eine oder andere Art von Paradeuniform wieder ein. Kein Land jedoch bewies bei der Wiederbelebung alter Traditionen so viel Eifer wie Frankreich, das sowohl im Hinblick auf die Parade wie auch auf die Ausgehuniformen seiner Regimenter auf die Ausstattung der Vorkriegszeit zurückgriff.
1935 mußte die alte horizontblaue Uniform einer neuen, in Khakifarbe gehaltenen Bekleidung Platz machen; ausgenommen von dieser Regelung waren lediglich die *Chasseurs à Pied* und die *Chasseurs Alpins,* die ihre dunkelblauen Waffenröcke und graublauen Hosen weiter beibehielten.

Die Dienstkleidung der Offiziere war technisch gesehen in eine *tenue de jour* und eine *tenue de travail* unterteilt, wobei jedoch in jedem Fall das eigentümliche farbige Képi getragen wurde, während das *bonnet de police,* also die Feldmütze sowie der Stahlhelm zur Felduniform gehörten. Beim Képi der Generale war der Kinnriemen mit Eichenlaub bestickt. Der Dienstanzug der Offiziere bestand aus einem vorne durch sieben Knöpfe geschlossenen Waffenrock mit kleinerem Umlegekragen, Spiegeln, Achselstücken und vier Taschen mit Taschenklappen. Je nach Waffengattung waren die Knöpfe aus weißem oder gelbem Metall. Lange Hosen mit braunen Schuhen oder Reithosen in Stiefeln sowie ein Lederkoppel mit Schulterriemen rundeten das Bild ab. Kurz vor Ausbruch des Krieges setzte sich dann jedoch eine Jacke mit offenem Kragen gegenüber dem hochgeschlossenen Waffenrock durch. Gegenüber der Felduniform mit einfachen Schulterklappen und Spiegeln, mattierten Knöpfen und für Unteroffiziere kurzen Khakistreifen wies die Ausgehuniform farbige Kragenspiegel und Vorstöße an den Schulterklappen, Unteroffizierswinkel und blanke Metallknöpfe auf. Alle Dienstgrade trugen das Abzeichen des Regiments auf der Brusttasche.

Die bei der belgischen Armee im Jahr 1915 eingeführte und seitdem beibehaltene Uniform wurde in den Jahren vor dem Zweiten Weltkrieg geringen Änderungen unterworfen. Von 1940 an erschienen Offiziere und Offiziersanwärter in einer khakifarbenen Dienstuniform nach britischem Schnitt mit Schirmmütze und offener Jacke, Mannschaftsdienstgrade dagegen im Waffenrock mit Kragenspiegeln und Nummern sowie Abzeichen auf den Schulterklappen. Als Auszeichnung wurde von den Ardennenjägern ein großes grünes Barett mit metallenem Eberkopfabzeichen getragen.

Im Jahr 1933 wurde bei der italienischen Armee zunächst ein neues Stahlhelmmodell und im folgenden Jahr eine völlig veränderte graugrüne Uniform eingeführt, die für alle Dienstgrade aus einer Jacke mit offenem Kragen und vier aufgesetzten Taschen, Schirm- oder Feldmütze und knielangen Hosen sowie Wickelgamaschen für die Infanterie, Reithosen für die berittenen Truppen bestand. Als Kopfbedeckung diente eine Teller- oder Feldmütze, Bersaglieri und Alpini behielten jedoch ihre traditionellen federgeschmückten Hüte. Die vor der Uniformänderung getragene Mütze wurde lediglich als Paradekopfbedeckung der Artillerie weiter verwandt. Unverändert blieb dagegen das Lederzeug, das bereits im Ersten Weltkrieg mit vier, nun aber bloß noch mit zwei Patronentaschen getragen wurde. Für die Einheiten in Afrika stellte man aus Khakistoffen eine ähnliche Uniform her. Unter den dortigen klimatischen Bedingungen erfreute sich eine eigens entworfene, locker geschnittene Jacke, die *sahariana,* großer Beliebtheit und Verbreitung; in schwarzer Ausführung wurde sie sogar Standardbekleidungsstück der faschistischen Parteiorganisation. Die graugrüne Uniform, mit leichten Abwandlungen auch an die Fallschirmtruppe ausgegeben, bewährte sich jedoch in der ihr zugedachten Rolle als Bekleidungsstück für alle Jahreszeiten nicht, da sie sich im Sommer als zu warm, im Winter trotz ergänzender Westen und Mäntel als zu kalt erwies.

Die Entwicklung der Ereignisse brachte es mit sich, daß nach und nach fast sämtliche europäischen Staaten in den Zweiten Weltkrieg hineingezogen wurden. Schon im Winter des Jahres 1939 kam es in Nordeuropa zum russisch-finnischen Konflikt, der auch nach dem deutschen Angriff auf Rußland im Jahr 1941 fortgesetzt wurde. Das zwischen Deutschland und Finnland bestehende Zweckbündnis spiegelte sich unter anderem in der Tatsache, daß die finnische Armee in ihrer Uniformierung und Ausrüstung weitgehend deutschem Vorbild folgte und sogar den deutschen Stahlhelm verwandte.

Im Jahr 1940 besetzten deutsche Truppen aus strategischen Gründen überraschend Dänemark, Norwegen und Holland. Diese Länder waren, wie ein Blick auf den Ausrüstungs-und Bewaffnungsstand ihrer militärischen Verbände zeigt, für den Kriegsfall in keiner Weise vorbereitet.

Die Felduniform der norwegischen Armee war im Jahr 1912 eingeführt und 1934 abgeändert worden. Bei der Besetzung Norwegens 1940 erschienen zwar viele Verbände in der neuen Bekleidung, vereinzelt wurde jedoch das Vormodell noch aufgetragen. Zum feldgrauen, grün vorgestoßenen Waffenrock ohne Schulterklappen gehörten gleichfarbige halblange oder lange Hosen, braunes Lederzeug mit zwei Patronentaschen und eine graue Feldmütze mit Stoffschirm sowie der Stahlhelm. Die zur Offiziersausrüstung gehörende Pistole wurde in einer braunen Ledertasche am Koppel mit Schulterriemen getragen. Als Dienstgradabzeichen dienten Streifen an der Mütze und fünfzackige Sterne in Verbindung mit Silber- oder Goldlitzen auf dem Kragen des Waffenrockes oder den Schulterklappen des Mantels.

Auch in Dänemark war 1915 eine graue Uniform eingeführt worden, die jedoch acht Jahre später einem Modell aus khakifarbenem Tuch weichen mußte, bei dem die Waffenabzeichen

Folgende Seiten:
Nach Zusammenbruch der Ardennenoffensive um die Jahreswende 1944/45 und dem anschließenden Rückzug der deutschen Truppen besetzen Amerikaner der 87. Infanteriedivision St. Hubert in Belgien.

auf den Kragenspiegeln, die Rangabzeichen auf den Schulterklappen angebracht waren; Unteroffiziere zeichneten sich durch Winkel am Oberarm aus. Kopfbedeckung war für Offiziere Tellermütze und Schiffchen, für die Mannschaften nur das Schiffchen, wobei dieses mit farbigen Seidenlitzen abgesetzt war.
Die von der Königlich Niederländischen Armee im Jahr 1913 ausgegebene graugrüne Uniform machte in den beiden folgenden Jahren einem anderen Modell von feldgrauer Farbe Platz, das aus einem Waffenrock mit farbig vorgestoßenem Stehkragen, grauen Hosen sowie Wickelgamaschen für Infanteristen, Reithosen, Ledergamaschen und Stiefeln für berittene Einheiten bestand. Offiziere und Offiziersanwärter waren durch Dienstgrad- und Waffenabzeichen auf dem Kragen, Generale durch Schirmmützen und Unteroffiziere durch über den Ärmelaufschlägen angebrachte Winkel hervorgehoben.
Die von Holland neben der regulären Armee in den fernöstlichen Kolonien unterhaltene Militärorganisation, die Königlich-Niederländisch-Indische Armee, verwendete abweichende Uniformen und Abzeichen. Auf der aus Schirmmütze, breitkrempigem Hut oder Stahlhelm und Waffenrock bestehenden Felduniform ergab sich der Dienstgrad aus der Form der Kragenspiegel, die Waffengattung aus auf den Schulterklappen befestigten Bronzeabzeichen. Zur weißen oder dunklen Uniform wurde nur die Mütze getragen.
Der deutsche Angriff auf die Sowjetunion im Juni 1941 überraschte die Rote Armee während einer größeren Umgliederung. Zu diesem Zeitpunkt erschien der russische Soldat in einer bereits 1935 eingeführten und aus der eigenartigen *gymnasterka* sowie Kniehosen und Stiefeln bestehenden khakifarbenen Uniform, zu der Tellermütze, Schiffchen oder Stahlhelm sowie im Winter Mäntel und gesteppte oder pelzgefütterte Überjacken und Mützen getragen wurden. Davon abweichend waren die Angehörigen der Panzertruppe mit besonderen Anzügen ausgerüstet, und die Kosakenregimenter unterschieden sich insofern von der übrigen Armee, als sie zur Felduniform ihre traditionelle Pelzmütze beibehielten. Das Jahr 1940 brachte die Einführung einer besonderen Uniform für Generale und Marschälle sowie die Abänderung der bisher geltenden Rangabzeichen.
1943 wurde dann eine völlig neue Uniform befohlen, die allerdings eine ganze Reihe traditioneller Elemente enthielt; so erhielt die Bluse auf der Vorderseite eine Reihe von Knöpfen und einen Stehkragen, während die Taschen entfielen. Die augenfälligste Neuerung war jedoch die Wiedereinführung der bereits in der zaristischen Armee getragenen breiten Schulterstücke als Abzeichen der Befehlsträger. Die Khakiausführung für Felduniformen zeigte einen Vorstoß von der Farbe der Waffengattung und in der Mitte einen längs verlaufenden dunkelroten Streifen für Subalternoffiziere, zwei Streifen für höhere Dienstgrade und Goldlitzenbesatz für die Generale und Marschälle. Auch die Schulterstücke der Offiziere in Heimatuniform waren mit Goldlitze besetzt, dagegen unterschieden sich Unteroffiziere von der Mannschaft durch quer laufende dunkelrote Streifen auf khakifarbenem Grund.
Nachdem Ungarn, Rumänien und Bulgarien auf der Seite der Achsenmächte in den Krieg eingegriffen hatten, kämpften ihre Armeen vorwiegend auf den Schlachtfeldern der Ostfront; die Ungarn in einer Aufmachung, die in vielen Einzelheiten an die Uniformierung der ehemaligen ungarischen Regimenter der Habsburger Doppelmonarchie erinnerte – zu denken wäre hier etwa an die ungarischen Traditionen entsprechende gedrehte Fassung der Kragenspiegel –; die Rumänen in Uniformen, die im Schnitt seit Mitte der dreißiger Jahre immer mehr britischem Vorbild gefolgt waren, und endlich die bulgarischen Verbände, deren Erscheinungsbild sowohl russische wie auch deutsche Elemente aufwies. So waren die Schirmmütze mit ovaler Kokarde und die breiten flachen Schulterstücke offensichtlich russischem Vorbild nachgearbeitet, die Kragenspiegel mit Doppelbalken auf dem Waffenrock und die der Rangbezeichnung dienenden Sterne deutsch beeinflußt.
Als amerikanische Truppen im Verlauf des Zweiten Weltkrieges in Europa erschienen, brachten sie den völlig neuen Typ einer

zweckdienlichen und dabei durchaus kleidsamen Uniform mit, der später sogar Einfluß auf die Entwicklung der Zivilkleidung ausüben sollte. Die zur Verfügung stehenden Mittel erlaubten es, den einzelnen amerikanischen Soldaten mit einer solchen Vielfalt von Bekleidungsstücken auszustatten, daß es ihm auch unter wechselnden klimatischen Bedingungen und bei unterschiedlicher dienstlicher Inanspruchnahme stets möglich war, sich zweckdienlich und bequem zu uniformieren.

In Nordwesteuropa trug der amerikanische Infanterist gewöhnlich eine olivgraue Feldbluse mit passender Hose und eine kurze Windjacke von gleicher Farbe mit Reißverschluß und Knöpfen, die an die Stelle der khakifarbenen Dienstjacke mit aufgesetzten Taschen getreten war. Daneben stand ihm eine weitere, erst 1944 eingeführte wollene Feldjacke – im Grunde eine Bluse mit offenem Kragen und aufgesetzten Brusttaschen – zur Verfügung. Über dieser Bluse konnte er dann bei schlechtem Wetter eine wasserabstoßende olivgrüne Jacke mit offenem Kragen, vier Taschen und in Taillenhöhe eingearbeitetem Gummizug tragen. Schon im Jahr 1941 war ein neuer, aus zwei Teilen bestehender Helm entworfen worden, der an die Stelle des bis dahin getragenen Modells nach britischem Vorbild getreten war. Er bestand aus einer mit Kunststoffaser gefütterten leichten Kopfbedeckung, auf die der eigentliche Stahlhelm aufgesetzt wurde; darunter konnte bei sehr kaltem Wetter eine wollene Strickmütze getragen werden. Zur Dienstkleidung gehörten daneben die Schirmmütze und die sogenannte Garnisonsmütze, während der breitkrempige Hut im Lauf des Krieges langsam verschwand. Auch die zunächst verwendeten Segeltuchgamaschen wichen schließlich rostbraunen Lederstiefeln, die bei der Infanterie mit Seitenschnallen geschlossen, bei den Fallschirmjägern hoch geschnürt wurden. Das zur Ausrüstung gehörende Koppel mit Tragegurt aus grünlichem Webstoff war eine im Jahr 1936 eingeführte Fortentwicklung des Vormodells von 1912.

Neben dieser üblichen Uniform gab es jedoch Sonderausstattungen für Fallschirmtruppen, Panzerverbände und Kommandoeinheiten; auch für Einsätze unter ungewöhnlichen klimatischen Bedingungen war durch Anfertigung von Spezialkleidung vorgesorgt worden.

In Europa, wie auch auf anderen Kriegsschauplätzen, war neben der bereits beschriebenen Kampfuniform zunehmend die für außerdienstliche Zwecke vorgesehene olivgrüne Drillichuniform von amerikanischen Einheiten auch bei Einsätzen verwendet worden. Da sie sich durch große Bequemlichkeit und Zweckmäßigkeit auszeichnete, wurde sie zum Gegenstand ausgiebiger Versuche durch die Armee, die Marine und Marineinfanterie der Vereinigten Staaten und entwickelte sich schließlich zur vorschriftsmäßigen Felduniform der amerikanischen Truppen.

Im Fernen Osten waren die amerikanischen Soldaten schon während des Krieges lediglich mit leichten Khakihemden und dazu passenden Hosen ins Gefecht gegangen, einer Bekleidung, die in diesen Breiten auch noch während der folgenden zehn Jahre getragen wurde.

Die japanische Uniform M 98, eine Weiterentwicklung der acht Jahre zuvor eingeführten M 90, wurde im Jahr 1938 ausgegeben. Während bei dem älteren Modell die Rangabzeichen auf den Schulterstücken befestigt, die Kragen mit Spiegeln geschmückt waren, wurden die Rangabzeichen der neuen, in verschiedenen Schattierungen ausgelieferten khakifarbenen Uniform auf den Umlegekragen des mit vier Taschen ausgestatteten Waffenrockes gesetzt. Der Stahlhelm oder eine kleine runde Mütze mit ledernem Kinnriemen und Stoffschirm bildete die gebräuchlichste Kopfbedeckung, in Wickelgamaschen getragene Hosen und Koppel sowie Tragegurte aus Leder oder Segeltuch vervollständigten die Uniform.

Mit der Eroberung und Besetzung fast ganz Südostasiens wurden die japanischen Nachschublinien immer länger und dünner; als die gegen Japan verbündeten Mächte schließlich zum Gegenangriff antraten, konnten die weitverstreuten Garnisonen auf den Inseln des Pazifischen Ozeans, in den Dschungeln des Fernen Ostens und den Weiten Chinas nicht mehr ausreichend mit Nachschub versorgt werden. Der japanische Soldat war daher in

DEUTSCHES REICH
Kavallerieoffizier 1943

Fallschirmjäger 1940

Artillerieoffizier des Afrikakorps 1941

Infanterist 1940

Panzertruppen 1940

RUMÄNIEN
Infanterist 1941

BULGARIEN
Infanterist 1941

ITALIEN
Brigadegeneral in Nordafrika 1941

Infanterist 1940

Fallschirmjäger 1943

UNGARN
Infanterist 1941

FINNLAND
Infanterist 1941

JAPAN
Offizier 1942

Infanterist 1943

Panzertruppe 1942

GRIECHENLAND
Infanterist 1940

POLEN
Sergeant der 1. Infanterie-division (Tadeusz Kosciusko) 1945

JUGOSLAWIEN
Wachtmeister der Kavallerie 1940

DEUTSCHES REICH
Unteroffizier der 1. Donkosaken-Division in Deutschen Diensten 1944

SLOWAKEI
Infanterist 1942

Oben:
Gefangennahme deutscher Soldaten durch kanadische Truppen während der auf die Invasion folgenden Kämpfe in der Normandie 1944.

zunehmendem Maß darauf angewiesen, seine Bekleidung und Ausrüstung durch Stücke zu ergänzen, die er an Ort und Stelle beschaffen konnte. Dieser Umstand führte letztlich zu einer solchen Vielfalt von getragenen Uniformstücken, daß von einer vorschriftsmäßigen einheitlichen Bekleidung kaum noch gesprochen werden kann.

Nach Ausbruch des Zweiten Weltkrieges und der schnellen Besetzung verschiedener kleiner Länder durch deutsche Truppen flohen zahlreiche europäische Monarchen, Politiker, Soldaten und Zivilisten nach Großbritannien, wo sie Exilregierungen bildeten und eigene, jedoch vom britischen Kriegsministerium ausgerüstete und uniformierte Streitkräfte aufstellten.

Auch Deutschland warb Ausländer für den Dienst mit der Waffe an und faßte sie in eigenständigen Verbänden zusammen, die jedoch stets Teil der deutschen Streitkräfte blieben. Alle diese Einheiten trugen deutsche Uniformen mit besonderen Abzeichen, manchmal sogar nationale Bekleidungsstücke. Zu nennen wären hier deutsche Kosakenabteilungen mit Pelzmütze oder aus Indern gebildete Einheiten, die den Turban trugen.

In Jugoslawien kam es bald nach der deutschen Besetzung zu heftigen Auseinandersetzungen zwischen königstreuen sowie kommunistischen Partisanen und Anhängern der in Kroatien gebildeten, von Deutschland unterstützten Regierung. Die von den verschiedenen Parteien aufgestellten und unterhaltenen Kampfverbände glichen sich in Bewaffnung und, soweit vorhanden, Uniformierung den Armeen jener Länder an, von denen sie Unterstützung erhielten; alle aber machten nach dem Zusammenbruch Italiens im Jahr 1943 reichlich Gebrauch von erbeuteten italienischen Uniformstücken und Ausrüstungsgegenständen.

In den letzten beiden Jahren des Krieges kam es in Oberitalien zu einem erbittert geführten Kampf zwischen von den Alliierten unterstützten Partisanen und faschistischen Einheiten, von denen die Schwarzen Brigaden hier besonders erwähnt werden sollen. Von einer einheitlichen Uniformierung kann bei diesen Verbänden zwar keine Rede sein, es wurden jedoch vorwiegend schwarze Hemden und ebensolche Mützen mit den verschiedenartigsten faschistischen Abzeichen, darunter Totenschädel und gekreuzte Knochen, verwendet.

Während der Krieg in Europa am 8. Mai endete, leistete Japan noch bis in den August desselben Jahres Widerstand und kapitulierte erst, nachdem Atombomben auf Hiroshima und Nagasaki abgeworfen worden waren.

Rechts:
Das Bild zeigt eine Gruppe jugoslawischer Tschetniks, Angehörige nichtkommunistischer Partisanenverbände, die sich nach der Besetzung Jugoslawiens durch Deutschland, Italien und Ungarn gebildet hatten. Nach dem Zusammenbruch Italiens 1943 konnten diese Einheiten sich zum großen Teil mit zurückgelassenem und erbeutetem italienischen Kriegsmaterial ausrüsten.

FRANKREICH
Infanterist 1940

POLEN
Infanterist 1939

Kavallerist 1939

FRANKREICH
Alpenjäger-Offizier 1939

Fremdenlegion in Nordafrika
1941

ENGLAND
Infanterist 1944

Stabsoffizier in Nordafrika 1942

AUSTRALIEN
Infanterist (im Fernen Osten)
1944

NORWEGEN
Infanterist 1940

DÄNEMARK
Infanterist 1940

NIEDERLANDE
Infanterist 1940

BELGIEN
Panzertruppe 1940

SOWJETUNION
General 1943

Panzertruppe 1941

Infanterist 1943

VEREINIGTE STAATEN
VON AMERIKA
Infanterist 1943

Sergeant der 2. Panzerdivision
1945

Infanterie-Korporal 1942

CHINA
Infanterist der Nationalarmee
1943

Infanterist der Volksarmee 1943

Die Armeen des Atomzeitalters – Die Welt nach 1945

GUIDO ROSIGNOLI

Die mit dem Ende des Weltkrieges im Jahr 1945 zunächst verringerten, abgerüsteten und umgruppierten Streitkräfte der Westmächte befanden sich in den folgenden Jahren in einem ständigen Reorganisations-Prozeß – bedingt durch die notwendige Anpassung an die waffentechnischen Entwicklungen, die sich ändernden strategischen Erfordernisse und die finanziellen Möglichkeiten der einzelnen Staaten sowie die politische Gesamtlage. Im Zuge dieser Veränderungen kam es auch zu durchgreifenden Wandlungen auf dem Gebiet der für kriegerische Einsätze und andere Aufgaben vorgesehenen Bekleidung des Soldaten.

Die Zeitschrift »Soldier« berichtete z. B. in ihrem Aprilheft 1945 von der Ausgabe neuer Koppel und Traggurte des Modells 1944 an alle Einheiten der britischen Armee, »da mit einer baldigen Erschöpfung der vorhandenen Bestände zu rechnen ist«.

Das neue olivgrüne Traggerüst war wegen der feineren Webart und der besonderen Metalllegierung von Schnallen und Knöpfen trotz größerer Taschen und einem Proviantbeutel mit doppeltem Fassungsvermögen leichter als das vorher verwendete Modell aus dem Jahr 1937. Darüber hinaus war es auch insofern zweckmäßiger, als mit Hilfe einer Reihe von in das Koppel gestanzten Löchern verschiedene Ausrüstungsgegenstände unmittelbar am Koppel befestigt werden konnten, die zuvor in Proviantbeuteln oder Taschen Platz finden mußten. Verbessert worden waren. auch die neue Feldflasche, deren abschraubbarer Deckel die Form eines Trinkbechers hatte, und der neue, eine abfallende Rückseite aufweisende Stahlhelm.

Im November desselben Jahren erfuhr der Leser aus der genannten Zeitschrift von der Ausgabe eines eigens für die Verwendung im Fernen Osten entwickelten Buschkampfanzugs, dessen Jacke zwei, dessen Hose aber nicht weniger als sechs an verschiedenen Stellen eingearbeitete Taschen aufwies und der durch einen breitkrempigen Buschhut, Pullover mit aufgesetzten Flecken an Schultern und Ellbogen, leichte Decke, Umhang, Rucksack und verschiedene kleinere Ausrüstungsgegenstände ergänzt wurde. Der Umhang ersetzte sowohl die bisherige Zeltbahn wie auch die Gasplane und konnte als Regenmantel, Schlafsack, Ein-Mann-Zelt und – wenn mit mehreren anderen Stücken verbunden – auch als größeres Zelt benutzt werden. Obwohl diese neuen Ausrüstungsgegenstände schon während des Krieges in größerem Umfang erprobt, hergestellt und später an Einheiten in Java und Malaya ausgegeben worden waren, konnten sie den bisher getragenen Kampfanzug, der mit oder ohne Koppel und Tragriemen als Feld- oder Arbeitsuniform verwendet wurde, bis zum Jahr 1949 nicht verdrängen. Dieses Jahr brachte dann die Ausgabe einer neuen Bluse mit Kragen und Revers, zu der eine Hose ohne Hüfttaschen getragen wurde. Gleichzeitig wurde auch ein neues Barett, im allgemeinen dunkelblau – für manche Regimenter in den ihnen eigenen Farben – eingeführt und ersetzte das frühere Khakimodell.

Die wenige Jahre nach dem Zweiten Weltkrieg an die amerikanischen Truppen ausgelieferten Uniformen machten den GI zum elegantesten Soldaten der Welt. Die olivgraue Winterausgehuniform bestand aus Garnisonsmütze, einer den Blick auf das darunter getragene Hemd mit Krawatte freigebenden Bluse und passender Hose, die bei Bedarf auch in die Stiefel gesteckt werden konnte. Des vorteilhaften optischen Erscheinungsbildes wegen wurden die wasserabstoßenden Jacken über der Hüfte tailliert und oft sogar die Taschenpatten zugenäht. Bei mildem Wetter konnte ein wollenes Khakihemd ohne Bluse getragen werden, und bei hochsommerlichen Temperaturen erschien der amerikanische Soldat in leichter sandfarbener Garnisonsmütze, gestärktem Khakihemd mit auf der Vorder- und Rückseite eingebügelten senkrechten Falten und Krawatte, die zwischen dem zweiten und dritten Knopf eingesteckt wurde, sowie passender Hose und Schuhwerk wie beschrieben. Zur Parade wurden statt des gewöhnlichen Stahlhelms glänzende Helme mit farbenprächtigen Abzeichen, Seidenschärpen und in der Farbe der Waffengattung gehaltene Halstücher getragen. Ehrenwachen, Kapellen und Militärpolizei nahmen sich dabei besonders eindrucksvoll aus.

Zu Felddienst und Arbeitseinsatz blieb es bei der olivgrünen Uniform mit großen Brust- und Hüfttaschen, wasserabstoßender Jacke im Winter, Feldbluse mit Reißverschluß, gestricktem Kragen und eingearbeitetem Gummizug über der Hüfte sowie zunächst noch bei olivgrünen Mänteln mit Seitentaschen, die auch von Sondereinheiten bei kaltem Wetter verwendet wurden, im Lauf der Zeit jedoch schweren grünen Regenmänteln weichen mußten. Zum Schutz vor extremer Kälte ergänzte man die beschriebene Uniform durch mit Kapuzen versehene pelzgefütterte Windjacken und Mützen.

Auch die Russen, die den Amerikanern in dieser Hinsicht nicht nachstehen wollten, führten nach 1945 neue Parade- und Ausgehuniformen ein, ließen die Felduniform jedoch zunächst unverändert. Nachdem Generale und Marschälle mit flaschengrünen Galauniformen ausgestattet waren, erhielten 1949 dann auch alle anderen Offiziere neue, zweireihig zu knöpfende Jacken mit passender Hose in Khaki oder – für die Panzertruppen – Stahlblau.

Während des Krieges hatte sowohl die britische als auch die amerikanische Regierung die Armee Frankreichs, das politisch zu den alliierten Großmächten gehörte, ausgerüstet und bewaffnet, und nach dem Sieg über Deutschland wurden die französischen Truppen in die Armee der Besatzungsmächte eingegliedert. Kurze Zeit nach Kriegsende erhielten die französischen Soldaten eine neue Ausstattung, zu der z. B. eine Dienstuniform aus khakifarbenem, für Jäger und Alpenjäger dunkelblauem Stoff gehörte; dazu trugen Offiziere zum meist offenen Jackett ein farbiges Képi, Unteroffiziere und Mannschaften zum Kampfanzug mit Metallknöpfen farbige Schiffchen. Lederne Koppel und Tragriemen sowie Stiefel mit Gamaschen vervollständigten diese Ausrüstung. Für den Sommer war ein leichtes Khakihemd mit gleichfarbiger Hose und der üblichen Kopfbedeckung vorgesehen. 1947 wurde ein neuer khakifarbener Mantel eingeführt sowie eine olivgrüne Felduniform amerikanischen Zuschnitts aus Drell oder Leinen.

Die nach dem Zweiten Weltkrieg vor allem im adriatischen und fernöstlichen Raum aus-

GROSSBRITANNIEN
Infanterist 1949

Offizier der Argyll and Sutherland Highlanders (in Korea) 1952

Korporal des Königlichen Pionierkorps 1973

BELGIEN
Fallschirmjäger 1952

NORWEGEN
Infanterist 1962

FRANKREICH
Infanterist 1953

Fallschirmjäger 1961

Infanterist im Kampfanzug (in Vietnam) 1954

ITALIEN
Alpini 1960

Infanterist 1960

BUNDESREPUBLIK DEUTSCHLAND
Infanterist im Kampfanzug 1956

VEREINIGTE STAATEN VON AMERIKA
Infanterist 1950

TÜRKEI
Unteroffizier der Infanterie im Ausgehanzug 1962

BUNDESREPUBLIK DEUTSCHLAND
Gebirgsjäger 1964

VEREINIGTE STAATEN VON AMERIKA
Soldat der 1. Kavalleriedivision 1968–1969

SCHWEIZ
Infanterist 1975

SPANIEN
Offizier 1958

SCHWEDEN
Infanterist der Gaza-Truppe 1961

ÖSTERREICH
Infanterist im Sommerkampfanzug 1974

FINNLAND
Infanterist 1969

Amerikanische Truppen des 351. Infanterieregiments bei der Parade in einer südeuropäischen Stadt. Das Bild gibt einen Eindruck von der hervorragenden Ausrüstung und Uniformierung, über die der amerikanische Soldat seit Ende der vierziger Jahre verfügte.

brechenden Unruhen zwangen die Vereinigten Staaten und Großbritannien zur Aufrechterhaltung ihrer auswärtigen Stützpunkte, obwohl die Wahrnehmung der Besatzungsaufgaben in Deutschland und Japan bereits große Teile der Streitkräfte beanspruchte, die ohnehin geschwächt waren durch die nach Kriegsende begonnene Abrüstung. Infolgedessen führte England die Wehrpflicht wieder ein und behielt sie bis zum Jahr 1960 bei.

Während die Großmächte den Bestand ihrer Streitkräfte langsam abbauten, begannen jene Staaten, deren Armeen während des Krieges geschlagen und aufgelöst worden waren, mit dem Wiederaufbau einer nationalen Streitmacht und schlossen, wenn möglich, Beistandsabkommen mit befreundeten und benachbarten Ländern. Da die seinerzeit von Großbritannien uniformierten und ausgerüsteten belgischen, holländischen, dänischen und norwegischen Streitkräfte an der Befreiung ihrer Länder teilgenommen hatten, ist es nur natürlich, daß auch die nach Kriegsende ausgegebenen Uniformen dieser Staaten im allgemeinen am britischen Vorbild orientiert waren, wobei allerdings fast durchweg der amerikanische Stahlhelm bevorzugt wurde. So verwendete beispielsweise die belgische Armee bis in die siebziger Jahre einen allerdings mit offenem Kragen und farbigen Spiegeln versehenen khakifarbenen Kampfanzug britischen Zuschnitts, einschließlich der dazugehörigen Koppel und Gurte aus Webstoff, und behielt sogar einige der Abzeichen bei, die sie während des gemeinsamen Kampfes mit englischen Verbänden angelegt hatte. Dabei führten natürlich alle Heere, die den englischen Kampfanzug mit mehr oder minder veränderten Abzeichen im wesentlichen übernommen hatten – als Beispiel sei hier Norwegen erwähnt, dessen Streitkräfte den bei der britischen Armee eingeführten farbigen Streifen zur Unterscheidung der Waffengattung auf dem Oberarm trugen –, ihre eigenen nationalen Eigentümlichkeiten und änderten je nach Bedürfnis und Geschmack Kopfbedeckungen,

Taschen oder Verschlüsse. Auch die Kampfuniformen der griechischen, türkischen und italienischen Armee beruhten zunächst durchaus auf dem britischen Vorbild und erhielten erst im Lauf der Jahre eine die jeweilige Nationalität betonende, eigene Form; so hatten z. B. die in Italien hergestellten Uniformjacken rechteckige Taschenpatten und Hosen ohne aufgesetzte Taschen.

Die wachsende politische Unsicherheit führte im März 1948 zum Abschluß eines Verteidigungspaktes – dem Brüsseler Vertrag –, der von Großbritannien, Frankreich, Belgien, Holland und Luxemburg unterzeichnet wurde und im folgenden Jahr zur Gründung des Nordatlantischen Bündnisses (NATO). In dieser neuen Allianz schlossen sich die Signatarstaaten des Brüsseler Vertrages sowie die Vereinigten Staaten von Amerika, Kanada, Dänemark, Norwegen, Island, Italien und Portugal zusammen, denen im Jahr 1952 Griechenland und die Türkei, 1955 die Bundesrepublik Deutschland folgte.

Die Errichtung gemeinsamer Hauptquartiere und gemischter Stäbe, in denen die Angehörigen verschiedener Armeen mit unterschiedlicher Uniformierung Dienst taten, zwang in der Folgezeit zur Einführung gemeinsamer Abzeichen, wie beispielsweise das fünf goldene Kettenglieder auf blauem Grund zeigende Emblem des Hauptquartiers Oberbefehlshaber Westeuropa, aus dem sich übrigens später das NATO-Oberkommando entwickelte.

Gemeinsame Manöver der Nordatlantik-Paktstaaten bestätigten die im Koreakrieg gewonnene Erkenntnis, daß der damals getragene Kampfanzug den Anforderungen der Zeit nicht mehr in vollem Umfang entsprach, und leiteten eine Entwicklung ein, an deren Ende eine möglichst weitgehende Vereinheitlichung der von den verschiedenen Armeen getragenen Uniformen stehen sollte.

Die neu aufgestellte deutsche Bundeswehr erschien in einer völlig neuen, in der damaligen Zeit wohl modernsten Uniform. Die ersten Bekleidungsvorschriften vom Juli 1955 sahen eine graue Dienst- und Ausgehuniform, olivgrüne Arbeitsbekleidung und in Tarnfarbe gefleckte Kampfanzüge vor. Zur Ausgehuniform, bestehend aus einer kurzen, für Offiziere etwas längeren, zweireihig geknöpften Jacke mit breiten Aufschlägen wurden eine tellerförmige oder längliche Mütze, graue Hosen und außer Dienst Halbschuhe getragen, während zum Dienst die Hosen in schwarze Stiefel gesteckt wurden. Arbeitsuniform und Kampfanzug folgten weitgehend amerikanischem Vorbild; der Kampfanzug bestand aus einer Jacke mit Kapuze und vier großen aufgesetzten Taschen, Hose mit Beintaschen, Tarnhandschuhen und schwarzen Lederstiefeln mit Gamaschen sowie einem Stahlhelm, der wiederum amerikanisch war. Im Lauf der Jahre machte die Bundeswehr einige vorsichtige Schritte in Richtung auf die Wiederbelebung traditioneller Uniformbestandteile und führte im Jahr 1957 eine Dienstjacke mit Kragenspiegeln ein. 1959 wurde dann der Tarnanzug durch eine olivgraue Uniform ersetzt, die in Sommer- und Winterausführung ausgegeben wurde. Luftlandetruppen, Gebirgsjäger und Panzereinheiten erhielten in Einzelheiten voneinander abweichende Modelle, und neben der bootsförmigen Feldmütze als typischer Kopfbedeckung gab es Barette in verschiedenen Farben für Fallschirmjäger-, Panzer- und Schützenverbände. Die alte weiche Mütze mit Schirm wurde nur noch von den Gebirgstruppen getragen. Die neue Ausrüstung bestand aus Hemd, einer Jacke mit Brusttasche, die in die Hose gesteckt werden konnte, einer weiteren Jacke mit oder ohne Kapuze, in den Stiefeln zu tragender Hose, Koppel, Tragriemen und Stahlhelm. Weiße Wintertarnanzüge, Windjacken, Überanzüge und andere Bekleidungsstücke waren für Sondereinheiten oder für Einsätze unter ausnehmend schwierigen klimatischen Bedingungen vorgesehen.

Auf der Suche nach einer besonders zweckmäßigen Ausrüstung beschritt, um hier ein Beispiel zu nennen, die italienische Armee andere Wege und entschied sich bei der Ausrüstung für einen Kampfanzug in Tarnfarbe mit Taschen auf Jacke und Hose, khakifarbenem Koppel und Gurten sowie Gamaschen aus Webstoff, Stiefel und einen eigens entwickelten Stahlhelm.

Auch die osteuropäischen Staaten hatten sich

ÄGYPTEN
Offizier 1952

ISRAEL
Infanterist 1960

INDIEN
Infanterist (in Korea) 1952

NORDKOREA
Offizier 1953

CHINA
Soldat der Volksarmee 1977

RUMÄNIEN
Gebirgsjäger 1973

Panzertruppe, Offizier 1973

DEUTSCHE DEMOKRATISCHE REPUBLIK
Infanterist im Kampfanzug 1975

POLEN
Infanterieoffizier im Sommerkampfanzug 1975

Fallschirmjägertruppe, Unteroffizier 1975

TSCHECHOSLOWAKEI
Infanterist im
Sommerkampfanzug 1973

Infanterist im
Sommerkampfanzug 1973

DEUTSCHE DEMOKRA-
TISCHE REPUBLIK
Unterleutnant der motorisierten
Schützen 1974

JUGOSLAWIEN
Gebirgsjäger im
Winterkampfanzug 1974

Infanterist im
Sommerkampfanzug 1973

UNGARN
Infanterieoffizier in
Sommerfelduniform 1974

Panzertruppe in
Winterausrüstung 1974

SOWJETUNION
Infanterieoffizier 1972

Fallschirmjäger 1972

Infanterist 1972

im Mai 1955 zu einem militärischen Bündnis, dem Warschauer Pakt, zusammengeschlossen. Von den unterzeichnenden Ländern Albanien, Bulgarien, Tschechoslowakei, Deutsche Demokratische Republik, Ungarn, Polen, Rumänien und Sowjetunion hatte Albanien das Bündnis jedoch im Jahr 1960 wieder verlassen. Als Folge dieser Entwicklung wurde bei den Streitkräften der genannten Länder ebenfalls eine Reihe von Veränderungen an Uniformen und Abzeichen vorgenommen, die ein einheitlicheres Bild ergeben sollten.

Während des Krieges waren bei den Westmächten wie auch in Rußland aus Exilpolen bestehende Verbände aufgestellt worden, die zu einem Teil in Großbritannien mit englischen, zum anderen Teil in der Sowjetunion (seit 1943) mit eigenen Uniformen ausgerüstet waren.

Die im Jahr 1945 an die wiederaufgestellte polnische Armee ausgegebenen Sommer- und Winterbekleidungsstücke entsprachen, abgesehen von Einzelheiten, im wesentlichen denen, die vor dem Krieg verwendet wurden. Die Offiziere, mit Ausnahme derjenigen der Warschauer Division, trugen immer noch die *chapska,* den alten Waffenrock mit den typischen polnischen Kragenspiegeln, dazu Reithosen in Stiefeln oder lange Hosen mit Halbschuhen. Auch das Erscheinungsbild des einfachen Soldaten im Waffenrock mit Kniehosen und Wickelgamaschen oder langen Hosen in kurzen Gamaschen, dazu Koppel und Patronentaschen aus Leder oder Webstoff, war grundsätzlich unverändert geblieben. Anklänge an das Vorbild des sowjetischen Nachbarn fanden sich in der für die Panzertruppen gegen Ende der vierziger Jahre ausgegebenen stahlgrauen Uniform. Allmählich wich die *chapska* einer runden Tellermütze, der Waffenrock wurde seit dem Sommer des Jahres 1952 durch eine Dienstjacke mit offenem Kragen verdrängt, und im Jahr 1958 gelangte dann ein aus feldgrauem, gestreiftem Stoff hergestellter, völlig neuer Kampfanzug in Sommer- und Winterausführung allgemein zur Verwendung: Stahlhelm, Jacke mit vier aufgesetzten Taschen und Hose, die in Stiefel mit zwei seitlichen Schnallen gesteckt wurde. Die beiden Hüfttaschen der Jacke verschwanden jedoch bald darauf und wurden wie beim Kampfanzug anderer osteuropäischer Armeen durch eine einzige Tasche auf dem linken Oberarm ersetzt. Lediglich die Uniformen der Fallschirmjäger und anderer Sondereinheiten hatten vier Taschen auf der Jacke, jeweils eine Tasche auf jedem Oberarm und eine Reihe von aufgesetzten Taschen auf der Hose. Im Jahr 1970 folgte dem beschriebenen Kampfanzug ein äußerlich nahezu unverändertes Modell aus qualitativ besserem Material.

Bei der Uniformierung der seit 1956 in der Deutschen Demokratischen Republik aufgestellten Nationalen Volksarmee bemühte man sich von Anfang an, dem Soldaten ein mit deutschen traditionellen Entwicklungen im Einklang stehendes äußeres Erscheinungsbild zu geben. Tatsächlich weist die Dienst- und Paradeuniform der NVA auch heute noch trotz der ihr eigentümlichen steingrauen Farbe erstaunliche Ähnlichkeiten mit derjenigen der Wehrmacht auf, während der Kampfanzug aus Tarnstoff in Sommer- und Winterausführung im wesentlichen stets den in Osteuropa vorherrschenden Entwicklungen folgte. Sommer- und Winteruniformen, aus gestreiftem Material hergestellt, unterschieden sich und unterscheiden sich auch heute, abgesehen vom jeweiligen Material, nur durch Zahl und Anordnung der Taschen auf der Jacke: die leichtere Ausführung hat jeweils zwei auf Brust und Oberarm, die Winteruniform eine zusätzliche Tasche auf jeder Seite. Zu allen Anzügen mit Ausnahme der Ausgehuniform, werden Schaftstiefel, als Kopfbedeckung Schiffchen, Teller- und Pelzmütze sowie zum Kampfanzug der neu entwickelte Stahlhelm getragen.

Obwohl die Streitkräfte des Warschauer Paktes in Bekleidung und Ausrüstung inzwischen eine weitgehende Vereinheitlichung erreicht haben, legten und legen die Mitgliedsstaaten großen Wert auf die Beibehaltung nationaler Eigenarten auf dem Gebiet des Uniformwesens. So finden wir beispielsweise neben den unterschiedlich gestreiften Kampfanzügen der tschechoslowakischen und ostdeutschen Verbände in Rumänien einfache graue Unifor-

men; und sogar das allgemein übliche Feldgrau weist eine Vielfalt von Schattierungen auf. Es finden sich weiße und gefleckte Tarnanzüge unterschiedlicher Farb- und Materialzusammenstellung für Spezialeinheiten, und selbst den im Schnitt weitgehend vereinheitlichten Anzug der Panzertruppen gibt es in schwarzer, in dunkelblauer und in grauer Ausführung.
Auf der ersten Sitzung des Sicherheitsrates der Vereinten Nationen am 17. Januar 1946 wurde die Bildung eines militärischen Stabsausschusses beschlossen, der dieses Gremium in militärischen Fragen beraten und von den einzelnen Mitgliedsstaaten der UNO in Krisenfällen aufzustellende bewaffnete Truppenkontingente überwachen sollte. In der Folgezeit kam es dann wiederholt zur Entsendung von den Vereinten Nationen unterstellten Einheiten vorwiegend neutraler Länder in die verschiedensten Krisengebiete der Welt, wobei zur Kennzeichnung der auch weiterhin in ihrer nationalen Uniformierung eingesetzten Truppen blaue Stahlhelme bzw. Mützen und UNO-Abzeichen verwendet wurden. Ihren ersten Einsatz erlebte die UNO-Streitmacht während des am 25. Juni 1950 ausgebrochenen Koreakrieges.
Die Vereinigten Staaten entschlossen sich, das angegriffene Südkorea militärisch zu unterstützen, und schon wenige Tage nach Kriegsausbruch erschienen die ersten amerikanischen Verbände in Korea. Ihre Ausrüstung und Bekleidung hatte sich seit den Tagen des Zweiten Weltkrieges kaum verändert und erwies sich schon im rauhen koreanischen Winter des ersten Kriegsjahres als völlig ungeeignet. Ergänzt durch Windjacken mit festen oder abnehmbaren Kapuzen wurde vor allem eine auf der Grundlage der wasserdichten grünen Feldjacke M 43 entwickelte pelzgefütterte Wolljacke mit Reißverschluß getragen, die bereits seit längerem erprobt worden war. Pelzgefütterte Mützen mit Ohrenklappen und aufgeklapptem Schirm wurden an alle Truppenteile ausgegeben; dagegen gelangten weiße Tarnanzüge, Überhosen und nach Eskimoart gefertigte Stiefel sowie kugelsichere Westen und ein neu entwickelter Stahlhelm während der folgenden Monate nur bei einzelnen Einheiten probeweise zur Einführung.

Soldat der Nationalen Volksarmee bei einer Feldübung. Der Kampfanzug und der charakteristische Stahlhelm wurden 1956 eingeführt.

Für den Feldzug in Korea erhielten die britischen Truppen im Januar 1951 eine eigens entwickelte Winteruniform. Sie bestand im wesentlichen aus einer wind- und wasserundurchlässigen Bluse mit Kapuze und einer Hose, die über den Kampfanzug gezogen wurde. Unter der Kapuze wurde eine weiche Mütze mit Ohrenklappen und Schirm getragen. Daneben standen mit Filz gefütterte imprägnierte Stiefel, kapokgefütterte weiße Jacken mit Windschutz, Mützenbezüge, weiße Schneejacken und -hosen, Handschuhe, dicke grüne Pullover und wollene Unterwäsche zur Verfügung.
Wie ihre Verbündeten waren auch die französischen Truppen auf den strengen koreanischen Winter nicht vorbereitet. Man trug daher ursprünglich den olivgrünen Kampfanzug sowie einen zusätzlichen Mantel über der Khaki-Felduniform. Um die Nachschubschwierigkeiten zu vereinfachen, lieferte die Armee der Vereinigten Staaten Ausrüstungsstücke aus amerikanischen Beständen an andere, darunter französische, Verbände in Korea. Den letzte-

ren stand eine den Anforderungen der Zeit und des Krieges in Korea entsprechende Bekleidung für Sommer und Winter erst seit Durchführung der Vorschriften vom Jahr 1953 zur Verfügung. Für den Einsatz unter winterlichen Verhältnissen gelangte neben der Gebirgsuniform in olivgrüner und weißer Ausführung, einem gefleckten Tarnanzug für Luftlandetruppen und Sonderuniformen für motorisierte Einheiten sowie Panzerverbände ein Kampfanzug zur Ausgabe, dessen Jacke auf dem Vorbild des amerikanischen Modells M 43 beruhte und zu dem der bereits 1951 eingeführte und bis 1974 verwendete Stahlhelm mit Kunststoffaser-Fütterung getragen wurde. Eine Weiterentwicklung dieses Anzuges, die den Schnitt fast unverändert ließ, zur Herstellung jedoch einen als Schutz gegen Strahlung gedachten Baumwoll-Seidenstoff verwendete und ein je nach Notwendigkeit auswechselbares Futter vorsah, wurde im Jahr 1964 an die französische Armee ausgegeben. Der Entwicklung dieses Anzuges lag unter anderem die in Korea gemachte Erfahrung zugrunde, daß es von der kämpfenden Truppe als äußerst lästig und unbequem empfunden wurde, bei großer Kälte mehrere verschiedene Uniformen übereinander tragen zu müssen. Auch die Streitkräfte anderer Länder hatten bereits in der Vergangenheit an der Entwicklung einer für alle Jahreszeiten geeigneten Gefechtsfeldbekleidung gearbeitet, so etwa Kanada, das seit 1953 eine Uniform aus Nylon, über die unter arktischen Bedingungen eine zusätzliche knielange Windjacke gezogen werden konnte, erprobt hatte. Im Dezember 1957 berichtete die Zeitschrift »Soldier« von dem neu eingeführten olivgrünen Kampfanzug für die britische Armee, bei dem es sich um eine Fortentwicklung des bereits in Korea verwendeten Modells handelte. Zu einer Art Kittel aus Wollsatin mit vier Taschen, wasserabstoßendem Futter und abnehmbarer Kapuze sowie einer sogenannten Jägertasche wurde eine Hose aus gleichem Stoff getragen. Eine Windjacke trat anstelle des bisherigen schweren Mantels, und ein Nylonumhang mit Kapuze (von dem sich mehrere zu einem Zelt zusammenknöpfen ließen) konnte als Regenmantel verwendet werden. Das neue Traggerüst aus Webstoff des Modells 1958 wies vier Taschen, jeweils zwei auf der Seite und zwei auf dem Rücken unterhalb des Gefechtsgepäcks, auf. Während der alte Kampfanzug aus Khakistoff allmählich verschwand, wurden im folgenden Jahr verschiedene Modelle einer neuen Ausgehuniform probeweise ausgegeben, von denen eines schließlich allgemein eingeführt wurde. Es bestand aus einem Anzug mit Jacke und Hose in Khakistoff und farbiger Mütze.

Etwa zum gleichen Zeitpunkt ersetzte die Armee der Vereinigten Staaten die bisher getragenen Kleidungsstücke aus khakifarbenem oder olivgrauem Material durch einen neuen grüngrauen, offiziell als »Armeegrün« bezeichneten Dienstanzug, bestehend aus Schiffchen oder Schirmmütze, Jacke und Hose. Zunächst erhielten die Mannschaften der Sondereinheiten, später auch die anderer Truppenteile, farbige Barette.

Auf dem Kriegsschauplatz in Vietnam trugen die amerikanischen Soldaten vorwiegend für den Einsatz unter tropischen Bedingungen geeignete Drillichanzüge und Dschungelstiefel; lediglich Luftlandetruppen, Rangers und militärische Berater bei südvietnamesischen Truppeneinheiten hatten gefleckte Tarnkleidung, einschließlich des bekannten »Tigeranzugs«. Nach den in jüngster Zeit vorgenommenen Veränderungen erscheint nun die Armee der Vereinigten Staaten in einer dem Vormodell ähnlichen olivgrünen Jacke ohne Revers, olivgrünem Hemd und gleichfarbiger Hose, Stahlhelm mit neuem, verbessertem Innenfutter und Tarnbezug sowie schwarzen Handschuhen und Stiefeln. Die farbigen Abzeichen auf der Dienstuniform sind durchweg solchen in olivgrüner oder schwarzer Ausführung gewichen. Am aus Koppel und Schulterriemen bestehenden gewebten Traggerüst, dem »Kriegsgeschirr« des Soldaten, sind zwei Patronentaschen, eine kleinere Tasche zur Unterbringung des Verbandspäckchens, Bajonett, Feldflasche und Spaten befestigt, während das Sturmgepäck auf dem Rücken getragen wird.

Neue Felduniformen in Sommer- und Winterausrüstung wurden im Jahr 1970 auch an die Streitkräfte der Sowjetunion ausgegeben. Hier

bestand die augenfälligste Änderung gegenüber dem Vormodell darin, daß ein neuer einreihiger Waffenrock mit Umlegekragen und Seitentaschen an die Stelle der traditionellen Bluse trat.
Von der durch die Vorfälle an der russischen Grenze wieder stärker ins Bewußtsein des Westeuropäers gedrungenen »Volksbefreiungsarmee« Chinas wurden auf dem Gebiet der militärischen Bekleidung insofern ganz neue Wege beschritten, als man dort die Rangabzeichen völlig abschaffte; einziger Schmuck der von Offizieren und Mannschaften getragenen grünen Uniform mit hochgeschlossenem Waffenrock, Hose und weicher Schirmmütze sind ein roter Stern an der Kopfbedeckung und Spiegel von gleicher Farbe, sogenannte »Flaggen«, auf dem Kragen.
Zwischen 1971 und 1973 wurden die verschiedenen, dem britischen Soldaten zur Verfü-

Von englischen Soldaten bewachte Straßensperre in einer Stadt Nordirlands.

gung stehenden Bekleidungsstücke in vier Hauptgruppen eingeteilt: Parade-, Kampf-, Arbeitsuniformen und schließlich Schutzbekleidung; sämtliche Uniformen werden jeweils in zwei Ausführungen – für gemäßigtes und tropisches Klima – geliefert. Auf diese Weise verfügen die Angehörigen der britischen Streitkräfte daher über eine militärische »Garderobe« von sechzehn vorschriftsmäßigen Anzügen, u. a. den nach dem Schichtensystem aufgebauten typischen Kampfanzug mit gefleckter Tarnjacke und Hose sowie gepolstertem Stahlhelm.

Die wiederholte Verwicklung der britischen Armee in bürgerkriegsähnliche Unruhen machte die Anschaffung und Bereitstellung einiger besonderer Ausrüstungsstücke erforderlich. Schon in der Mitte der fünfziger Jahre gelangten kleine Schutzschilde sowie auf dem Helm zu tragende geflochtene Drahtschirme zur Ausgabe, die dann später in Nordirland von durchsichtigen Helmvisieren, mannshohen Schilden und kugelsicheren Westen abgelöst wurden, die Schutz gegen Geschosse aus Schrotflinten und Waffen kleineren Kalibers boten.

Neben den ständigen Bemühungen, die militärische Kleidung immer zweckmäßiger und bequemer zu gestalten, bestand auch immer die Suche nach einem möglichst idealen Schutzanzug für den Soldaten im Kriegsfall; und so wurden im 20. Jahrhundert auf diesem Gebiet immer wieder langwierige und kostspielige Versuche durchgeführt. So testete z. B. die britische Armee in den vierziger Jahren einen dreiteiligen, mit Panzerplatten belegten Kampfanzug, und die Amerikaner führten in den fünfziger Jahren den sogenannten *Armadillo*-Anzug ein, der aus einer Reihe von übereinandergeschichteten Nylonplatten besteht, die auf Jacke und Hose befestigt werden. Die Furcht vor einer möglichen Kriegsführung mit ABC-Waffen hat während der letzten Jahre in verschiedenen Ländern zur Entwicklung und Bereitstellung raffinierter Schutzkleidung, darunter auch strahlungssicherer Anzüge geführt. In England wurde schon vor geraumer Zeit mit Gummihandschuhen und -stiefeln, Atemgeräten und Kunststoffumhängen experimentiert, während man in Frankreich Overalls aus Polyäthylen für geeigneter hielt und in anderen Ländern mit herkömmlich geschnittener Schutzkleidung aus Spezialstoffen bestmöglich vorgesorgt zu haben glaubt. Wie immer auch die Ansichten über den besten Schutz vor atomaren, biologischen oder chemischen Kampfstoffen auseinandergehen mögen, so gleichen sich die verschiedenen Modelle darin, daß sie uns fremdartig und unheimlich erscheinen.

In weniger als siebzig Jahren hat der bunte Rock des Soldaten vollständig dem nüchternen, in Tarnfarben gehaltenen Kampfanzug weichen müssen; an die Stelle von Schützen und Kanonieren sind hochspezialisierte Techniker getreten. Welchen Weg die weitere Entwicklung der militärischen Ausrüstung und Bekleidung nehmen wird, ist heute mit Sicherheit nicht abzusehen, da neben der in verschiedenen Ländern bevorzugten Anpassung überkommener Muster an Erfordernisse der Zeit grundlegende Neuentwicklungen stehen, die noch der Bewährung bedürfen. Überraschendes Ergebnis dieser Tatsache ist z. B., daß die Bundeswehr den amerikanischen Stahlhelm übernommen hat, während die amerikanische Armee die Einführung eines Modells vorbereitet, in dem die Form des alten deutschen Stahlhelms wieder aufgenommen, aber fortentwickelt wird.

Die Zeiten, in denen es der Uniform zur Unterscheidung von Freund und Feind auf dem Schlachtfeld bedurfte, sind längst vergangen; zudem sieht sich der Soldat von heute in vielen Ländern der unerfreulichen und eigentlich unsoldatischen Aufgabe gegenüber, innere Unruhen zu kontrollieren und zu bekämpfen. Es erscheint daher aus heutiger Sicht nicht ausgeschlossen, daß die einheitliche Uniform in Zukunft und wie früher einmal zeremoniellen Ereignissen vorbehalten sein wird, während der Kämpfer sich den Erfordernissen der Lage anpassen und die früher einmal als erstrebenswert angesehene Einheitlichkeit im äußeren Erscheinungsbild aufgeben wird. Damit wäre der ursprünglich zu Beginn der Uniformentwicklung gegebene Zustand wiederhergestellt.

Glossar

Agraffe — Schmuckelement an Hüten, Tschakos und Mützen aus Metallfäden, Metall- oder Tuchstreifen

Ärmelweste — Im 18. Jahrhundert bei verschiedenen Armeen zur Schonung des Rockes getragene Weste, die mit Ärmeln versehen worden war

Attila — Verschnürter Waffenrock der Husaren

Aufschläge — Besätze aus Tuch auf der Brust und auf den Ärmelenden. Bei den Ärmelaufschlägen unterscheidet man zwischen verschiedenen Formen, z. B. brandenburgischen, französischen, polnischen, sächsischen und schwedischen Aufschlägen

Bajonett — Eine am vorderen Ende des Gewehres oder Karabiners befestigte Stoßwaffe für den Nahkampf

Bandolier — Über der Schulter getragener breiter Ledergurt zum Befestigen von Karabiner und Kartusche

Bärentatzen — Charakteristischer Litzenbesatz auf den Ärmelaufschlägen ungarischer Infanterieregimenter

Behang — Aus farbiger Wolle oder Garn gefertigte Schnüre, teils geflochten, teils gedreht oder glatt an Tschako oder Tschapka befestigt und in flachen geflochtenen Scheiben, sogenannten Spiegeln, sowie in Quasten endend

Blankwaffe — Hieb- oder Stichwaffe wie Degen, Pallasch oder Säbel

Bluse — Waffenrockartig geschnittener Uniformrock mit verdeckter Knopfleiste ohne farbige Abzeichen

Bräm — Pelz- oder Fellbesatz am Helm

Budionowka — Vorne mit einem roten Stern versehene, spitz zulaufende Filzmütze, wie sie in der russischen Armee nach 1919 getragen wurde

Contreepaulette — Halbmondförmig ausgebildetes Schulterstück ohne Fransenbesatz

Couse — Hellebardenartige Stangenwaffe

Degen — Lange, schmale, ein- oder beidseitig geschliffene Hieb- und Stichwaffe

Dolman — Kurze verschnürte Uniformjacke der Husaren

Dragoner — Schmale Schulterklappe aus Tuch zur Befestigung des Bandoliers

Dragonka — Kleine, runde, von der russischen Kavallerie getragene Pelzmütze

Dreispitz — Dreiseitig aufgeschlagener Hut

Epaulette — Halbmondförmig ausgebildetes Schulterstück mit herabhängendem Fransenbesatz

Fangschnur — Aus Wolle- oder Metallkordel gefertigte Schnur, die von Tschapka, Tschako, Pelz- oder Flügelmütze herabhängend um den Hals des Trägers gelegt war und ein Verlieren der Kopfbedeckung verhindern sollte. Später Achselband als Schmuck oder Auszeichnung

Feldbinde — Siehe Schärpe

Flügelmütze — Kopfbedeckung der Husaren aus Filz oder Leder ungarischen Ursprunges in der Form eines abgeflachten Kegels mit einem umlaufenden Stoffflügel, der herabgelassen werden konnte

Furiermütze — Weiche, farbig vorgestoßene Mütze mit herabhängendem Beutel

Füsiliermütze — Vorne mit einem Blechschild versehene, ähnlich der Grenadiermütze ausgebildete Kopfbedeckung, bei der jedoch der Sack mit dem Vorderblech oben nicht verbunden ist und die daher an der Spitze keinen Puschel aufweist

Gamaschen — Lediglich den Knöchel bedeckende oder vom Knöchel bis zum Knie reichende Beinbekleidung aus Leder oder Stoff

Grenadiermütze — Aus der Zipfel- oder Lagermütze entstandene militärische Kopfbedeckung der Grenadiere mit farbig gesticktem oder mit Emblemen, Wappen und Namenszug verziertem Blechschild vorne. Der ursprünglich herabhängende Sack wurde später nach oben gezogen und an der Spitze des Schildes befestigt, der überstehende Teil bildete den sogenannten Puschel. Aus dem mitunter angebrachten Pelzbesatz wurde in verschiedenen Armeen, z. B. der englischen, österreichischen und französischen, die Bärenfellmütze für Grenadiere

Gymnasterka — Bluse des russischen Soldaten mit einer kurzen Knopfreihe in der Mitte oder auf der Seite

Halbkaftan — Waffenrockartig geschnittene Jacke, bei der russischen Armee nach dem Krimkrieg eingeführt

Halsbinde — Über dem Hemdkragen, jedoch unter dem Uniformkragen getragener farbiger Tuchstreifen

Kamisol — Unter dem Uniformrock getragene langschößige Weste

Kartusche — Lederne, gewöhnlich mit einem Metallbeschlag versehene und am Bandolier getragene Tasche zur Aufbewahrung von Kugeln und Patronen des Kavalleristen

Kasake — Gewöhnlich reichbestickter ärmel- und kragenloser Umhang

Kaskett — 1. Zweiklappiger Hut mit Borte und Puschel
2. Lederner Helm mit Kamm oder Raupe

Képi — Runde französische Militärmütze mit waagerecht stehendem Schirm

Khevenhüller — Dreiseitig aufgeschlagener Hut

Kirsey — Kräftiger Baumwollstoff

Kitel — Russische Militärbluse aus Drillich oder Leinwand

Kiwer — Niedriger, oben ausladender Tschako mit geschweiftem Deckel

Kokarde — Ursprünglich am Hut getragene schwarze, dann auch farbige oder weiße Schleife, später aus Leder, Stoff oder Metall gefertigtes rundes oder ovales nationales Kennzeichen an der Kopfbedeckung

Koller — Waffenrock der Kürassiere und Schweren Reiter, vorne zugehakt und mit einer Borte versehen, an den Nähten farbig vorgestoßen

Kollett — Kurze Jacke mit einer Reihe von Knöpfen, Schößen, Stehkragen und Ärmelaufschlägen

Kolpak — Farbiger Mützenbeutel an der Pelzmütze der Husaren

Konföderatka — Nationalpolnische Kopfbedeckung mit viereckigem Deckel

Kordon — Siehe Behang

Kreuzriemen Kreuzweise über den Rücken laufende lederne, mitunter metallbeschlagene Riemen zur Befestigung des Brustpanzers

Küraß Aus Metall gefertigter Panzer zum Schutz von Brust und Rücken

Kurtka Kurze, knapp geschnittene Jacke der Ulanen mit kurzen Schößen und Stehkragen, manchmal mit Rabatten auf der Brust

Kurzgewehr Von den preußischen Unteroffizieren des 18. und beginnenden 19. Jahrhunderts geführte lange Pike

Lanze Holz- oder Metallstangenwaffe mit Stahlspitze und Faustriemen, seit Mitte des 18. Jahrhunderts wieder vereinzelt verwendete, später weitverbreitete Waffe der Leichten Reiterei, die in Deutschland schließlich bei allen Kavallerieregimentern eingeführt wurde. Sie trägt unter der Spitze einen farbigen Wimpel

Liberey Bis ins 18. Jahrhundert gebräuchlicher deutscher Ausdruck für Uniform

Litze Geflochtenes Band aus farbiger Schnur oder Metallfaden, Besatzschnur. Zur Unterscheidung oder Dekoration dienender Besatz auf Uniformteilen, wie Kragen, Aufschlägen, Patten und Nähten

Messejacke Kurze Jacke ohne Schöße mit Stehkragen, Ärmelaufschlägen und einer Reihe von Knöpfen

Mondierung Früher gebräuchlicher deutscher Ausdruck für Uniform

Pallasch Schwerer Degen, ein- oder beidseitig geschliffen, Blankwaffe der Schweren Reiterei

Paßgürtel Um den Leib getragener Gürtel aus farbigem Tuchstreifen

Patte Farbiger, meist mit Knöpfen und Vorstoß versehener Tuchstreifen auf Ärmelaufschlägen und Kragen

Pelz Verschnürte Pelzjacke der Husaren, die über Dolman oder Attila angelegt wurde

Pickelhaube Lederhelm mit Metallbeschlag und Spitze, seit 1842 zunächst in der preußischen, später auch bei anderen Armeen, etwa der russischen, englischen und amerikanischen eingeführt

Plastron Halbküraß, Brustpanzer, der auf dem Rücken mit Kreuzriemen gehalten wird

Plumage Um die aufgeschlagene Hutkrempe laufender Besatz von Straußenfedern

Portépée Metallgestickter Lederriemen um Griff und Bügel der Seitenwaffe, früher Standesabzeichen der Offiziere

Puggaree Um den Tropenhelm gewundenes Tuch, das als Nacken- und Sonnenschutz diente

Rabatten Farbige Brustaufschläge auf der Uniformjacke

Raupe Aus Filz, Roßhaar oder Wolle gefertigter Wulst auf dem Helm: Raupenhelm

Ringkragen Aus Metall gefertigter halbmondförmiger Brustschild, früher Standesabzeichen der Offiziere, der sich aus der Halsberge des Harnischs entwickelt hat

Säbel Gekrümmte Hieb- oder Stichwaffe

Säbeltasche Flache, am Riemen getragene Tasche mit Stoff- oder Lederbezug – oftmals reich bestickt oder metallbeschlagen –, die zur Aufnahme von persönlichen Gegenständen des Reiters diente, weil die eng geschnittenen Reithosen gewöhnlich keine Taschen hatten

Schalavary Auch Scharawaden genannt, kurze Überhosen der Husaren zur Schonung der hellen Reithosen

Schärpe Quer über die Schulter oder um den Leib getragenes, aus Seide oder Metallgespinst hergestelltes Band mit Quasten an den Enden, das früher als Standesabzeichen der Offiziere diente und auch heute noch bei manchen Armeen zur Parade angelegt wird

Schaschka Russischer Säbel

Schleifen Schmuckbesätze, gestickt oder aus farbigem Band gefertigt, auf Aufschlägen, Taschen und Schößen

Schoitasch Verschnürung aus Band oder Litze, z. B. auf der Uniform der Husaren

Seitengewehr Kurze blanke Seitenwaffe des Soldaten mit stählerner Klinge

Serge Geköperter Stoff aus Wolle oder Halbwolle

Spiegel 1. Aus farbiger Wolle oder Garn geflochtene flache Scheiben, die einen Teil des Tschako- oder Tschapkabehanges bilden
2. Farbiger Tuchbesatz auf den vorderen Kragenecken der Uniform

Sponton Von den Infanterieoffizieren im 18. Jahrhundert geführte Pike

Sporran Von den britischen Hochlandregimentern vor dem taschenlosen Kilt getragene flache, fellbesetzte und verzierte Tasche zur Aufnahme persönlicher Gegenstände des Soldaten

Stutz Aus Federn, Filz oder Wolle hergestellter weißer oder farbiger Helm-, Hut- oder Tschakoschmuck

Superweste Über der Uniform angelegte ärmellose Paradeweste mit meist reicher Stickerei

Tschako Lederne oder aus Filz hergestellte Kopfbedeckung von zylindrischer oder konischer Form mit Vorder- und manchmal auch Hinterschirm. Der Tschako ist normalerweise mit Vorderdekoration, Behang, Stutz, Kokarde und Schuppenkette geschmückt

Tschapka Kopfbedeckung der Ulanen, die sich aus der nationalpolnischen Konföderatka entwickelt hat. Über einem ledernen Kopfteil mit Augenschirm sitzt ein mit Tuch bezogener Hals, der durch einen viereckigen Deckel abgeschlossen wird. Die Tschapka weist an Schmuck farbige Tuchspiegel, Kokarde, Fangschnur, Schuppenkette sowie Stutz oder Roßhaarbusch auf

Überhose Zur Schonung der vielfach empfindlichen und teueren Hosen kamen seit dem Ende des 18. Jahrhunderts bei den verschiedenen Heeren graue Hosen mit Lederbesatz aus derbem Stoff in Gebrauch, die im Feld und zum gewöhnlichen Dienst über die hellen Hosen gezogen werden konnten

Ulanka Waffenrock der Ulanen mit zwei Knopfreihen, manchmal mit farbiger Rabatte versehen

Uniformfrack Der Mode des ausgehenden 18. und beginnenden 19. Jahrhunderts entsprechende Jacke des Soldaten von knappem Schnitt mit langen Schößen, Ärmelaufschlägen und hohem Kragen

Vorstoß Farbig abgesetzte Naht

Waffenfarbe Die einzelnen Waffengattungen kennzeichnende Farbe von Spiegeln, Vorstößen etc.

Waffenrock Seit etwa Mitte des 19. Jahrhunderts Hauptbekleidungsstück der meisten Truppengattungen, über die Taille herabfallende hochgeschlossene Jacke mit Stehkragen oder Umlegekragen, Aufschlägen, Schulterklappen etc.

Wams Das unter dem Überrock getragene, den Oberkörper bedeckende Hauptgewand, das seit Mitte des 17. Jahrhunderts durch die Weste verdrängt wurde

Zweispitz Zweiseitig aufgeschlagener Hut

Bibliographie

Diese Bibliographie stellt, nach Ländern geordnet, eine Auswahl aus den wichtigsten Werken über die Uniformen der Landstreitkräfte dar. Sie beschränkt sich hauptsächlich auf die neuere Literatur.

ALLGEMEIN

Cassin-Scott, Jack/Fabb, John *Ceremonial Uniforms of the World,* London 1973

Cassin-Scott, Jack/Fabb, John *Uniformen der Napoleonischen Kriege,* München 1974

Colas, Rene *Bibliographie générale des Costumes et la Mode (Reprint),* New York 1963

D'Armi, Rinaldo D. *Les plus beaux Uniformes d'Europe,* Mailand/Paris 1966

D'Armi, Rinaldo D. *World Uniforms in Colour,* Mailand/Paris 1969

Davenport, M. *The Book of Costume,* New York 1962

Eckert, H. A./Monten, H. M. D. *Sämtliche Truppen von Europa in charakteristischen Gruppen,* München/Würzburg 1838–1843

Falls, Cyril *Great Military Battles,* London 1964

Fiebig, E. *Husaren heraus! Reitergeist und Reitertat in Dolman und Attila,* Berlin 1933

Funcken, Liliane/Funcken, Fred *Les Costumes et les Armes des Soldats de tous les Temps,* Brüssel 1967

Funcken, Liliane/Funcken, Fred *L'Uniforme et les Armes des Soldats de la Guerre 1914–18,* 2 Bände, Brüssel 1972

Funcken, Liliane/Funcken, Fred *L'Uniforme et les Armes des Soldats de la Guerre 1939–45,* Brüssel 1972

Funcken, Liliane/Funcken, Fred *Historische Uniformen. 18. Jahrhundert. Französische Garde und Infanterie. Britische und preußische Infanterie,* München 1977

Funcken, Liliane/Funcken, Fred *Historische Uniformen. 18. Jahrhundert. Französische, britische und preußische Kavallerie und Artillerie. Infanterie, Kavallerie und Artillerie der übrigen europäischen Länder,* München 1978

Funcken, Liliane/Funcken, Fred *Historische Uniformen. Napoleonische Zeit. Französische Linienregimenter, britische, preußische und spanische Truppen der Zeit des Ersten Kaiserreiches,* München 1978

Funcken, Liliane/Funken, Fred *Historische Uniformen. Napoleonische Zeit. Kaisergarde, alliierte, schwedische, österreichische und russische Truppen,* München 1979

Haswell Miller, A. E./Dawney, N. P. *Military Drawings and Paintings in the Collection of Her Majesty the Queen,* 2 Bände, London 1966 und 1970

Haythornthwaite, Philip *Die Uniformen der Schlacht von Waterloo,* München 1976

Haythornthwaite, Philip *Uniformen und Schlachten 1815 bis 1850,* München 1976

Kannik, Preben *Uniformen in Farben,* Berlin o. J.

Katalog der Lipperheideschen Kostümbibliothek, bearb. von E. Niessholdt u. G. Wagner-Neumann, 2 Bände, Berlin 1965

Knötel, Herbert *Uniformkunde. Neue Folge,* Hamburg 1937

Knötel, Richard *Mitteilungen zur Geschichte der militärischen Tracht,* Rathenow 1892–1921

Knötel, Richard/Knötel, Herbert *Uniformkunde,* Rathenow 1890–1921, Neuauflage Hamburg 1932 und Krefeld ab 1965

Knötel, Richard/Knötel, Herbert/Sieg, Herbert *Handbuch der Uniformkunde. Die militärische Tracht in ihrer Entwicklung bis zur Gegenwart,* Hamburg 1937, Nachdruck Hamburg 1956

Koenig, Otto *Kultur und Verhaltensforschung. Einführung in die Kulturethologie,* München 1970

Lachouque, Henri *Dix Siècles de Costume Militaire,* Paris 1965

Lefferts, Charles M. *Uniforms of the American, British, French and German Armies in the War of the American Revolution 1775–1783,* Connecticut 1971

Lezius, Martin *Das Ehrenkleid des Soldaten. Eine Kulturgeschichte der Uniform von ihren Anfängen bis zur Gegenwart,* Berlin 1936

Lippe, Ernst Graf zur *Husaren-Buch,* Berlin 1863

Martin, Paul/Ullrich, Hans-Joachim *Der Bunte Rock. Uniformen im Wandel der Zeiten,* Stuttgart 1963

Melegari, V. *Great Regiments,* London 1969

Mollo, A. *Armeeuniformen des 1. Weltkrieges,* München 1979

Mollo, Andrew/McGregor, Malcolm *Army Uniforms of World War 2,* London 1973

Mollo, Andrew/McGregor, Malcolm *Naval, Marine and Air Force Uniforms of World War 2,* Poole, 1975

Mollo, John *Die bunte Welt der Uniform,* Stuttgart 1972

Mollo, John/McGregor, Malcolm *Uniformen des Siebenjährigen Krieges 1756–1763,* München 1977

Müller, Heinrich/Kunter, Fritz *Europäische Helme aus der Sammlung des Museums für Deutsche Geschichte,* Berlin 1972

Nagyrévi v. Neppel, Georg *Husaren,* Wiesbaden 1975

Nicholson, J. B. R. *Military Uniforms,* London 1972

Pericoli, Ugo *Uniformes des Armées de Waterloo 1815,* Lausanne/Paris 1975

Pivka, Otto von *Napoleons Verbündete in Deutschland,* 2 Bde, Bonn 1979

Pohler, Joh. *Bibliotheca historico – militaris,* Kassel 1887, Nachdruck New York 1961/62

Rosignoli, Guido *Army Badges and Insignia of World War 2,* 2 Bände, Poole, 1972 und 1975

Rosignoli, Guido *Army Badges and Insignia since 1945,* Poole 1973

Saxtorph, Niels M. *Kriegstrachten in Farben,* Berlin 1971

Sussmann, Anton *Die Armeen der Balkan-Staaten,* 3 Hefte, Leipzig 1914–1915

Toman, Karel *Der Soldat im Wandel der Zeiten,* Hanau 1964

Wiener, Friedrich *Felduniformen,* Heft 1, Koblenz 1974

Wiener, Friedrich *Uniformen und Abzeichen,* 2 Hefte, Wien 1973 und 1974

Wilbur, C. Keith *Picture Book of the Continental Soldiers,* Harrisburg 1969

ARGENTINIEN

Evolution Historica de los Uniformes Argentinos, 1960

Uniformes de la patria, Buenos Aires 1972

AUSTRALIEN

Festberg, Alfred N. *Australian Army Insignia 1903–1966,* Bentleigh 1967

Festberg, Alfred N./Videan, Barry J. *Uniforms of the Australian Colonies,* Melbourne 1972

CHINA

Hill, J. C. *Die chinesische Armee in ihrer Neu-Uniformierung,* Leipzig 1912

DÄNEMARK

Bruun, Chr. *Danske Uniformer,* Kopenhagen 1837
Cassin-Scott, Jack *Scandinavian Armies in the Napoleonic Wars,* London 1976
Hvidt, Anton *Danske Infanteris Uniformering og Oppakning genne de sidste 200 Ar,* Kopenhagen o. J.

DEUTSCHLAND (s. auch PREUSSEN)

Davis, Brian L. *Die Uniformen und Abzeichen des deutschen Heeres 1933–1945,* Stuttgart 1973
Denckler, Heinz *Abzeichen und Uniformen des Heeres,* Berlin 1943
Die Deutsche Reichswehr in ihrer neuesten Bekleidung, Bewaffnung und Ausrüstung, Leipzig 1934
Die Deutsche Soldatenkunde, hrsg. von B. Schwertfeger und E. O. Volkmann, 2 Bände, Leipzig 1936
Deutsche Heeresuniformen auf der Weltausstellung in Paris 1900 (1680–1863), Berlin 1900
Eckert, H. A./Monten, H.M.D. *Das deutsche Bundesheer in charakteristischen Gruppen entworfen und nach der Natur gezeichnet,* Würzburg 1838–1843, Reprint Frankfurt a. M. 1978/80
Ehrlich, Curt *Uniformen und Soldaten. Ein Bildbericht vom Ehrenkleid unserer Wehrmacht,* Berlin 1942
Ellis, Chris *German Military Combat Dress 1939–1945,* London 1973
Erlam, Denys *Ranks and Uniform of the German Army – Navy – Airforce,* London 1939
Fosten, D. S. V. *Cuirassiers and Heavy Cavalry. Dress Uniforms of the German Imperial Cavalry 1900–1914,* New Malden 1972
Fosten, D. S. V./Marrion, R. J. *Waffen-SS. Its Uniforms, Insignia and Equipment 1938–1945,* London 1972
Hagger, D. H. *Hussars and Mounted Rifles. Uniforms of the German Cavalry 1900–1914,* New Malden 1974
Henckel, Karl *Atlas des Deutschen Reichsheeres und der Kaiserlichen Marine einschließlich der Kaiserlichen Schutztruppen in Afrika und des Ostasiatischen Expeditionscorps in ihrer Uniformierung und Einteilung dargestellt,* Dresden 1901
Hoyer, K./Brenneck, F. *Die Uniformen des Reichsheeres und der deutschen Reichsmarine nebst amtlichen Uniformtafeln,* Berlin 1925
Jürgens, Hans *Friedensuniformen des deutschen Heeres,* 2 Hefte, Hamburg 1954
Katalog der Lipperheideschen Kostümbibliothek bearb. von E. Niessholdt u. G. Wagner-Neumann, 2 Bände, Berlin 1965
Knötel, Herbert/Pietsch, Paul/Jantke, Egon/Collas, Baron *Uniformenkunde. Das deutsche Heer. Friedensuniformen bei Ausbruch des Weltkrieges.* 3 Tafelbände, 1 Textband, von Paul Pietsch ergänzt, Hamburg 1935–61
Krickel, G./Lange, G. *Das Deutsche Reichsheer in seiner neuesten Bekleidung und Ausrüstung,* Berlin 1888–90
Marrion, R. J./Fosten, D. S. V./Hagger, D. H. *Lancers and Dragoons. Uniforms of the Imperial German Cavalry 1900–1914,* New Malden 1975
Mila, Adalbert *Uniformierungsliste des Deutschen Reichsheeres und der Kaiserlich Deutschen Marine,* Berlin 1881
Mollo, Andrew *Uniforms of the SS. Allgemeine SS 1923–1945,* London 1972
Mollo, Andrew *Uniforms of the SS. SS-Verfügungstruppe 1933–1939,* London 1970
Mollo, Andrew *Uniforms of the SS. SS-Totenkopfverbände 1933–1945,* London 1971
Mollo, Andrew *Uniforms of the SS. Sicherheitsdienst und Sicherheitspolizei 1931–1945,* London 1971
Mollo, Andrew *Uniforms of the SS. Waffen-SS, Clothing and Equipment 1939–1945,* London 1972
Mollo, Andrew/Taylor, Hugh Page *Uniforms of the SS. Germanische SS 1940–1945,* London 1970
Osten-Sacken/v. Rhein *Deutschlands Armee in feldgrauer Kriegs- und Friedensuniform,* Berlin 1916
Schulz, Wolfharti *Bekleidungswesen,* Hamburg 1974
Transfeldt, Walter/Brand, Karl Hermann Frhr. v./Quenstedt, Otto *Wort und Brauch im deutschen Heer. Allerlei Militärisches, was mancher nicht weiß,* Hamburg 1976
Wacker, Peter *Deutsche Uniformen aus zwei Jahrhunderten,* Bad Godesberg, 1967

BAYERN

Cantler, Johann Baptist/Wrede *Der Bayerischen Armee sämtliche Uniformen von 1800–1873,* Schwarzbach o. J.
Hoffmann, A. *Das Heer des blauen Königs. Die Bayerische Armee unter dem Kurfürst Max II. Emanuel von 1682–1728,* Schwarzbach o. J.
Müller, Karl/Braun, Louis *Die Organisation, Bekleidung, Ausrüstung und Bewaffnung der Königlich Bayerischen Armee von 1806 bis 1906,* Schwarzbach o. J.

BRAUNSCHWEIG

Pivka, Otto von *The Black Brunswickers,* Reading 1973

HANNOVER

Pivka, Otto von *The King's German Legion,* Reading 1974

HESSEN

Metz, Ernst *Hessische Uniformen der Biedermeierzeit, 1825–1845,* Kassel 1961

HESSEN-DARMSTADT

Kredel, Fr. *Die Uniformen der Hessen-Darmstädtischen Infanterie,* Darmstadt 1940

PREUSSEN

Bleckwenn, Hans *Das Altpreußische Heer, Erscheinungsbild und Wesen,* Osnabrück 1970
Bleckwenn, Hans *Die Okonomie – Reglements des altpreußischen Heeres 1713–1806,* Osnabrück 1973
Bleckwenn, Hans *Urkunden und Kommentare zur Entwicklung*

der altpreußischen Uniform als Erscheinungsbild und gesellschaftliche Manifestation, Osnabrück 1970
Bleckwenn, Hans *Unter dem Preußen-Adler. Das brandenburgisch-preußische Heer 1640–1807,* München 1978
Bleckwenn, Hans/Melzner, F.-G. *Die Dessauer Spezifikation von 1729,* Osnabrück 1971
Bleckwenn, Hans/Melzner, F.-G. *Die Uniformen der Infanterie 1753–1786,* Osnabrück 1973
Deutsche Heeresuniformen auf der Weltausstellung in Paris 1900 (1680–1863), Berlin 1900
Duffy, Christopher *Friedrich der Große und seine Armee,* Stuttgart 1978
Hammer, F. W. *Das Königlich Preußische Heer in seiner gegenwärtigen Uniformierung,* Berlin 1862–1865
Horvarth, Karl Christian *Friedrich II. König von Preußen, Armee-Montierungen,* Potsdam 1789
Horvarth, Karl Christian *Preußische Armee-Uniformen unter der Regierung Friedrich Wilhelms II.* Potsdam 1789
Jany, Curt *Geschichte der Preußischen Armee vom 15. Jahrhundert bis 1914,* 4 Bände, Nachdruck, Osnabrück 1967
Kling, C(onstantin) *Geschichte der Bekleidung, Bewaffnung und Ausrüstung des Kgl. Preußischen Heeres,*3 Teile, Weimar 1902, 1906 und 1912. Teil Nachdruck Osnabrück 1971
Krause, Gisela *Altpreußische Uniformanfertigung als Vorstufe der Bekleidungsindustrie,* Hamburg 1965
Krippenstapel, Fr./Knötel, Richard *Die preußischen Husaren von den ältesten Zeiten bis zur Gegenwart,* Berlin 1883, Nachdruck Krefeld o. J.
Lange, E. *Heerschau Friedrichs des Großen,* Leipzig 1856
Lange, E. *Die Soldaten Friedrichs des Großen,* Leipzig 1853
Lehmann, G. *Forschungen und Urkunden zur Geschichte der Uniformierung der Preuß. Armee 1713–1807,* I. Teil, Berlin 1900
Menzel, Adolph *Die Armee Friedrichs des Großen in ihrer Uniformierung, gezeichnet und erläutert,* Berlin 1851, Reprint München 1978
Mila, Adalbert *Geschichte der Bekleidung und Ausrüstung der Königlich Preußischen Armee in den Jahren 1808–1878,* Berlin 1878, Nachdruck Krefeld o. J.
Ortenburg, Georg *Preußische Husarenbilder um 1791,* Kopenhagen 1976
Pelet-Narbonne, G. *Geschichte der brandenburgisch-preußischen Reiterei,* Berlin 1905
Pietsch, Paul *Die Formations- und Uniformierungsgeschichte des preußischen Heeres 1808–1914,* 2 Bde., Hamburg 1963 u. 1966
Rabe, E. *Uniformen des Preußischen Heeres in ihren Hauptveränderungen bis auf die Gegenwart,* Berlin 1846
Schindler, C. F. *Militar-Album des Kgl. Preuß. Heeres,*Berlin 1862
S(chmalen), I. C. H. v. *Akkurate Vorstellung der sämtlichen Königlich Preußischen Armee,* Nürnberg 1759, 1762, 1770, 1777, 1779, 1783 und 1787
Schwarze, Wolfgang *Die Uniformen der Preußischen Garden von ihrer Entstehung 1704 bis 1836,* Wuppertal 1975
Seaton, Albert *Frederick the Great's Army,* Reading
Thieme, Johann Georg *Genaue Zeichnung und Beschreibung sämtlicher Uniformen der Königlich Preußischen Armee 1792*
(Thümen, v.) *Die Uniformen der Preußischen Garden von ihrem Entstehen bis auf die neueste Zeit, nebst einer kurzen Darstellung ihrer verschiedenen Formationen 1704–1836,* Berlin 1827–1840
Ullrich, Hans-Joachim *Soldaten im Bunten Rock. Die preußische Armee unter Friedrich Wilhelm II. und Friedrich Wilhelm III., 1786–1807,* Stuttgart 1968
Ullrich, Hans-Joachim *Soldaten im Bunten Rock. Die preußische Armee 1808–1839,* Stuttgart 1970
Ullrich, Hans-Joachim *Soldaten im Bunten Rock. Die preußische Armee 1840–1871,* Stuttgart 1972
Young, Peter *Blücher's Army,* Reading 1973

SACHSEN

Dietrich, Walther *Die Uniformen der Kurfürstlich und Königl. Sächsischen Armee 1672–1914,* Leipzig 1921
Hauthal, F. *Geschichte der Sächsischen Armee in Wort und Bild,* Leipzig 1859

FINNLAND

Griepenberg, Ole *Finsk Krigsmanna Beklädnad. Krigshistoriska* Samfundets Publikationer 2.Borga 1966

FRANKREICH

Barthorp, Michael *Napoleon's Egyptian Campaigns 1798–1801,* London 1978
Brunon, R./Brunon, J. *L'Armée d'Afrique 1830–1962,* Salon-de-Provence 1976
Brunon, R./Brunon, J. *La Livre d'Or de la Légion Etrangère 1831–1976,* Salon-de-Provence 1976
Bucquoy, E. L. *Fanfares et Musiques des Troupes à Cheval,* Paris 1946
Bucquoy, E. L. *L'Uniforme à travers trois Siècles* 1650–1920, Paris 1945
Bucquoy, E. L. *Les Uniformes de L'Armée française (Terre–Mer – Air),* Paris 1935
Bukhari, Emir *Napoleon's Cuirassiers and Carabiniers,* London 1977
Bukhari, Emir *Napoleon's Dragoons and Lancers,* London 1976
Bukhari, Emir *Napoleon's Guard Cavalry,* London 1978
Bukhari, Emir *Napoleon's Line Chasseurs,* London 1977
Cart, A. *Uniformes des Régiments Français de Louis XV à nos Jours,* Paris 1945
Depréaux, A. *Costumes militaires de France au XVIIIe Siècle,* Paris 1945
Depréaux, A. *L'Armée française 1939–1940,* Paris 1940
Depréaux, A. *Les Uniformes des Troupes coloniales de 1666 à 1875,* Paris 1921
Detaill, Edouard/Richard, Jules *L'Armée française, Types et Uniformes,* 2 Bände, Paris 1885–9
Falluw, F. *La Garde impériale (1804–1815),* Paris 1901, Nachdruck Krefeld 1970
Galot, A./Robert, C. *Les Uniformes de l'Armée française de 1872 à 1914,* 10 Bände, Paris 1967–1972
Grant, Charles *Foot Grenadiers of the Imperial Guard,* Reading 1971
Haythornthwaite, Philip/Chappell, Michael *Uniformen des Napoleonischen Rußlandfeldzugs,* München 1977

Head, Michael G. *French Napoleonic Artillery,* London 1977
Head, Michael G. *French Napoleonic Lancer Regiments,* London 1971
Lienhardt/Humbert, R. *Les Uniformes de l'Armée française depuis 1690 à nos jours,* 5 Bände, Leipzig 1897–1906
Malibran, H. *Guide à l'usage des artistes des costumiers contenant la description des uniformes de l'armée française de 1780 à 1848,* Paris 1904, Reprint Krefeld 1972
Mangerand, J. *L'Armée française en 1845,* Paris 1945
Mangerand, J. *Les Coiffures de L'Armée française,* Paris 1904
Martin, Paul/Ullrich, Hans-Joachim *Soldaten im Bunten Rock. Die französische Armee 1789–1807,* Stuttgart 1969
Masson, F., *Cavaliers de Napoléon,* Paris 1895
Mouillard, L. *Les Régiments sous Louis XV,* Paris 1882
Notice descriptive des nouveaux Uniformes (30 mai 1919), hrsg. v. franz. Kriegsministerium, Paris 1920
Richard, Jules *La Garde impériale (1854–1870),* Paris 1878
Rogers, H. C. B. *Die Armee Napoleons,* Stuttgart 1976
Rousselot, Lucïen *L'Armée française, ses Uniformes, son Armement, son Equipment,* Paris 1939–1976
Thorhurn, W. A. *French Army Regiments and Uniforms from the Revolution to 1870,* London 1969
Ullrich, Hans-Joachim *Soldaten im Bunten Rock. Die französische Armee 1789–1807,* Stuttgart 1969
Wilkinson-Latham, Robert *Napoleon's Artillery,* London 1975
Young, Peter *Chasseurs of the Guard,* Reading 1971

GROSSBRITANNIEN

Barnes, R. Money *A History of the Regiments and Uniforms of the British Army,* London o. J.
Barnes, R. Money *Military Uniforms of Britain and the Empire, 1742 to the Present Time,* London 1960
Barnes, R. Money *The Uniforms and History of the Scottish Regiments of Britain, Canada, Australia, New Zealand and South Africa, 1625 to the Present Day,* London 1960
Barthorp, Michael *Wellington's Generals,* London 1978
Blandford, W. *British Uniforms,* London 1914
Bowling, H. *British Hussar Regiments,* London 1972
Bryant, A. *The Age of Elegance 1812–1822,* London 1952
Campbell, D. A. *Dress of the Royal Artillery,* London 1971
Carman, W. Y. *British Military Uniforms from Contemporary Pictures, Henry VII to the Present Day,* London 1957
Carman, W. Y. *Head Dresses of the British Army, Cavalry,* Sutton 1968
Carman, W. Y. *Head Dresses of the British Army, Yeomanry,* Sutton 1970
Carman, W. Y. *Sabretaches of the British Army,* London 1969
Dawson, Malcolm *Uniforms of the Royal Armoured Corps,* London 1974
Holding, T. H. *Uniforms of the British Army, Navy and Court,* London 1894, Reprint 1969
Kipling, Arthur L./King, Hugh L. *Head-Dress Badges of the British Army,* London 1974
Laver, James *British Military Uniforms,* London 1948
Lawford, James *Wellington's Peninsular Army,* Reading 1973
Lawson, Cecil C. P. *A History of the Uniforms of the British Army,* 5 Bände, London 1940–1967
May, W. E./Carman, W. Y./Tanner, J. *Badges and Insignia of the British Armed Services,* London 1974
McBride, Angus *The Zulu War,* London 1976
Nevill, Ralph *British Military Prints,* London 1909
Pivka, Otto von *The King's German Legion,* Reading 1974
Simkins, Peter *Regiments of Scottish Division,* Basingstoke
Stadden, Charles *Coldstream Guards. Dress and Appointments 1658–1972,* London 1973
Stadden, Charles *The Life Guards,* London 1973
Strachow, H. *British Military Uniforms 1768–96,* London 1975
Telfer Dunbar, J. *History of Highland Dress,* Edinburgh 1962
Thorburn, W. A. *Uniforms of the Scottish Infantry,* Edinburgh 1970
Wilkinson, F. *Cavalry and Yeomanry Badges of the British Army 1914,* London 1973
Wilkinson-Latham, Christopher *Uniforms and Weapons of the Zulu War,* London 1978
Wilkinson-Latham, Robert/Wilkinson-Latham, Christopher *Cavalry Uniforms,* London 1969
Wilkinson-Latham, Robert/Wilkinson-Latham, Christopher *Infantry Uniforms 1742–1939,* 2 Bände, London 1969 u. 1970
Wilson, Frank *Regiments at a Glance,* London 1956
Windrow, Martin/Embleton, Gerry *Military Dress of the Peninsular War,* London 1974

INDIEN

Carman, W. Y. *Indian Army Uniforms under the British from the 18th Century to 1947,* 2 Bände, London 1961 und 1969
Jackson, D. *India's Army,* London 1940

ITALIEN

Gasparinetti, Alessandro *L'Uniforme Italiana nella Storia e nell'Arte,* Rome 1961
Guidice, Elio/Guidice, Vittorio *Uniformi Militari Italiane dal 1861 ai Giorni Nostri,* 2 Bände, Mailand 1964
Matt, Leonard von *Die päpstliche Schweizergarde,* Zürich 1948
Repond *Le Costume de la Garde pontificale et la Renaissance italienne,* Rom 1917

JAPAN

Nakata, Tadao *Imperial Japanese Army and Navy Uniform and Equipment,* Tokio 1973

JORDANIEN

Young, Peter *The Arab Legion,* Reading

MEXIKO

Hefter, Nieto/Brown *The Mexikan Soldier 1837–1847, Organisation, Dress and Equipment,* Mexico 1958

NIEDERLANDE

Fortes Wels, F. *De Nederlandse Cavalerie,* Bussum 1963
Hohmann, J. *Die Niederländische Armee nebst Kolonialtruppen,* Leipzig 1906
Yperen, R. van *De Nederlandse Militaire Musiek, Bussum 1966*

NORWEGEN

Den Norske Haer, Leipzig 1932

ÖSTERREICH

Allmayer-Beck, Johann Christoph/Lessing, Erich *Die k. (u.) k. Armee 1848–1914,* Wien 1974

Allmayer-Beck, Johann Christoph/Lessing, Erich *Die kaiserlichen Kriegsvölker von Maximilian I. bis Prinz Eugen 1479–1718,* München 1978

Dirrheimer, G. *Die k. k. Armee im Biedermeier,* Wien 1975

Das Heer Maria Theresias, Faksimile-Ausgabe der Albertina-Handschrift »Dessins des Uniformes des Troupes I.I. et R.R. de l'année 1762«, hrsg. und erläutert von Friedrich Kornauth, Wien 1973

Mansfeld, J./Mansfeld, H. *Militäruniformen der k. oesterreichischen Armee unter Erzherzog Karl,* Wien 1805

Müller, F. *Die kaiserl. königl. österreichische Armee seit Errichtung der stehenden Kriegsheere bis auf die neueste Zeit,* 2 Bände, Prag 1845

Patera, Herbert v. *Unter Österreichs Fahnen,* Graz 1966

Schreiber, G. *Des Kaisers Reiterei,* Wien 1967

Seaton, Albert *The Austro-Hungarian Army of the Napoleonic Wars,* Reading 1973

Sussmann, A. *Die österreich-ungarische Armee,* Leipzig 1910

Sussmann, Anton *Österreichs Bundesheer,* Leipzig 1921

Teuber, Oskar/Ottenfeld, Rudolf v. *Die österreichische Armee von 1700–1861,* 2 Bände, Wien 1895–1904

Wrede, A. v. *Unser Heer, 300 Jahre österreichisches Soldatentum in Krieg und Frieden,* Wien 1909

Wrede, A. v. *Geschichte der k. u. k. Wehrmacht,* 4 Bände, Wien 1898–1903

POLEN

Linder, Karel/Wiewiora, H./Woznicki, T. *Zolniers Polski Ubiar Uzbrojenie I Oporzadzenie od 1939 de 1964,* 4 Bände, Warschau 1965

Pivka, Otto von *Napoleon's Polish Troops,* Reading 1974

PORTUGAL

Pivka, Otto von *The Portuguese Army of the Napoleonic Wars,* London 1977

RUMÄNIEN

Uniformele Armati Romane 1830–1930, Bukarest 1930

SCHWEDEN

Cassin-Scott, Jack *Scandinavian Armies of the Napoleonic Wars,* London 1976

Dalbeck, A. *Svenska Uniformer och Fälttegn, Band 1: Garde och Rytteri 1885–1965,* Stockholm o. J.

SCHWEIZ

Petitmermet, R./Rousselot, G. *Schweizer Uniformen 1700 bis 1850,* Bern 1976

Schneider, Hugo *Vom Harnisch zum Waffenrock 1650–1915,* Zürich 1968

Sommerfeld, F. *Die Schweizer Armee, ihre Bewaffnung, Uniformen und Abzeichen,* Leipzig 1915

SPANIEN

Ferrer, F./Heftes, J. *Bibliografia iconografico del Traje Militar de España,* Mexiko 1963

Pivka, Otto von *Spanish Armies of the Napoleonic Wars,* London 1975

UdSSR

Curtiss, J. S. *The Russian Army under Nicholas I, 1825–1855,* Durham, N. C. 1965

Gayda, M./Krijitsky, A. *L'Armée Russe sous le Tsar Alexandre Ier,* Paris 1955

Harintonov, O. V. *Uniforms and Marks of Distinction (Insignia) of the Soviet Army 1918–1958,* Leningrad 1958

Red Army Uniforms and Insignia 1944, London 1974

Rottmann, Hans *Die russische Armee in ihren gegenwärtigen Uniformen,* Leipzig 1912

Seaton, Albert *The Cossacks,* Reading 1972

Seaton, Albert/Youens, Michael *The Russian Army of the Napoleonic Wars,* Reading 1973

Soviet Army Uniforms and Insignia 1945–1975, London 1975

Stein, F. v. *Geschichte des Russischen Heeres,* 3 Bände, Nachdruck Krefeld 1975

Viskovatov, A. V. *Historische Beschreibung der Uniformen und Bewaffnung der russischen Armee,* 50 Bände, St. Petersburg 1844–56

Zweguintzow, W. *L'Armée Russe,* 2 Bände, Paris 1967 und 1969

UNGARN (s. auch ÖSTERREICH)

Szendrei, J. *Magyar viseletek történeti fejlödése,* Budapest 1905

USA

Eltring, John R. *Military Uniforms in America. The Era of the American Revolution 1755–1795,* San Rafael, Kal. 1974

Grosvenor, Gilbert *Insignia and Decorations of the U.S. Armed Forces,* Washington 1945

Gurney, Gene *A Pictorial History of the United States Army,* New York 1966

Kredel, Fritz/Todd, Frederick *Soldiers of the American Army,* Chicago 1950

Lord, F./Wise, A. *Uniforms of the Civil War,* New York 1970

Mollo, John/MacGregor, Malcolm *Uniformen des Amerikanischen Unabhängigkeits-Kriegs,* München 1975

Ogden, H. *Uniforms of the United States Army,* 2 Bände, Göttingen 1907

Ogden, H./Nelson, Henry Loomis *Uniforms of the United States Army, First Series (1779–1888),* New York 1960

Ogden, H./Pakula, Marvin H. *Uniforms of the United States Army, Second Series (1898–1907),* New York 1960

Windrow, Martin/Embleton, George *Die Uniformen in Nordamerika von 1665 bis heute,* Stuttgart 1975

Register

Bildnachweis

Herausgeber und Verlag danken für die freundliche Genehmigung zur Veröffentlichung der Bilder:
Ihrer Majestät, der englischen Königin: S. 50/51, 142
Ann S. K. Brown Military Collection: S. 181
Bildarchiv Preußischer Kulturbesitz, Berlin: S. 101, 132
Hans Bleckwenn Archiv: S. 33, 37, 38, 41
Bulloz: S. 75, 104/105
Canadian Forces Photographs: S. 228/229
Colonial Williamsburg Foundation: S. 69
Domaine de Grosbois: S. 98/99
Fotomas Index: S. 177
Goodwood Collection: S. 52
Historical Picture Service: S. 14/15, 182/183, 188, 198, 199
Imperial War Museum: S. 209, 211, 212, 215, 219, 220
Library of Congress: S. 56/57, 66/67
Mansell Collection: S. 168/169, 172
Paul Martin Collection: S. 73, 74, 77, 80, 84, 88, 88/89, 94, 95
Militärverlag der DDR: S. 241
Mollo Collection: S. 159
Musée de l'Armée, Paris: Vorsatz
Musées Nationaux, Paris: S. 26/27, 62/63, 108, 109, 134/135, 173, 178
National Army Museum: S. 143, 144, 147, 148, 149, 151, 152/153, 154
National Gallery, London: S. 61
Pennsylvania Academy: S. 47
J. Player & Sons: S. 205
Roger-Viollet: S. 196
G. Rosignoli Collection: S. 208, 236
Royal Yugoslav Combatants' Association: S. 229
Soldier Magazine: S. 243
Somerset County Museum: S. 141
Staatsgalerie, Stuttgart: S. 82/83
US Army Photographs: S. 222/223
Versailles: S. 24/25
Weidenfeld und Nicolson Archiv: S. 160/161
Zeughaus, Berlin: S. 2/3